왕의 밥상

왕의 밥상

수라와 궁궐 요리사 그리고 조선의 정치

초판 1쇄 발행일 2025년 3월 21일

지은이 김진섭
펴낸이 이원중

펴낸곳 지성사 출판등록일 1993년 12월 9일 등록번호 제10-916호
주소 (03458) 서울시 은평구 진흥로 68, 2층
전화 (02) 335-5494 팩스 (02) 335-5496
홈페이지 www.jisungsa.co.kr 이메일 jisungsa@hanmail.net

ISBN 978-89-7889-561-3 (03910)

잘못된 책은 바꾸어드립니다. 책값은 뒤표지에 있습니다.

수라와 궁궐 요리사 그리고 조선의 정치

왕의 밥상

김진섭 지음

지성사

수라상과 수라간 등 수라가 들어간 용어들은 왕에게 올리는 밥상과 관련이 있다. 이를 모르는 사람은 거의 없지만 더 이상의 구체적인 내용을 알고 있는 사람은 많지 않다.

수라상을 준비하는 과정에 많은 사람들이 참여했지만 철저하게 분업화가 이루어졌고, 수라간은 엄격하게 통제되었다. 뿐만 아니라 왕 한 사람만을 위한 대단히 생소하고 어려운 용어들까지 사용되었고, 사람들이 함부로 입에 올리는 것을 금기시했으며, 왕의 밥상에 접근할 수도 없었다. 따라서 온전한 수라상을 직접 본 사람은 극소수에 불과했고, 기록으로 남긴 자료도 찾아보기 힘들다. 현재 전하는 수라상과 관련한 정보 역시 일부분에 지나지 않는다.

그럼에도 《조선왕조실록》 등에 따르면 왕의 밥상은 물론 제사상이나 잔칫상 등 궁궐에서 다양한 용도의 상(床)이 차려지는 과정은 모두 왕이 중심에 있었고, 여기에는 역대 왕들의 통치 스타일에서부터 외교와 민생 등 다양한 의미들이 담겨 있었다. 달리 말하면 절대 권력자였던 왕이 가장 높은 곳이면서 모든 것의 중심이었던 궁궐에서 나라 살림을 어떻게 요리했는지에 대해서 살펴볼 수 있다. 밥은 백성에게 하늘이고, 백성 없는 왕의 밥상은 존재할 수 없기 때문이다.

이 책은 왕에게 올리는 수라상과 궁궐 안팎에서 열리는 잔치를 위해 차리는 잔칫상 그리고 궁궐에서 요리를 하는 공간인 수라간과 궁궐 요리사들에 주목하여 정치와 사회, 문화적으로 어떤 의미들이 있는지 살펴봄으로써 조선시대의 역사를 쉽고 편하게 접근해 보는 대중 역사서이다. 따라서 요리와 관련한 전문 용어보다는 되도록 일반적인 용어들을 사용했다. 수라상을 왕의 밥상으로, 왕과 왕실의 밥상을 준비하는 왕실 요리사와 궁궐에서 요리에 종사하는 사람들을 궁궐 요리사로 구분한 것이 그 예이다.

왕실 요리사와 궁궐 요리사는 같은 요리에 종사해도 궁궐에서의 존재감과 임무 수행이 동일하지 않았고, 궁궐 요리사의 경우 우리가 일반적으로 알고 있는 궁중 요리사라는 용어를 사용하지 않은 이유는 궁궐에서 요리를 전문으로 하는 요리사만이 아니라 요리 과정에서 다양한 임무를 수행하는 사람들까지 포함했기 때문이다. 또한 각종 행사를 위해 차려진 상(床)에도 다양한 전문 용어들이 전하지만, 잔칫상으로 표현한 것 역시 같은 의미로 역사를 폄하하거나 왜곡하려는 의도가 아니라는 점을 밝혀둔다.

끝으로 이 책이 나오기까지 수고를 아끼지 않으신 지성사 이원중 대표와 지성사 가족 여러분께 감사의 말씀을 드린다.

김 진 섭

‖차례‖

6부 왕의 밥상이 무기가 되기도…

序 - 역사는 왜 요리와
요리사 이야기에 주목할까?

최고 통치자와 요리사는 어떤 인연이…

러시아와 우크라이나 사이에 전쟁이 일어나자 예브게니 빅토르비치 프리고진이라는 인물이 주목받았다. 그는 블라디미르 푸틴 러시아 대통령의 측근으로, 러시아를 위해 싸운 민간군사기업인 바그너 그룹을 통솔하며, 용병 부대 수장으로 활동했다. 그러나 2023년 6월 23일 세르게이 쇼이구 러시아 국방 장관과 발레리 게라시모프 총참모장에 대한 쿠데타를 선포하고 곧바로 러시아 남부 로스토프나도누 지역 군사기지를 점령하며 블라디미르 푸틴 러시아 대통령을 당황스럽게 만들었고, 두 달 만인 8월 23일 트베리주 항공기 추락 사고로 사망하여 프리고진과 푸틴의 관계가 다시 주목받았다.

프리고진은 과거 레스토랑을 운영하며 요식업계에 종사했고, 푸틴 러시아 대통령이 외국의 고위급 인사들과 함께 참석한 만찬을 주도한 것으로 전한다. 이후 그는 '푸틴의 요리사(Putin's chef)'라는 별명을 얻을 정도로 러시아 최고 권력자 푸틴의 최측근이 되었다. 아마도 프리고진은 요리 실력 외에도 권력에 대단히 민감했던 푸틴에게 인정받을 정도로 정무적 감각이 뛰어났던 것으로 보인다. 간단하게 말하면 프리고진이 권력과 가까워지는 과정에서 밥상 정치를 잘 활용했음을 의미한다.

이처럼 "요리사가 러시아 최고 권력자의 최측근이 되어 활동했다"는 이력은 분명 특이하지만, 역사에서 이러한 사례는 드물지 않다. 특히 동양 역사에는 오래전부터 요리와 요리사들이 등장하는 교훈적인 이야기들이 많이 전한다. 대표적인 예로 《노자(老子)》에 나오는 '치국여팽소선(治國如烹小鮮)'은 "작은 생선을 불에 구울 때 조심스럽게 다루지 않으면 생선이 부서져서 먹을 게 없다"고 해석되며, "큰 나라를 다스림은 작은 생선을 굽는 것과 같이 해야 한다"는 뜻으로, 까다로운 정치의 속성을 말하고 있다. 요즘 말로 하면 "정치를 잘하는 것은 재정과 사람, 국내외에서 발생하는 다양한 문제들을 잘 요리해야 한다"라고 해석되며, 우리 역사에서는 태종의 통치 스타일을 평가할 때 자주 인용된다.

동양 역사에서는 요리사와 이를 고용한 주인을 각각 재상과 왕에 비유한 이야기들도 많이 전한다. 대표적인 예로 왕이 통치하는 봉건사회에서 재상은 '일인지하(一人之下) 만인지상(萬人之上)', 즉 '위로는 왕 한 사람이 있고, 아래로는 만백성이 있는 자리'로, 재상에서 '재(宰)'는 요리를 하는 자, '상(相)'은 보행을 돕는 자를 말한다. 그리고 권력이나 정치를 요리사가 왕에게 올리는 밥상에 비유하여 설명하기도 하고, '누구와 함께 무엇을·언제·어떻게 먹었는가?'에 주목하여 다양한 이야기들도 만들어졌다. 예를 들면 '앉아서 밥상을 받는 사람은 식재료를 구하고 음식을 만드는 사람을 어떻게 채용하고 부리는가?'와 '세상을 통치하는 방식'을 비교하여 설명하기도 했고, 밥상을 둘러싸고 생겨나는 '암묵적 계급'에 주목하여 '밥상에 함께 앉은 사람은 누구의 초대를 받았고, 누구와 식사를 했으며, 어떤 이야기를 주고받았는가?' 등에 따른 특별한 상징성에 주목하기도 했다. 이러한 의미를 과시하기 위해 의도적으로 권력자와 함께 밥상에 앉기를 시도하는 사람들이 생겨났고, 오늘날까지도 "밥 한번 같이 먹자"나 "식사 자리에 한번 초대하겠다"는 말에는 다양한 정치적 의미가 담겨 있다.

왕조 사회이자 남성 중심의 봉건사회에서 밥상이나 잔칫상이 차려지는 일련의 과정에는 문화적 상징성도 발견된다. 조선시대의 경우 가정에서 주방과 요리는 여성의 몫이었지만, 가문의 요리에 대한 평가는 남성에 의해 이루어졌다. 심지어 요리서를 저술하여 전파한 것도 남성이었고, 공적 사회의 주방은 출입이 제한된 특별한 공간으로 남성들의 전유물(?)이었다. 대표적인 예로 궁궐은 절대 권력자인 왕이 거처하는 곳으로, 이곳에 마련된 요리 공간, 즉 수라간은 남성 중심의 공간이었고, 이곳에서 일하는 요리사는 비록 천한 신분이었음에도 특별한 존재였다.

최고의 정치는 요리하듯이 하라!

왕조 사회에서 절대 권력자인 왕을 위해 요리하는 것은 기본적으로 왕의 건강, 생명 보호 등과 밀접한 연관이 있었고, 한편으로는 왕의 존엄성을 상징하는 의미도 포함되어 있었다. 예를 들어 왕의 밥상을 준비하는 과정은 철저한 통제 속에서 왕만을 위한 특별한 절차와 의식을 지켜야 했는데, 이를 통해 통치자와 피치자의 관계를 재확인하는 것은 기본이었고, 평소의 밥상보다 규모가 큰, 왕이 주관하는 궁궐의 잔칫상이나 제사상은 해당 시기의 정치·경제·사회·문화적으로 다양한 상징성이 담긴 종합 선물 세트였다. 그런 점에서 왕이 주관하는 행사를 위해 차려지는 밥상은 최고 권력자의 존재감을 살펴볼 수 있는 척도이기도 했다.

우리나라를 포함한 동양의 역사에서 일찍부터 요리와 요리사가 주목받은 이유도 여기에 있다. 고대국가에서는 제사를 비롯해 전쟁에서의 승리나 풍년을 기원하는 축제 등, 국가 행사를 왕이 주관함으로써 스스로 하늘 또는 절대 신과 소통할 수 있는 초월적인 존재임을 확인하는 의식으로 활용했고, 한편으로는 세속적인 권력을 확인함으로써 통치자에 대한 충성심을 이끌어내어 사회 구성원을 하나로 결집하는 기회로 삼았다. 그리고 이러한 국가 행사에서 다양한 상차림을 담당한 주방장은 나라의 총리급에 해당하는 재상과 비교되었다. 실제로 유궁씨(有窮氏)에게 빼앗겼던 권력을 되찾아 하(夏)나라를 부흥시켰던 하나라 6대 왕 소강(少康)의 경우 한때 왕실 주방장이었고, 공자가 대현(大賢), 즉 '대단히 어질고 지혜로운 사람'이라고 평가했던 기원전 1500년대의 상나라 조리사 이윤(伊尹)은 역사에서 명재상으로 인정받는 대표적인 요리사이자 정치인이었다.

중국에서 추스(廚師, 주사)는 주방 책임자를 뜻하는 말로, 사회·문화적 배경에 따라 상당히 높은 대우를 받았다. 그럼에도 신분은 가장 낮은 계층에 속했다. 중국에서 '추스의 원조' 또는 '중국 요리의 창시자'로 평가받는 이윤 역시 노예 출신이었다. 이윤에서 이(伊)는 이름이고, 윤(尹)은 재상을 뜻하는 관직명이다. 이윤은 중국 제일의 철학가이자 군사 전략가였고, 민생을 잘 보살펴서 경제를 부흥시키고 나라를 부국강병하게 만든 재상으로, 그의 정치를 요리에 비유한 이야기도 많이 전한다. 예를 들면 "이윤이 처음에 탕왕을 만날 길이 없자 '자식을 바르게 교육하고 왕비로서 내조가 남달라 귀감이 되었다'고 전하는 탕왕의 부인 유신씨(有莘氏) 집의 요리사가 된 뒤, 솥과 도마를 등에 지고 탕왕을 만나 음식으로써 천하의 도리에 비유해 설명했다"고 하며, 이윤의 정치를 "음식이란 단맛·신맛·쓴맛·매운맛·짠맛의 다섯 가지 맛을 적절하게 사용해야 하지만 어떤 것을 먼저 쓰고 어떤 것을 나중에 쓰는가에 따라 맛이 달라진다"는 요리의 기술에 빗대어 "요리 기술을 나라 다스리는 원리에 접목시켰다" 또는 "천하를 다스리는 것을 요리사가 음식을 만드는 부엌에 비유하였다"고 평가받을 정도로 이윤은 요리사로서 가장 성공한 정치가였다.

이외에도 춘추시대 진(晉)나라 요리사 두궤(杜蕢)는 왕의 잘못을 지혜로운 행동으로 깨우치게 한 충신으로 전한다. 진나라 왕 평공(平公)이 대부 도자(悼子)가 사망하여 장례를 치르는 중에도 애도(哀悼)의 예를 갖추지 않고 도리어 음악을 연주하고 술을 마시자 두궤가 들어가 평공을 가까이에서 모시던 사광(師曠)과 이조(李調)에게 벌주(罰酒)를 마시게 하고 자기도 마신 후 물러나려고 했다. 이를 본 평공이 자신의 잘못을 깨닫고 두궤에게 명하기를 "술을 따라 과인에게 마시게 하라"며 벌주를 자청했다. 이에 두궤가 손을 씻고 잔을 올리자 평공은 "내가 죽더라도 이 잔을 없애지 말라"며 후세인들에게 왕의 잘못을 바로잡는 충직한 신하의 교훈을 전하기 위해 두궤가 들었던 잔을 '왕의 허물을 깨닫게 한 술잔'으로 영원히 남겨 두게 했다. 사람들은 이 잔을 '두거(杜擧)'라고 한다.

🐟 누구나 할 수 있지만, 아무나 할 수 없는 것은?

역사에서는 권력을 전횡하거나 정국을 혼란에 빠뜨린 정치인과 자격이 없는 관리를 요리나 요리사에 비유한 이야기도 많이 전한다. 달리 말하면 모든 요리사가 성공한 정치, 즉 밥상을 나누는 정치를 펼치지는 못했다는 의미로, '천박한 정치'를 말할 때도 요리와 요리사가 등장한다. 아마도 '정치는 누구나 할 수 있지만, 아무나 할 수 없는 것이 정치'라는 점을 이야기하는 듯하다.

중국 《후한서(後漢書)》〈류현전(劉玄傳)〉에는 "후한 때 '부엌에서 요리하는 자가 중랑장(中郞將)이 되고, 양의 창자를 삶는 자가 기도위(騎都尉)가 되었으며, 양의 머리를 삶는 자가 관내후(關內侯)가 되었다'는 말이 유행했다"는 이야기가 있다. 이 말은 후한(後漢) 때 경시 장군(更始將軍) 유현(劉玄)이 왕망(王莽)을 내쫓고 잠시 황제가 되었을 때 "장안(長安) 사람들이 당시 벼슬을 얻은 사람들에 대해 말하기를 '대부분 장사꾼과 요리사 등 소인배들에게 관직을 남발했다'고 비웃었다"는 뜻이다. 그리고 난양(爛羊)과 구미 속초(狗尾續貂)라는 말도 유행했다. 난양은 '양고기를 굽는 요리사들을 높은 벼슬에 등용했다'는 뜻이고, 구미 속초는 '나이 든 말단 병사까지 높은 관직을 주었다'는 뜻으로, "천하고 무능한 사람들을 고위직에 등용했다"는 조롱이 담겨 있다. 이외에도 중국 진(晉)나라 때 조왕(趙王) 사마윤(司馬倫)의 편이었던 사람들이 2품 이상의 고위직을 모두 차지하여 작위(爵位)를 받았기 때문에 "머리에 쓰는 관(冠)을 장식할 때 사용하는 담비 꼬리가 부족해서 개의 꼬리로 관을 장식했다"고 조롱하는 이야기도 전한다.

중국 춘추시대 제(齊)나라의 뛰어난 요리사로 '주방의 성인' 또는 '요리의 성인'으로 불리는 등 요리를 통해 성인의 반열에 오른 역아(易牙)도 자주 거론된다. 제나라 환공(桓公)의 전속 요리사였던 역아는 치수(淄水)와 승수(澠水)를 섞어 놓아도 물맛을 구별해내는 신의 미각과 뛰어난 요리 실력으로 환공의 입맛을 사로잡았다. 심지어 그는 "늘 새롭고 기이한 음식 맛을 원했던 환공을 기쁘게 하기 위해 자기 아들을 삶아서 음식을 만들어 바쳤다"고 한다. 역아는 환공의 총애를 받아 정치에도 관여했다. 그러나 춘추시대의 뛰어난 정치가로, 제나라를 대표하는 충신이었던 재상 관중(管仲)은 "역아는 생각이 정상적이지 않으니 마땅히 멀리하고 배척해야 한다"고 조언했으나 1년 후 사망하고 말았고, 환공은 관중의 조언을 듣지 않고 역아를 비롯해 내시 수초(豎貂)를 재상에 등용하는 등 소인(小人)들을 가까이 두었다. 이후 역아는 "권력을 전횡하여 나라를 혼란 속에 빠뜨렸다"는 평가를 받았다. 특히 3년 후 역아는 수초·개방 등과 공모하여 난을 일으켰고, 환공을 체포하여 감금해 버렸다. 환공에게는 다섯 명의 아들이 있었지만 서로 왕위를 다투는 바람에 환공은 굶어 죽었고, "67일 동안 시체를 방치해서 생긴 벌레가 문밖까지 기어 나왔다"는 이야기도 전한다.

이외에도 진나라 영공(靈公)은 "곰 고기를 잘못 삶았다는 이유로 요리사를 죽였다"고 하는데 여기에는 "자신의 입맛에 따라 사람을 함부로 죽였다"는 비판이 담겨 있다. 반면 "송나라 인종(仁宗)은 밤중에 궁궐에서 배가 고파 구운 양고기가 생각났으나 참았다"는 이야기도 전한다. 그 이유는 만약 인종이 밤에 양고기를 내오라고 명하면 그 이후로 요리사가 왕의 명에 대비하여 항상 양을 잡아 고기를 준비해 놓고 대기할 것을 염려했기 때문이었다.

백성에게 밥은 하늘이다

　우리 역사에서는 정치적 교훈과 관련해서 요리사의 이름이 구체적으로 등장하는 이야기를 찾아보기 힘들지만, 역대 왕과 대신들이 국정을 논하면서 요리나 요리사에 관련한 역사적 경험을 교훈으로 삼았다. 뿐만 아니라 "왕의 밥상에는 백성들의 피와 땀이 들어 있다" 또는 "왕의 통치행위는 밥상으로부터 시작된다"는 등 최고 통치자인 왕의 권력과 관련해서 왕에게 올리는 밥상이 자주 등장하는가 하면, 왕이 대신들을 상대하면서 밥상을 어떻게 이용하는지, 이른바 현실 정치에서 '왕의 밥상 정치'와 관련한 다양한 이야기들도 전한다.

　또한 평상시 왕의 밥상을 의미하는 수라상이라고 하면 상다리가 휘어질 정도로 대단히 풍성하고, 진수성찬(珍羞盛饌)이나 산해진미(山海珍味) 등 화려하고 사치스러운 밥상을 떠올리기도 한다. 그러나 평상시 왕의 밥상은 반찬이 넘쳐날 정도로 가짓수가 많지도 않았지만, 화려하고 사치스럽기보다는 영양을 골고루 담은 균형 잡힌 밥상에 중점을 두었다. 그리고 건강을 고려하여 보양식에도 각별한 관심을 기울였지만, 특이하거나 구하기 힘든 귀한 재료들만 사용한 것이 아니라 붕어찜이나 붕어구이 또는 소의 위(양)를 삶거나 찐 것 등 쉽게 구할 수 있는 재료를 사용한 음식도 많았다. 여기에는 음식에 대한 왕의 절제된 태도가 담겨 있다. 왕의 밥상은 기본적으로 자기 관리이면서 도덕적인 문제이기도 했고, 왕의 밥상을 직접 본 사람은 드물었지만, 왕이 무엇을 먹는지 백성들에게 보여주기 위한 것이기도 했기 때문이다. 즉 왕의 식사는 절대 권력자가 누리는 특권의 상징이 아니라 밥상에 앉는 마음의 자세에서부터 밥상을 통해 왕이 먼저 근검절약하는 검소한 생활을 보여줌으로써 대신들을 통솔하고 백성들을 통치하는 행위와도 연관이 있었기 때문이다.

조선시대에는 왕의 밥상과 관련해서 범중엄(范仲淹, 989~1052)도 자주 거론된다. 송나라 때 인종을 도와 여러 가지 개혁 정책을 내놓았던 그는 중국 북송의 정치가·개혁가·명장·재상으로, "先天下之憂而憂(선천하지우이우), 後天下之樂而樂歟(후천하지락이락여)"라는 유명한 말을 남겼다. 이 말은 최고 통치자는 물론 나랏일을 하는 관리의 자세를 말하는 것으로 "천하 사람들이 근심하기 전에 앞서 근심하고, 천하 사람들이 모두 즐거워한 후에 즐거움을 구해야 한다"는 뜻으로, 오늘날에도 공무원 시험에 가장 많이 출제되는 고사성어이기도 하다. 그리고 소간(宵旰)은 소의간식(宵衣旰食)의 줄임말로 "새벽같이 일어나 옷을 입고, 저녁 늦게 밥을 먹는다"는 말에서 유래했는데, '왕이 백성들보다 먼저 일어나 하루를 준비하고, 백성을 위해 일한 후 모두의 식사가 끝난 후에야 밥상을 받는다', 즉 모든 것에서 백성이 우선이라는 의미가 담겨 있다.

이외에도 성호 이익(李瀷, 1681~1763)은 "잘 차려진 밥상을 싫어할 사람은 없겠지만, 자기를 극복하는 것은 가까운 데서 시작되기 때문에 아침저녁으로 음식을 조절하는 것을 요점으로 삼는다"며 음식을 자기 수양과 결부시켜 평생을 소박하고 담박한 밥상으로 일관했고, 왕의 밥상은 이러한 정치철학을 대표했다. 따라서 가장 높은 곳에 위치한 왕이 모든 것의 중심이었던 궁궐이라는 공간을 배경으로 정치를 어떻게 요리했는지 왕의 밥상을 통해 살펴보는 일은 대단히 흥미롭고 의미가 있다. 밥은 백성에게 하늘이고, 백성 없는 왕의 밥상은 존재할 수 없기 때문이다.

1부

나라에서 왜
요리사를 찾았나?

태조가 이인수를
고집한 까닭은?

🐟 개국 한 달 만에 단행한 인사에 대신들이 반발하다

　　1392년 7월 17일 조선이 개국했고, 이성계가 초대 왕으로 즉위했다. 이후 태조 이성계는 대신들의 지원을 받아 주요 부서를 설치하고 적임자를 임명하는 등 국가의 기틀을 세우기 위해 동분서주했다. 그런데 개국 한 달 만인 태조 1년(1392) 8월 19일, 문하부 낭사(門下府郞舍) 등이 태조에게 "상의중추원사(商議中樞院事) 이인수(李仁壽)는 본디부터 재주와 덕망이 없으며, 다만 음식을 요리하는 일만 알았을 뿐이온데, 지금 새로운 정치를 하는 시기를 당하여 외람히 중추원에 오르게 되니, 사림(士林)이 실망하고 있습니다. 원하옵건대, 관직을 파면시키고 서용(敍用)하지 마소서"라는 상소문을 올렸다.

　　문하부 낭사 등에 따르면 '요리밖에 모른다'는 것은 '무능하다'는 의미로 해석된다. 따라서 이들의 주장은 "무능한 이인수를 중요한 부서에 등용해서는 안 된다"며 태조가 즉위한 후 처음으로 단행한 인사가 잘못되었다고 지적한 것이었다. 중추원은 군사와 왕명 출납의 사무를 관장하는 중앙관청의 하나였고, 문화부 낭사는 잘못된 인사를 지적하는 임무를 수행했다. 더구나 신생국이었던 조선의 상황을 감안하면 인사에 더욱 신중할 필요가 있다는 점에서 이인수의 등용은 무리인 듯했다. 그러나 태조도 물러서지 않았다. 태조는 낭사(郎舍) 유두명(柳斗明, ?~1408)을 불러 "누가 이 의논을 꺼내었는가?"라고 물었다. 유두명이 "신이 장무가 된 까닭으로 먼저 의논을 꺼내었습니다"라고 대답하자 태조는 "이인수가 비록 능력이 부족하지마는, 내가 그로 하여금 병권(兵權)과 정병(政柄)을 잡지 못하게 하고 다만 사옹(司饔)만 주관하게 했을 뿐이다. 하물며 지금 온천(溫泉)에 수가(隨駕)하고 있으니 다시 청하지 말라"고 단호하게 말했다.

태조는 "이인수가 능력이 부족하다"고 지적한 대신들의 의견을 부정하지 않았지만, 이들의 주장을 받아들이지 않고 더 이상 거론하지 말라는 엄명을 내렸다. 다만 "군사를 통제하는 병권과 정치에 참여하는 정병을 제한하여 이인수가 권력을 행사할 수 없도록 하겠다"는 절충안(?)을 내놓았다. 이후 대신들은 더 이상 반대하지 않았고, 이인수가 중추원에서 근무한 것으로 보아 태조의 제안이 통했던 것으로 보인다. 그런데 태조가 '중추원에서 이인수의 존재를 허수아비로 만들어버렸다'고 평가받을 정도로 그의 권한을 제한하면서까지 중추원에 붙잡아두려고 했던 이유는 무엇이고, 중추원에서 특별히 할 수 있는 일이 없었던 이인수는 매일 출근해서 무엇을 했을까?

태조가 이인수를 중추원에 붙잡아둔 이유는?

이인수는 태조가 직접 지목하여 중추원에 등용했고, 대신들의 반대에도 불구하고 절충안까지 제시하며 그를 중추원에 붙잡아둘 정도로 태조에게 각별했던 인물로 보인다. 하지만 이인수는 역사적으로 주목을 받았던 인물은 아니다. 심지어 그는 언제 태어나 사망했는지도 모를 정도로 전하는 자료가 거의 없다. 다만 〈태조실록〉에 따르면 이인수에 대한 낭사 등의 반대 상소가 있고 나서 50여 일이 지난 10월 9일 태조가 이인수를 원종공신에 책봉하면서 "내가 장수가 되었을 때부터 (이인수가) 오랫동안 휘하(麾下)에 있으면서 힘든 일에 종사하고 적군을 방어하여서 험하고 어려운 일을 피하지 아니하였으니, 그 공로가 몹시 아깝다"라고 그 이유를 설명했다.

태조의 말에 따르면 "이인수는 고려 말기부터 조선이 개국할 때까지 이성계 장군의 부대에 소속되어 있었고, 각종 전투에 참여하여 험하고 어려운 일을 겪으며 공을 세웠다"고 한다. 그런데 이인수가 국가나 왕실의 안정에 공훈이 있는 정공신(正功臣)인 개국공신이 아니라 그보다 격이 낮은 왕을 수종(隨從)해 공을 세운 원종공신에 책봉된 이유는 무엇일까?

그 답을 찾기 위해서는 이인수가 이성계 장군의 휘하에서 무엇을 했는지에 대해서 살펴볼 필요가 있다. 이성계가 직접 "이인수가 자신의 부대에서 활동하여 공을 세웠다"고 인정했지만, 고려 말 이성계가 참전한 전투에서 이인수의 이름을 찾아볼 수 없기 때문이다. 따라서 이인수가 이성계 장군을 보필한 것은 사실이지만, 전투에 직접 참여하여 공을 세운 무인은 아니었던 것으로 보인다. 그리고 낭사들의 반대 이유나 이성계와 유두명의 대화에서 "이인수가 요리만 잘한다"고 했고, 태조 역시 이를 인정하면서 "다만 사옹(司饔), 즉 대궐 안에서 쓸 음식물을 만들던 요리사의 임무를 수행하도록 하겠다"고 했으며, 태조가 유두명에게 "지금 온천에 가는 길이니 임금이 궁 밖을 나갈 때 모시고 따라다니던 일을 맡겨야 한다"고 말한 것은 '태조가 온천에 머무는 동안 이인수가 요리사의 임무를 수행해야 한다'는 의미로 해석된다.

그러나 이것으로 모든 의문이 풀린 것은 아니다. 태조가 이인수를 왕 또는 왕실의 전속 요리사로 임명하지 않고, 중추원에 배치한 의문이 여전히 남기 때문이다.

🐟 최초의 궁궐 요리사가 탄생하다

이인수가 무인으로 활약하지 않았음에도 조선이 개국하기 전 이성계 부대가 참전한 전투에서 공을 인정받았다면, 아마도 요리와 관련한 일을 했을 것으로 추정된다. 그러나 그는 이성계 장군의 식사를 수발하는 개인 취사병이 아니라 이성계 장군을 포함해 부대원들의 식사를 책임졌던 요리사, 요즘으로 말하면 부대의 취사병을 통솔했던 요리 책임자 역할을 수행했던 것으로 해석할 수 있다.

고려 말기에 이성계 부대는 규모가 대단히 컸고, 독립적으로 움직였으며, 북쪽의 국경에서 남쪽의 해안 지역까지 먼 거리를 이동하며 전투를 치렀음에도 상당히 짜임새 있게 운영되었던 것으로 전한다. 따라서 부대원들에게 식사를 제때 제공하는 것은 부대 운영에서 가장 기본적인 문제였고, 특히 전투에서는 때와 장소에 따라 부대원들에게 적절하게 식사를 제공하는 일이 승리에 지대한 영향을 미쳤다는 점을 감안하면 취사병을 운영하는 것은 대단히 중요한 일이었다.

뿐만 아니라 조선이 개국한 후 군대의 조직과 운영에서 식사 제공은 고려 말기와는 비교도 되지 않을 정도로 상황이 달라져 있었다. 대표적인 예로 왕과 왕실이 생겨났고, 이들이 거처하는 공간이자 정무를 보는 궁궐이 생겨났다. 그리고 궁궐에서는 많은 사람들이 태조를 도와 건국의 기틀을 세우기 위해 일하고 있었다.

조선이 개국한 후 군사제도를 정비하는 데 상당한 시간이 걸린 것도 부담이 아닐 수 없었기 때문에 일정 기간에 지방의 각 도에서는 수도인 개경의 방위를 위해 병사들을 모집하여 올려 보냈다. 당시 병사들을 모집하고 통솔하는 모병권(募兵權)과 지휘권은 각 도 절제사인 왕자들과 공신들에게 있었다. 따라서 중앙으로 소집된 병사들은 대부분 개경에 연고가 없는 지방 출신들이었고, 관군(官軍)이라기보다 사병의 성격을 지니는 등 엄밀하게 말하면 조선은 개국 후 일정 기간 관군이 없는 상태에서 사병 연합체가 그 임무를 대신하고 있었다.

당시 궁궐을 중심으로 왕의 지휘를 직접 받는 병력은 도성 수비대인 의흥친군위와 세자가 거느린 사병 등 1천 명 정도였다. 따라서 궁궐과 개경의 경계는 물론 군대의 규율을 유지하며 통솔하기 위해 먹는 문제의 해결과 같은 기본적인 지원이 더욱 중요한 게 현실이었다. 그럼에도 개국 초기에는 왕과 왕실을 비롯해 왕을 지원하는 관리들 그리고 병사 등, 궁궐에서 일하는 사람들에게 먹거리를 제공하기 위한 별도의 독립된 조직이나 요리사를 두는 제도가 아직 마련되지 않은 상황이었다. 그렇다고 이들이 모두 개별적으로 먹는 문제를 해결하는 것도 불가능했다.

　태조가 이인수를 왕의 식사를 전담하는 전속 요리사가 아니라 중추원에 임명했던 이유도 여기에 있었다. 그런 점에서 이인수는 조선이 개국한 후 궁궐에서 요리를 책임졌던 최초의 공식 궁궐 요리사라 하겠다.

충청도 병마절도사를
한양으로 불러들여라

🐟 왜 충청도 병마절도사를 갑자기 교체했나?

세종 16년(1434) 8월 24일 세종은 충청도 병마절도사 이교(李皎, ?~1446)를 중앙으로 불러들이면서 중추원 부사 김익생(金益生, 1388~1450)을 후임으로 임명하여 충청도로 보냈다. 병마절도사는 지역의 육군을 지휘하는 책임자로 임기 2년의 고위직 무관이었고, 함경도·평안도·충청도·전라도·경상좌도·경상우도에 각각 1명씩 임명했다. 이들은 외적이 침입하면 즉시 군사를 동원하여 적절한 조치를 취한 후 중앙에 보고할 의무가 있었고, 평상시에는 지방군의 무예 훈련과 진법 훈련·무기 제작과 정비·군사들의 장비 점검·성보(城堡) 등 군사시설을 엄격히 살펴서 수축하는 등 국방 태세에 소홀함이 없도록 관리하는 것이 주요 임무였다. 이외에도 평상시에는 지역에 해를 끼치는 맹수를 잡거나, 도적을 체포하고 내란 방지와 진압 등 지역 주민들의 안정적인 일상생활과 관련한 임무도 수행했다. 따라서 임기도 끝나지 않은 병마절도사를 교체한다는 것은 특별한 일이었다.

그러나 당시 인사는 전임 병마절도사 이교가 문제를 일으켰거나 신임 병마절도사에게 특별한 임무를 부여해서 파견한 것도 아니었다. 참고로 김익생은 충남 아산 출신으로 문무를 겸비한 충신이었고, 후에 중추원부사와 예조판서에 오를 정도로 능력을 인정받았다. 또한 그는 사육신 중 한 사람인 박팽년의 외할아버지였고, 부모님을 지극 정성으로 모시며 다양한 일화를 남긴 효자로 역사에 이름을 남겼다.

이날의 인사는 중앙으로 불러들인 이교와 특별한 연관이 있었다. 〈세종실록〉에는 이와 관련해서 "이교의 사람됨이 민첩하고 겸하여 음식 요리를 잘하였다. 이때 중국에서 사신이 나온다는 말이 있어서 사용 제조 이중지(李中至, ?~1446) 등이 아뢰기를 '사신을 연회할 때에 상감 앞에서 요리를 할 사람이 없다'고 하여, 이교의 임기가 아직 거기에 차지 못하였어도 교대하게 되었다"고 기록하고 있다.

명나라에서 사신이 오면 조선에서는 이들을 위로하는 의미에서 연회를 베풀었는데, 먼저 왕이 조선을 대표해서 연회를 베푸는 것이 관례였다. 왕이 베푸는 연회는 기본적으로 사신들을 위로하고 격려하는 의미가 담겨 있었고, 때로는 사신들이 황제의 명을 사칭하며 함부로 사적인 언행을 일삼는 것을 차단하고, 귀국 일정 조정 등 예상되는 외교적 문제들을 조율하기도 했다. 따라서 이 자리는 사신들이 조선에서 임무를 수행하고 돌아갈 때까지 양국의 원만한 외교관계 유지에 영향을 미칠 정도로 중요한 외교활동에 해당했고, 때로는 잔칫상을 놓고 벌이는 외교전의 성격도 있었기 때문에 이때 제공되는 요리는 양측의 우호적인 분위기 조성에 적지 않은 영향을 미쳤다. 따라서 조정에서는 연회 준비 과정에서부터 요리사 선정에 각별한 신경을 썼다. 이날도 세종과 대신들이 연회를 준비하면서 요리사를 찾았으나 적합한 인물을 찾지 못하자 사옹 제조 이중지가 충청도 병마절도사 이교를 추천했던 것이다. 그런데 당시 이교를 한양으로 불러들이면서 임시방편이 아니라 후임자를 내려보내 병마절도사를 정식으로 교체했고, 사옹원 제조가 직접 그를 추천했다는 점도 주목된다.

🐟 얼마나 요리를 잘했기에…

태조 4년(1395) 한양에 새 궁궐이 완성되었을 때, 왕과 왕실을 비롯해 궁궐의 음식에 관한 일을 맡는 사옹방(司饔房)이 설치되었다. 이후 궁궐에서 식사를 제공하는 체계가 갖추어져 갔고, 세조 13년(1467) 사옹방이 공식 기구인 사옹원으로 개칭되었다. 사옹원에는 봉급을 받는 관리가 배치되었고, 고종 19년(1882) 왕실에서 소용되는 각종 물자를 관장하기 위해 설치했던 내자시(內資寺)가 폐지된 후로 내자시 일까지 맡아 보며 조선 말기까지 존속했다.

사옹원이 설치된 후에도 일정 기간 사옹방과 호칭이 혼용되었고, 초기에는 1년 단위로 교대근무를 했다. 그러나 일이 너무 힘들어 단종 2년(1454)부터 3교대로 6개월씩 근무하게 했고, 원활한 업무처리를 위해 4명의 제조를 두었다. 이들 중 문신(文臣)이 담당하는 1명의 제조는 왕실 종친이나 부마 또는 왕실 외척이 맡았고, 이들을 종친 제조라고도 했다. 종친 제조는 왕이 식사할 때 입시(入侍)하여 왕의 식사 상대도 되어주었다. 이때 음식의 청결 상태와 혹시 몸에 해로운지에 대한 여부 그리고 왕의 식습관 등을 살피며 건강 유지에 대해서도 각별하게 신경을 썼다. 따라서 종친 제조는 단순히 왕실과 인척 관계만이 아니라 왕의 두터운 신뢰와 더불어 의학과 학문에 조예가 깊은 인물에게 맡겼다. 그리고 왕실에서 적합한 인물을 찾지 못할 경우 왕의 총애를 받는 대신이 임명되기도 했다. 이교를 추천한 사옹원 제조 이중지도 왕실과 직접적인 인척 관계가 있는 것은 아니지만 세종이 왕위에 오르기 전부터 각별한 인연이 있었다.

세종은 왕자 시절에 혼인하여 궁궐 밖으로 나가서 생활했고, 태종 17년(1417) 둘째 아들 수양대군(首陽大君)이 태어나자 이중지의 집에서 양육한 것으로 전한다. 이듬해 세종은 태종에 의해 전격적으로 세자에 책봉되어 가족들과 함께 궁궐로 돌아왔고, 두 달 후에는 왕위에 오르게 된다. 그리고 이중지가 사옹원 제조에 등용되었다.

무인 출신으로 병마절도사라는 고위직을 지냈고, 출중한 요리 실력을 인정받았던 이교의 이력도 대단히 흥미롭다. 그의 아버지는 의안대군 이화(義安大君 李和, 1348~1408)로, 이성계의 이복동생이었다. 따라서 이교는 왕실 종친으로 관직에 나아갈 수 없었으나 무인으로 관직에 진출하게 된 이유가 있었다. 태종은 왕위에 오른 후 왕실의 존엄성을 세우기 위해 각별한 관심을 기울였고, 태종 12년(1412) 태조 이성계의 직계가 아닌 왕족은 왕위 계승권에서 제외시켜 버렸다. 당시 태종은 제외된 종친들의 불만을 차단하려는 의도에서 이들이 관직에 나아가는 길을 열어주었고, 덕분에 이교 역시 아버지 이화에 이어 무인으로 관직에 나아갈 수 있었다. 이후 이교는 태종과 세종의 총애를 받으며 30여 년 동안 여러 군직을 역임했고, "개국 초의 국기(國基)와 왕권을 다지는 데 크게 기여했다"는 평가를 받았다. 뿐만 아니라 이교는 세종 때 명나라에 세 번이나 사신으로 다녀오는 등 관직 생활 동안 폭넓은 견문도 쌓았다. 아마도 그의 요리 솜씨는 무인으로서 오랜 기간 부대에서 숙식하며 생활한 경험과 함께 중국을 방문했던 경험도 영향을 미쳤던 것으로 보인다.

🐟 왕실을 대표하는 공식 요리사가 되다

왕에 이어 재상과 조정의 대신들도 왕명을 받들어 사신들을 위해 잔치를 베풀었다. 따라서 잔치는 한 번으로 끝나지 않았고, 궁궐 밖에서도 이루어졌다. 뿐만 아니라 사신들에게 특별한 먹거리를 제공하기 위해 요리사를 파견하기도 했고, 세종 대를 지나면서 예조에 전객사(典客司)를 두어 외국 사신의 영접과 이들에게 연회를 베푸는 일을 담당하게 할 정도로 사신 접대에 각별하게 신경을 썼다. 따라서 요리사들은 외교적 의례와 절차에도 능숙해야 했다.

이교 역시 왕이 사신들을 위로하기 위해 베푸는 연회에서 요리하는 임무를 수행했지만, 단순히 요리사의 임무뿐만 아니라 왕 앞에서 사신들의 접대와 관련한 외교적 절차 등에도 신경을 썼다. 따라서 이교는 왕의 전속 요리사나 궁궐 요리사가 아니라 왕실을 대표하는 공식 요리사였다. 하지만 이교의 요리 솜씨가 어느 정도였는지는 구체적인 자료가 전하지 않아 알 수 없다. 다만 고기 없이는 식사를 하지 못했던 세종의 인정을 받았고, 입맛이 까다로웠던 사신들을 위해 요리를 했던 것으로 그의 요리 솜씨를 추정할 뿐이다. 그리고 세종 28년(1446) 1월 22일 관직 생활을 하던 중 병으로 사망한 이교에 대해 〈세종실록〉에는 다음과 같은 평을 남겨 놓았다.

"조회를 정지하고, 부의(賻儀)를 내려주고 애도(哀悼)하였다. 양간(良簡)이란 시호(諡號)를 내리니, 온량(溫良)하여 즐거움을 좋아함을 양(良)이라 하고, 평이(平易)하여 헐뜯지 않음을 간(簡)이라 한다. 사람됨이 말하는 재주가 좋고 아첨을 잘하며, 재산은 부요(富饒)하였다. 다른 재능은 없었으며 젊었을 때부터 술과 밥 그리고 음악과 여색[聲色]으로 일을 삼았다."

여기서 시호는 나라에서 왕이나 사대부들이 사망하면 생전의 공덕을 찬양하여 올리는 호(號)를 말한다. 조선 초기에는 왕과 왕비 그리고 종친과 실제로 국정에 참여하여 봉급을 받은 정2품 이상의 고위직 문무관과 공신에게만 주어졌으나 후대로 내려오면서 대상이 확대되었다.

시호에 사용하는 글자 수는 194자로 한정되어 있었으나, 조선시대에 이르러 국가의 제사 및 시호를 의론하여 정하는 일을 관장하기 위해 설치되었던 봉상시(奉常寺)의 건의에 따라 새로 107자를 첨가하여 모두 301자를 사용했다. 그러나 실제로 자주 사용된 글자는 문(文)·정(貞)·공(恭)·양(襄)·정(靖)·양(良)·효(孝)·충(忠)·장(莊)·안(安)·경(景)·장(章)·익(翼)·무(武)·경(敬)·화(和)·순(純)·영(英) 등 120자 정도였으며, 죽은 사람의 행실이 착하지 않고 악하고 사나운 일만 있었을 경우 양(煬)·황(荒)·혹(惑)·유(幽)·여(厲) 등이 쓰였다. 조선시대에는 사망한 사람의 관직이 시호를 받을 만한 위치에 있었으면 후손들이 시호를 청하는 것을 당연하게 여겼다. 그러나 좋지 않은 글자가 쓰인 시호가 내려져도 다시 시호를 청하거나 고쳐달라고 청할 수 없었다. 시호는 여러 신하의 착함과 악함을 후대에 권장하거나 징계하려는 목적에서 내렸기 때문이다.

이교의 경우 시호에 따르면 크게 잘못한 것도 없지만, 큰 공을 세우지는 않았던 것으로 보인다. 다만 그는 성격이 밝고 남들과도 잘 어울렸으며, 특히 "일찍부터 술과 음식을 즐겼고, 음악과 여색을 일로 삼았다"는 것으로 보아 젊어서부터 한량 기질이 있었고, 이러한 기질이 그가 왕실을 대표하는 공식 요리사가 되는 데도 영향을 미쳤을 것으로 보인다.

궁궐 요리사는
요리만 하는 것이 아니었다

🐟 외교관 역할도 수행한 궁궐 요리사

조선시대에는 사신들이 머무는 처소에 특별한 먹거리도 제공했다. 예를 들면 날마다 왕이 별도로 사신들에게 보내는 음식을 별하정(別下程)이라고 했고, 대신들이 별하정을 가지고 사신을 방문하여 함께 술을 마시며 시간을 보내다 돌아가는 등 먹거리도 외교 활동의 일부였다. 이 때문에 역대 왕들은 사신들이 조선에 도착하기 전부터 특별한 식재료 확보에도 각별하게 신경 썼다.

태종 17년(1417) 7월 5일 〈태종실록〉에는 "[임금이] 예조에 명하기를, 사신이 장차 이를 것이니 각 도로 하여금 물과 육지에서 생산되는 물선을 연속하여 바치게 하고, 또 경기(京畿)로 하여금 사신에게 제공할 신선한 은구어(銀口魚)를 연속하여 바치게 하라"는 기록과 함께 "임금이 중국의 사신을 중하게 여기어 무릇 먹이는 음식물을 극진히 생각하지 않는 것이 없었다'라고 그 이유를 덧붙여 놓았다. 세종 2년(1420) 4월 8일 〈세종실록〉에도 "명나라 사신이 도착했는데, 임금이 이들을 위로하기 위해 태평관에 거동하여 잔치를 베풀고 궁궐로 돌아와서 사신에게 안장을 갖춘 말과 의복·신·갓 등의 물건을 선사하였으나, 사양하고 받지 아니하였다. 따라온 요리사 다섯 사람에게도 안장 갖춘 말·의복·신·갓 등을 선사하였다"는 기록이 보인다. 명나라 사신들이 조선에 올 때 요리사를 동행했지만, 이와는 별개로 조선에서도 왕명으로 요리사를 파견했는데, 이러한 조치는 단순한 외교적 관례를 넘어 양국의 원만한 관계 유지를 위한 외교활동에 해당했다. 따라서 요리사들 역시 외교적 감각과 절차 등을 알아야 했고, 사신을 맞이하기 위한 준비 단계에서부터 참여했다.

사신이 도착하면 각종 잔치 외에도 사신들이 나들이나 유람을 갈 때 특별한 먹거리를 지원하기 위해 사옹원 관리들이 요리사와 함께 파견되었다. 문종이 즉위한 해(1450) 8월 22일 한강 유람을 가는 사신들을 위해 도승지 이계전(李季甸, 1404~1459) 등과 함께 요리사가 파견되었다는 기록이 보이는 것도 그 예다. 당시 사신들은 용산강에서 배를 타고 강물을 따라 내려오면서 좌우에 있는 어선(漁船)에서 그물을 던져 고기를 잡으며 즐거워했으며, 현재 양화대교가 놓여 있는 인근의 양화도에 도착하여 북쪽 언덕의 높고 가파른 가을두(加乙頭)에 올라 잔치를 즐겼다. 이날 요리사는 준비해온 요리와 함께 한강에서 잡은 물고기를 요리하여 잔칫상에 올렸다. 사신들은 잔치를 즐기며 눈길 가는 대로 구경하면서 말하기를, "전일에 예겸(倪謙)과 사마순(司馬恂)이 북경에 돌아와서 말하기를, '조선의 가을두는 천하의 비할 데가 없는 빼어난 경치다'라고 하더니, 지금 이곳을 보니 참으로 뛰어난 경치라고 이를 만합니다'라며 감탄했다. 10여 년이 지난 세조 5년(1459) 4월 10일에도 "육포(肉脯)·건어(乾魚)·해채(海菜)·송자(松子)·청밀(淸密) 등을 가지고 가서 명나라 사신에게 나누어주니 진가유(陳嘉猷)는 받지 않았으나 왕월(王軏)은 받았다. 또한 사신들이 한강을 유람하니, 관반(館伴) 박원형(朴元亨, 1411~1469)·조효문(曹孝門, ?~1462)과 우찬성 권남(權擥, 1416~1465)·예조판서 홍윤성(洪允成, 1425~1475)·행첨지중추원사 김수온(金守溫, 1410~1481)이 따라서 갔다"고 한다. 여기서 육포는 소고기를 얇게 저미어 말린 포, 건어는 생선과 조개류 따위를 말린 식품, 해채는 갈조류 미역과의 한해살이 바닷말, 송자는 소나무 열매의 송이, 청밀은 꿀을 가리키며, 모두 조선에서 생산되는 귀한 것들이었다. 그리고 관반은 정3품 이상의 고위직 중에서 임명하여 외국 사신을 접대하기 위해 설치한 태평관(太平館)·모화관(慕華館)·동평관(東平館)·북평관(北平館)에 임시로 파견하던 관리를 말한다.

🐟 바쁜 일정을 소화해야 했던 궁궐 요리사

이날 세조는 도승지를 통해 특별히 술도 하사했다. 이를 '왕이 특별히 내려주는 궁중의 술'이라는 뜻으로 별선온(別宣醞)이라고 했다. 사신들은 이날도 한강의 경치 좋은 곳에 들러 구경하면서 별선온과 함께 다양한 별미를 즐겼다. 〈세조실록〉에는 "도감(都監)에서 잔치를 베풀고 사옹방에서 물고기를 잡아서 이바지하니 명나라 사신이 매우 즐거워하였다"고 기록하면서 "강물을 따라 내려와서 용산강에 이르니 윤자운(尹子雲,

1416~1478)과 승지(承旨) 등이 또 별선온과 찐 양·돼지·기러기·오리를 공궤(供饋)하였다. 가을두봉에 이르러 잔치를 베풀었는데, 판중추원사 홍달손(洪達孫, 1415~1472)이 왕명을 받들어 선온과 별하정을 가져와 명나라 사신을 위로하면서 서로 더불어 술을 마시며 즐기고는 파하였다"고 이날의 분위기를 기록으로 남겼다. 여기서 사신들이 칭찬을 아끼지 않았던 가을두(또는 가을두봉)는 현재 마포구 양화도 북쪽 언덕의 가파른 지역으로 추정하고 있으며, 명나라까지 소문이 나서 조선에 온 사신들이 한강을 유람하며 반드시 들러 잔치를 벌이는 코스가 될 정도로 절경을 자랑했다.

이날도 궁궐 요리사가 함께 파견되었고, 특별히 왕이 보낸 별미와 함께 현지에서 잡은 물고기 등으로 요리한 음식들도 상에 올렸다. 요리사들은 사신들에게 요리를 통한 특별한 경험을 선물하여 조선에 대해 좋은 인상을 남기는 등 양국 사이의 우호적인 분위기 조성에도 영향을 미쳤다. 따라서 궁궐 요리사들은 만족할 만한 성과를 내기 위해 사신들이 조선에 도착하기 전부터 바쁜 일정을 보냈다. 예를 들면 문종이 즉위한 해(1450) 7월 18일 "내옹인(內饔人)을 여러 도에 보내 사신이 구하는 물품을 준비하게 했다"고 하는데 내옹인에서 내(內)는 궐내(闕內)를 지칭하고, 옹인(饔人)은 음식 만드는 사람으로 사옹원에 소속되어 궐내의 음식을 담당한 요리사를 말한다. 문종 2년(1452) 3월 26일에도 문종이 환관을 통해 태평관에 음식물을 보내면서 요리사도 함께 파견했는데, 〈문종실록〉에는 "중국의 사신을 중하게 여기어 무릇 먹이는 음식물을 극진히 생각하지 않는 것이 없었다"라며 왕이 요리에 각별하게 신경 썼다는 기록으로 보아 요리사들의 노고 또한 컸음을 알 수 있다.

그렇다고 역대 왕들이 사신 접대에 일방적으로 모든 것을 쏟아부은 것은 아니다. 특히 민생을 챙기는 왕일수록 무리한 준비로 백성들에게 부담이 가지 않도록 각별하게 신경 썼다. 성종 1년(1470) 6월 5일 성종이 "전일에 중국 사신을 접대할 때 여러 도(道)에서 상납(上納)한 물선(物膳)이 이미 많았고, 사옹원에서 저축한 것 또한 적지 아니하니, 그 숫자를 알아서 아뢰어라. 내가 여러 도의 진상(進上)하는 물선을 감하고자 하는데, 만약 쓰는 데 부족하다면 비록 사재감(司宰監)의 물건인들 방해될 것이 없다"라며 사신 접대에 필요한 물품의 수량을 사전에 예측하여 각 도에서 무리하게 진상하는 부담을 줄여주고, 만약 사용하다가 부족하게 되면 사재감에서 보충할 수 있으니 큰 문제가 없을 것이라고 명했다. 참고로 조선시대 통치의 기본 법전인 《경국대전(經國大典)》에 따르면 사재감은 어물(魚物)·육류(肉類)·식염(食鹽)·소목(燒木)·거화(炬火) 등을 맡는 기관이었다. 물론 이때도 성종의 명이 실질적인 효과를 거두기 위해서는 예상되는 식재료의 종류와 물량을 계산하고 적절하게 사용하는 등 식재료를 다루는 궁궐 요리사들의 경험과 역할이 대단히 중요했다.

고기 요리를 위해서 예외 조항까지 두기도

사신 접대를 위해 금살(禁殺), 즉 소와 말 등 가축을 함부로 잡지 못하는 법에 예외 조항을 두기도 했다. 농경사회에서 소와 말은 농사와 군사력에 필수적인 존재였기 때문에 함부로 도살하는 것을 엄격하게 단속했다. 특히 고려 말기인 공민왕 11년(1362) 홍건적의 침입으로 가축이 크게 줄어들자 이를 메우기 위해 소나 말의 도살을 금하는 금살도감(禁殺都監)

이라는 임시 관아까지 두었다. 당시 신고자에게는 자기 재산에 해당하는 규모의 상금까지 주었고, 불법 도살자는 살인죄로 다스릴 정도로 법이 대단히 엄격했다.

조선이 개국한 후에도 불법 도살을 금하는 법이 엄격하게 시행되었다. 그러나 건국의 기틀이 잡히면서 사회가 안정을 찾아가자 고기의 수요가 증가했고, 불법행위도 다시 고개를 들었다. 세종 7년(1425) 2월 4일 형조에서 "한성부로 하여금 우마(牛馬)를 도살하는 자를 수색·체포하여 엄하게 금단(禁斷)해야 한다"며 세종에게 다음과 같이 아뢴 일도 있었다.

"우마를 도살하는 자는 오로지 신백정(新白丁)이기 때문에, 영락(永樂) 9년(태종 11년, 1411)에 신백정을 조사하고 색출하여 도성으로부터 3사(舍, 1사는 30리) 밖으로 옮겨 놓았던 것입니다. 근래에 와서 이 금지법이 무너져, 드디어 성안과 성 밑으로 모두 돌아와 살면서, 한가로운 잡인과 더불어 같이 우마를 훔쳐내어 도살을 자행하니, 그 간악함이 막심하옵니다."

또한 형조에서는 《경제육전(經濟六典)》을 인용하여 "먹는 것은 백성의 근본이 되고, 곡식은 소의 힘으로 나오므로 본조(本朝, 조선)에서는 금살도감을 설치하였고, 중국에서는 소고기의 판매를 금지하는 법령이 있으니, 이는 농사를 중히 여기고 민생을 후하게 하려는 것이다"라고 소와 말의 중요성을 강조하면서 "불법으로 도살하는 자들을 색출하여 해변(海邊) 각 고을로 옮겨 군역(軍役)에 충당하고, 군관(軍官)으로 하여금 수시로 엄격하게 조사하여 본래 살던 곳으로 도망해 돌아오지 못하도록 해야 한다"고 주장했다. 뿐만 아니라 "우마의 고기를 먹는 자에게 다만 태형(笞刑)

50대를 가하니, 사람들이 이를 모두 가볍게 여기고, 그 고기가 나온 곳을 묻지 않고 공공연하게 사서 먹으므로 도살이 근절되지 않고 있사오니, 매우 부당한 일입니다"라고 문제의 심각성을 지적하면서 "금후부터는 그 실정을 알고도 고기를 먹는 자에게는 청컨대 제서유위율(制書有違律)로써 논단하게 하소서"라며 불법행위를 근절시키기 위해 불법으로 도살한 고기를 먹는 자들도 엄벌에 처해야 한다고 아뢰었다. 여기서 제서유위율은 왕명을 어기면 엄하게 처벌하는 법규를 말한다.

그러나 여전히 불법행위가 자행되었고, 심지어 세종 9년(1427) 10월 16일 대신들이 세종에게 "1년에 두세 번 벌이는 잔치와 수레나 가마 따위를 덮는 우비를 모두 말이나 소의 가죽을 쓰므로, 이로 인해 가죽을 쓰는 일이 옛날의 배가 되어 가죽의 값이 등귀하고, 그 이익이 몇 곱절이나 되므로 몰래 잡는 자가 날로 늘어납니다"라며 잔치를 위한 고기만이 아니라 가죽의 사용까지 증가하여 도살 행위가 더욱 기승을 부린다고 보고했다. 이에 세종은 "지난해에 법을 세우고 굳이 금하여 소를 잡는 자가 거의 없었더니, 지금 들으니 민간에서 다시 일어나고 있다고 한다"고 우려하면서 모든 불법 도살 행위의 근절을 강조했지만, "본국 군신(君臣)이 명나라 사신과 함께 잔치할 때 외에는 소를 잡지 말아서 백성에게 그 중함을 보이는 것이 가할 것이다"라며 사신과 관련해서는 예외 조항을 두었다.

요리의 다양화에도 영향을 미치다

불교를 국교로 삼았던 고려는 국왕도 고기를 절제했기 때문에 도살

업과 고기 요리가 모두 발달하지 못했다. 그러나 몽골의 침입을 기점으로 불교의 영향력이 쇠퇴했고, 여기에 목축과 고기 다루는 솜씨가 일찍부터 발달한 여진과 거란족의 귀화까지 증가하여 도살업과 고기를 재료로 한 요리 기술이 발달하기 시작했다. 그럼에도 육류는 여전히 구하기 힘든 귀한 재료였고, 조선시대에도 고기를 대접하는 것은 최고의 예우였다. 특히 고기를 어떻게 요리해서 밥상에 올리느냐에 따라 예우 수준을 판단하기도 했다. 따라서 고기 요리는 주목받을 수밖에 없었고, 사신 접대에 특별히 고기 요리를 전담하는 별사옹(別司饔)을 파견하기도 했다.

별사옹은 사옹원에 소속되어 요리를 전문으로 하는 잡직의 일종으로, 주로 육류 요리를 담당했다. 태종 17년(1417) 5월 궁궐 내 잡역부들의 명칭을 정할 때 종전의 한파오치(漢波吾赤)라는 명칭을 별사옹으로 바꿨는데, 파오치는 몽골어로 고기를 썰거나 요리하는 사람을 말한다. 별사옹은 잔치가 끝난 후 포상자 명단에서도 빠지지 않을 정도로 잔치에 없어서는 안 되는 전문직으로 인정받았다. 성종 1년(1470) 2월 14일 사옹원 제조 김질(金礩, 1422~1478)과 도승지 이극증(李克增, 1431~1494)이 사옹원 관원의 임명에 대해 다음과 같이 아뢰어 성종의 허락을 받은 일도 있었다.

"세조조(世祖朝)에서 사옹원 관원은 모두 다른 관원으로 겸임하게 하여 몸가짐과 태도 그리고 고기를 잘 베는 자를 가려서 썼는데, 현직에 있는 관리를 두고부터는 한갓 서열이 상당한 자로 제수하여 사신이 오게 되면 임시로 관원을 선발하여 갑자기 임무를 맡기게 되니 특별히 일이 잘되기를 기대할 수 있겠습니까? 청컨대 간택해서 바꾸어 일을 맡기고, 전의 근무 일수를 모두 헤아리소서."

이처럼 고기 요리는 전문적으로 담당하는 인원이 배치되었고, 사신 접대만이 아니라 국가와 왕실의 행사에서도 대단히 귀한 대접을 받았다. 조선시대 제사 음식 가운데 신(神)에게 올리는 가장 귀한 술안주가 육류로 만든 반찬거리였고, 왕릉에서는 매년 정기적으로 소를 잡아 제사상에 올리는 것이 관례가 된 것도 그 예였다. 따라서 궁궐에서 일하는 요리사들은 시기와 장소에 따라 고기를 어떻게 요리하여 상에 올리는 것이 절차와 법도에 어긋나지 않는지에 대해서도 고민해야 했다. 이러한 분위기는 궁궐에서 고기 요리의 발전에도 영향을 미쳤다. 뿐만 아니라 왕릉에서의 제사 등 궁궐 밖에서 벌이는 각종 궁중 행사에도 신선하고 충분한 양의 고기를 보급해야 했는데, 왕릉의 경우 제사에 사용할 고기를 제공하기 위해 능 주변에서의 도살이 허용되었다. 이러한 조치는 오늘날 왕릉 주변에 고깃집이 많이 있는 것과도 무관하지 않아 보인다.

궁궐 요리사들은 명나라에 가는 사신단에도 파견되었다. 특히 원로 대신 등 주요 대신들이 특별한 임무 수행을 위해 사신으로 갈 경우 왕의 특별한 배려로 고기 요리를 담당하는 별사옹을 파견하기도 했다. 세조의 장남 의경세자(懿敬世子, 1438~1457)의 사망으로 차남 해양대군(海陽大君, 예종)을 세자로 책봉해 줄 것을 청하기 위해 세조 3년(1457) 11월 10일 한명회(韓明澮, 1415~1487)와 구치관(具致寬, 1406~1470)을 명나라에 사신으로 보내면서 세조가 "안장을 갖춘 말과 활과 화살 그리고 담비의 모피로 만든 갖옷과 모자 등을 하사하니, 무릇 몸에 따른 의장(衣仗)이 하나라도 갖추지 않은 것이 없었다. 어선(御膳, 왕에게 올리는 음식)에서 진귀하고 맛이 좋은 음식을 나누어주고, 특히 고기 요리 전문인 별사옹 1인을 붙여주어 따라가도록 하였다"는 기록도 보인다.

궁녀들에게 속성으로
반찬 만드는 법을 가르쳐라

🐟 집찬비는 왜 따라갔을까?

세종 9년(1427) 7월 18일 〈세종실록〉에 "중궁(中宮)이 경회루에 나가서 처녀 7인을 불러서 만나보고 전별연(餞別宴)을 베풀었는데, 처녀의 어머니와 친족들도 또한 연회에 참여하였다"고 기록하면서 "집찬비(執饌婢) 10인과 수종(隨從)하는 비(婢) 16인은 경회루 아래에서 음식을 먹었다. 성씨(成氏)·차씨(車氏)에게 따르는 비(婢)는 각기 3인이고 그 나머지는 각기 2인이었다. 밤에 날씨가 맑고 고요한데 슬피 우는 소리가 밖에까지 들리니, 이를 듣는 사람은 슬퍼하지 않는 이가 없었다"고 덧붙였다.

이 자리에 참석한 7명의 여인들은 명나라로 떠나는 공녀였다. 왕비는 이들과 가족들을 위로하기 위해 전별연을 베풀었는데, "슬피 우는 소리가 밖에까지 들렸다"고 할 정도로 분위기가 숙연했다. 이틀 후인 7월 20일

"명나라로 떠나는 채비를 마치고 길을 떠났다"며 다음과 같이 기록했다.

> "세 명의 사신이 대궐에 나아가니, 임금이 맞이하여 근정전의 뜰에 임
> 시로 설치한 장막으로 들어와 다례(茶禮)를 행하였다. 7명의 처녀들이 상림
> 원(上林園)으로부터 근정전으로 들어와서 덮개가 있는 교자(轎子)에 나누어
> 들어갔는데, 성씨(成氏)만은 한 교자에 혼자 들어가고 그 나머지는 두 사람
> 이 한 교자를 같이 탔다. 사신이 친히 자물쇠를 채우고 집찬비와 수종하는
> 비도 모두 말을 탔다."

이날 여인들을 전송하기 위해 건춘문(建春門)에 나와 있던 부모와 친
척들이 거리를 막으며 울면서 보냈고, 구경하는 사람들도 모두 눈물을
흘려 거리는 눈물바다를 이루었다. 7명의 여인들은 성씨(成氏)·차씨(車
氏)·안씨(安氏)·오씨(吳氏)·정씨(鄭氏)·최씨(崔氏)·노씨(盧氏) 등의 성씨(姓氏)
가 있었고, 시중드는 여종[女婢]이 2~3명씩 따라갔으며, 덮개가 있는 가
마를 탄 것으로 보아 양반가 출신이었음을 알 수 있다.

명나라는 비공식적으로 공녀를 요구했기 때문에 구체적인 기록을 남
기지 않아 자세한 내용은 알 수 없지만, 태종 8년(1408)부터 일곱 차례 공
녀를 요구했고, 총 114명의 조선 여인들이 공녀라는 이름으로 명에 간 것
으로 전한다. 이들 중에는 양반가에서 선발하여 보낸 공녀도 있었다. 이
때문에 "일부 양반가에서는 사람을 사서 대신 보내거나 서녀(庶女)를 보냈
다"는 이야기도 전한다. 이들 중에는 명나라 황족이나 대신의 첩이 된 자
들도 있었고, 훗날 좌의정에 오른 한확(韓確. 1400~1456)의 누이는 공녀로
명나라에 간 후 영락제의 정식 후궁이 되기도 했다. 그러나 대부분의 공

녀들은 명나라에서 미천한 존재로 평생을 살다가 세상을 떠났다.

한편 "10명의 집찬비가 이들과 함께 떠났다"는 점도 주목된다. 집찬비는 궁궐에서 음식과 반찬을 만드는 일을 돕는 나인을 말한다. 이들은 양반가 여인들을 수종하는 여종들과 함께 경회루 아래에서 식사할 정도로 미천한 신분이었다. 그러나 집찬비는 공녀로 가는 여인들과 여종들의 식사를 해결하기 위해 보낸 것이 아니라 명나라의 요구로 떠나게 된 또 다른 성격의 공녀였다. 정확한 이유는 알 수 없으나 명나라에서는 사신을 통해 몇 차례 요리하는 궁녀를 요구했고, 〈세종실록〉에 "임금과 대신들이 명나라의 의도를 파악하기 위해 논의했다"는 기록도 보인다.

궁궐에는 여자 요리사가 없는데 어찌하겠는가?

집찬비 등이 떠나고 2년 후인 세종 11년(1429) 5월 8일 세종이 예전에 명나라 사신 창성(昌盛)과 집찬비와 관련해 나누었던 대화를 대신들에게 다음과 같이 설명한 일도 있었다.

> "또 사신이 일찍이 찬을 보살피는 비자(婢子)가 몇 명이냐고 묻기에, 내가 대답하기를, '연전(年前)에는 10인을 뽑아 보냈다'고 하니, 창성은 '또 10인을 더 보내야 됩니다'라고 하므로, 내가 말하기를, '찬을 보살피는 비자라고 한다면 마땅히 찬과 음식을 삶아 요리하는 절차를 알아야 될 것인데, 지금 만약 다시 10인을 추가한다면 미리 익힌 사람이 아니니 어찌하겠는가?'라고 했다."

여기서 '찬을 보살피는 비자'는 궁궐에서 반찬 만드는 일을 돕는 궁녀였다. 그런데 세종이 명나라 사신의 요구에 "요리에 익숙한 궁녀가 없다"고 우려했던 이유가 있었다. 당시 궁궐에서는 남성들이 요리를 했기 때문에 공식적으로 요리를 할 줄 아는 궁녀가 없었던 것이다. 그러나 사신은 "비록 삶아 요리하는 절차를 모르는 사람일지라도 조정(朝廷. 명나라)에 들어가면 배울 것입니다"라며 문제가 없다고 했고, 옆에 있던 또 다른 사신 윤봉(尹鳳)이 웃으면서 아무 말도 하지 않았다는 기록에 비추어볼 때 사신들도 이러한 사실을 알고 있었던 것으로 보인다. 이들의 의도를 의심했던 세종은 "명나라에도 소녀들이 많은데 어찌 우리나라 사람이 필요한가? 내 생각으로는 이 무리가 황제의 의사를 엿보아 스스로 자기의 공(功)으로 하려고 물산(物産)과 어린 계집아이를 많이 거두어, 아래로 여러 곳에 과시하고, 위로는 황제에게 아첨하려는 것이다"라며 "창성의 뜻이 오로지 많은 것을 자랑하는 데에 있음을 알겠다"고 대신들에게 말하기도 했다. 세종 15년(1433) 10월 11일에는 세종이 다음과 같이 사신을 추궁한 일도 있었다.

"기유년의 칙유(勅諭)에, '황제의 뜻이라고 일컫고 사신이 선언(宣言)하는 말을 듣지 말라'고 하였다. 경술년 가을에 창성 등이 와서, 우리나라(조선)에서 황제에게 말하여 이런 칙유가 내린 것이라고 의심하고 분개하여 말을 하기에, 내가 대답하기를, '대인이 황제를 가까이에서 모신 지가 이미 오래여서 중국 조정의 대체를 모르는 것이 없는데, 어찌하여 이런 말을 하시오'라고 하였더니, 창성이 부끄러워하는 빛이 있었다."

세종에 따르면 명나라 황제도 "사신들이 황제의 명을 내세우며 말로 하는 요구는 듣지 말라"는 칙서를 조선에 보낸 적이 있었다. 이 때문에 곤란해진 명나라 사신은 조선이 보고하여 황제가 이러한 사실을 알게 되었다고 따졌지만, 세종은 "황제를 가까이서 모시는 사람들이 어찌 이러한 일을 모른단 말인가?"라고 되물어 사신이 할 말이 없게 만들어 버렸다. 그러나 이후에도 사신들이 "요리할 줄 아는 궁녀를 보내라"고 요구하자 세종은 도승지를 통해 의정부와 6조의 판서 이상에게 논의하여 보고하라고 명하기도 했다.

🐟 궁궐에서 속성으로 요리를 가르쳐라

이날 세종은 "내가 장차 의논해 보겠다"고 우회적으로 말할 것인지, 아니면 "황제의 명을 기록한 공식 문서가 없으니 받아들일 수 없다"고 직접 거절할 것인지에 대한 의견을 대신들에게 물었지만, 외교적 관례를 고려해서 신중해야 한다며 다음과 같이 덧붙였다.

"만약 〈기유년의 칙서〉에서 선유(宣諭)한 황제의 명을 들어 말한다면 창성은 반드시 성낼 것이니, 사신을 접대하는 첫머리에서 성내게 하는 것은 옳지 않다. 창성이 일찍이 말하기를, '처녀를 뽑아 보내라는 일을 서면으로는 쓸 수가 없기 때문에 이에 말로 선유한다'고 하였다. 창성의 이 말은 반드시 옳지 않은 것은 아니다."

그런데 이틀 후인 10월 13일 사신이 전달한 명나라 황제의 칙서에 "왕의 나라 안에 요리를 잘할 줄 아는 여자가 있으면 여남은 사람 선택하여 창성 등에게 주어 데리고 오게 하라"는 내용이 포함되어 있었다. 하지만 조선의 궁궐에는 요리하는 궁녀가 없었기 때문에 당황할 수밖에 없었다. 물론 이전에도 집찬비를 보낸 일이 있었지만, 요리사가 아니라 요리를 거드는 여자 종에 불과했다. 이틀 전인 10월 11일 세종이 대신들과 요리하는 궁녀를 뽑아서 보내라는 사신의 요구에 대해 논의하면서 "우리나라에서는 궁중의 요리하는 일에 종사하는 사람들은 다 남성으로서 부녀들의 아는 바가 아니며, 또 예전에 요리에 종사할 부녀들을 뽑아 보냈더니, 3년이 되어서 비로소 그 일을 습득하였다고 한다. 지금 급히 뽑아 올린다면 적격한 사람을 얻을 수 없다"고 고민한 것도 이러한 이유 때문이었다.

1년여가 지난 세종 16년(1434) 12월 26일 〈세종실록〉에 "세종의 명으로 가려 뽑은 비자(婢子)들을 궐내로 부르고 사옹방으로 하여금 여러 가지 반찬 만드는 법을 가르치게 했다"는 기록이 보인다. 명나라에서 이들에게 요리를 가르친다고는 하지만, 그렇다고 요리에 대해 전혀 모르는 사람들을 보낼 수는 없었기 때문이다. 그런데 전문 요리사를 양성하기 위한 교육이 아님에도 3년의 시간이 걸릴 만큼 궁궐 요리는 대단히 복잡하고 까다로웠다. 더구나 명 황실에서의 요리는 조선과 달랐고, 의사소통도 문제였기에 요리사 임무를 제대로 수행하는 데 어려움이 많을 수밖에 없었다.

세종 17년(1435) 3월 27일 명나라에 가는 사신과 함께 통역사로 동행했던 고용지(高用智)가 북경에서 돌아와 "본국에서 명나라로 들어간 환관 이충(李忠)·김복(金復)·김각(金角) 등이 처녀를 따라갔던 종비(從婢)와 집찬비를 데리고 나온다고 하옵니다"라고 보고했고, 한 달 후인 4월 26일 "환관 이충 등이 황제의 칙서와 함께 처녀들의 종비 9명과 창가비(唱歌婢) 7명, 집찬비 37명을 거느리고 귀국했다"는 기록이 보인다. 여기서 창가비는 노래를 전문적으로 하는 관비(官婢)로, 중종 35년(1540) 8월 3일 "음률을 아는 여인 8~9명까지도 징수하였으니 이런 때가 언제 또 있었겠습니까?"라며 조선 초기에 창가비도 공녀로 갔다는 기록이 보이며, 집찬비가 37명이나 된 이유는 그동안 몇 차례에 걸쳐 명나라에 갔기 때문이었다.

🐟 명나라 황실에서도 그들의 존재를 몰랐다

당시 명나라 황제가 보낸 칙서에는 여인들의 귀국에 대해 다음과 같이 적혀 있었다.

"부녀 김흑(金黑) 등 53명이 오래 경사(京師, 명나라 수도)에 머물러 있으니, 짐(朕)이 그들이 고향을 생각하고 있는 것을 불쌍히 여기고, 또 부모 형제가 보고 싶어 할 것이므로, 이제 내관(內官) 이충과 내사(內史) 김각·김복 등을 보내어 돌려보내니, 왕이 모두 그 집을 찾아서 돌려보내어 처소를 잃지 말게 하고, 이충 등은 성묘가 끝나거든 곧 경사로 돌아오게 하라."

여기서 김각과 김복은 각각 곡성의 옥과(玉果)와 평양 출신으로 태종 3년(1403)에 명나라에 갔고, 이충은 태종 8년(1408) 공녀로 가는 권씨(權氏)를 따라 명나라에 갔다. 권씨는 후에 명나라 3대 황제 영락제의 후궁이

된 공헌현비(恭獻賢妃, 1391~1410)로 영락제의 총애를 받았으나 명나라에 간 지 2년도 못 되어 사망하여 '영락제가 사랑한 시간보다 그리워한 시간이 더 길었다'는 이야기의 주인공이다. 그리고 김각 등은 모두 환관으로 명나라 황제를 모셨다. 따라서 명 황제는 이들이 성묘를 마치면 다시 명나라로 돌려보내라고 했지만, 이들과 함께 귀국한 여인들에게는 영원히 귀국을 허락했다. 이에 세종은 "처녀 종비(處女從婢)와 창가비, 집찬비 등은 비록 사천(私賤)이기는 하나, 공처(公處)의 비자(婢子)로서 본주(本主)에게 돌려주는 것이니, 그 공사 천구(公私賤口)를 모두 일을 시키지 말고 각각 안업(安業)하게 하라"며 이들에게 강제로 일을 시키지 못하도록 하면서 쌀·콩·술·과실·어육을 차등 있게 주어 친족을 먹이게 하고, 헌부(憲府)로 하여금 술의 사용도 허락하도록 명했다. 이날 귀국한 여종 김흑의 말에 따르면 여종과 창가비들이 명 황제의 허락을 받아 고국으로 돌아올 수 있었고, 조선에서는 이를 고맙게 여겨 각별하게 예우를 하였다는 사실을 확인할 수 있다. 그런데 다음과 같은 김흑의 말에 따르면 명 태후가 이들의 존재를 몰랐다는 것으로 보아 명나라에서 이들의 역할이 미미했다는 사실도 알 수 있다.

"한씨(韓氏)가 죽은 뒤에 날마다 태황태후(太皇太后)를 모셨는데, 대우가 대단히 후하고 하사하여 주시는 것이 수없이 많았습니다. 하루는 태황태후께 여쭈기를, '늙은 것이 은혜를 입은 것이 대단히 후하온데 다만 고향에 돌아가고 싶습니다'라고 했더니, 태후가 허락하고 돌아가기를 명하였습니다. 인하여 집찬비와 창가비를 아울러 돌려보내기를 청하였더니, 태후가 말하기를, '와서 있는 것을 처음부터 알지 못한다'고 하시고, 인하여 한꺼번에 돌려보내기를 명하고, 하직하는 날에는 태후께서 김흑의 손을 잡고 울면서 작별하였습니다."

김흑은 한씨의 유모로 명나라에 따라갔고, 그녀가 말한 한씨는 조선에서 공녀로 명나라에 갔던 한확의 누이로 성조, 즉 영락제의 후궁이 된 여비(麗妃, ?~1424)를 말한다. 여비는 세종 6년(1424) 명나라 영락제가 북정(北征) 중 유목천(楡木川)에서 사망하자 자결했다고도 하고, 순장 당했다는 이야기도 전한다. 이후 명나라 황실은 다시 여비의 여동생을 명나라 5대 황제 선종(宣宗), 즉 선덕제(宣德帝)의 후궁으로 간선하여 각별한 인연을 이어갔다.

한편 조선 전기가 지나면 명나라에서의 공녀 요구는 찾아보기 힘들다. 중종 35년(1540) 8월 3일 "지금은 이와 같은 폐단은 없으니……"라며 공녀 요구가 더 이상 없다는 기록이 보인다.

2부

왕의 밥상과
대신들 길들이기

왕이 밥을
굶으면 어떻게 되나?

🐟 세종이 초강수를 둔 이유는?

조선시대의 통치 이념이었던 유학(儒學)에서는 자연재해나 하늘에서 이상 징후가 발생하면 천견(天譴), 즉 하늘이 꾸짖으며 큰 벌을 내리는 것으로 받아들였고, 하늘의 명을 받아 인간 사회를 다스리는 왕이 직접 나서서 스스로 근신하여 하늘의 노여움을 풀어야 하는 책임과 의무를 강조했다. 그리고 왕의 밥상과 관련한 근신으로는 철선(輟膳)·감선(減膳)·소선(素膳) 등이 있었다.

《조선왕조실록》에서는 이 용어들을 혼용하고 있으나 사전적 의미는 큰 차이가 있다. 모두 '나라에 큰 재앙이 발생했을 때 왕이 하늘의 경고를 겸허하게 받아들여 두려워하고 스스로 마음을 가다듬고 반성한다'는 의미가 있으나 철선은 식사를 하지 않는 것이고 감선은 왕의 밥상에서 반찬의 가짓수를 줄이는 것을 말한다. 그리고 소선은 고기 먹는 것을 중지하는 것이다. 따라서 철선은 왕이 선택하는 방법 중 초강수에 해당했고, 상황이 더 심각하면 철선과 함께 사형수나 강상죄인(綱常罪人), 즉 자기 부모 또는 남편을 죽인 자·노비가 주인을 죽인 자·관노가 관장(官長)을 죽인 자 등을 제외한 경죄인(輕罪人)의 사면과 함께 왕이 대신이나 백성들을 상대로 바른말을 널리 구하는 구언(求言)을 명하는 등 왕이 취할 수 있는 각종 조치들도 함께 이루어졌다.

밥을 굶는 철선은 왕이 스스로 결정했고, 상황이 완전히 해소되면 거두어들이는 게 원칙이었다. 반면 왕의 건강이 염려되거나 여전히 어려움이 있기는 하지만 최소한 이전보다는 상황이 나아졌다고 판단되는 경우 대신들의 건의를 받아들이는 절차를 통해 철선에서 감선으로 바꾸거나 혹은 개소(開素)라고 해서 왕이 소선을 하다가 비로소 고기를 먹는 육선(肉膳)을 시작하기도 했다. 그러나 철선은 이를 선언하는 왕이나 중단을 건의하는 대신들 모두에게 정무적 판단이 요구될 정도로 정치적으로 민감한 사안이었다. 대표적인 예로 왕이 대신들을 상대로 자신의 의지를 관철시키려는 의도에서 철선을 선언하는 경우였다. 이유야 어떻든 왕이 철선을 하게 되면 왕을 잘 보필해야 할 책임과 의무가 있는 대신들은 왕을 굶게 만들었다는 책임으로부터 자유로울 수 없었기 때문에 철선을 하게 된 이유보다 철선 그 자체에 더 신경이 쓰였던 것이다.

세종 30년(1448) 8월 4일 〈세종실록〉에 따르면 "임금이 처음에 불당을 지으라는 명을 내릴 때에 반드시 말하는 자가 있을 것을 알았으나 의례로 하다가 그만두리라고 생각했지만, 예상과 달리 대간(臺諫)·집현전(集賢殿)·정부(政府)·육조(六曹)·대소 문신·국학(國學) 제생(諸生)에서 추부(樞府)

무신(武臣)에 이르기까지 모두 극진히 간하여 기어이 청을 얻으려 했다"고 할 정도로 모든 문무 대신들은 물론 유생들까지 나서며 격렬하게 반대했다. 그러나 세종 역시 물러서지 않고, 궁궐을 나가 넷째 아들 임영대군(臨瀛大君, 1420~1469)의 집으로 거처를 옮기는 가출(?)을 시도했는가 하면, "임금이 불쾌하여 철선한 것이 여러 번이었다"는 기록도 보인다. 이뿐만 아니라 "[임금이] 명을 내릴 때에도 선위(禪位)할 뜻을 조금 비치었으며, 또 거처를 옮긴다는 명령이 있으매, 여러 신하가 억지로 누름을 황공하게 여기어 감히 말을 하지 못하였다. 오직 집현전과 대간이 말을 올려 마지않았으나, 뒤에 듣고 다시는 감히 말하지 아니하였다"며 세종은 여러 번 철선을 선언하고 심지어 왕위를 세자에게 물려주겠다는 뜻까지 비치는 등 그야말로 초강수를 두었다. 이 때문에 부담이 클 수밖에 없었던 대신들의 반대가 수그러들었고, 집현전과 대간들의 반대가 있었지만, 결국 세종의 승리(?)로 마무리되었다. 평소 온화하고 합리적인 세종의 이미지와는 달리 고집불통의 왕이 연상되기도 하지만, 이런 세종을 상대로 끈질기게 반대했던 집현전과 대간들 역시 그 임금에 그 신하였다.

세조는 무리한 선언까지 하다

조선시대에는 주요 대신들이 사망하면 왕이 생전에 고인의 공을 치하하면서 명복을 빌고, 가족들을 위로하는 한편, 조정의 대신들에게도 신하를 아끼고 사랑하는 왕의 애절한 마음을 전하는 등 복합적인 의미에서 감선이나 철선을 선언했다. 물론 모든 대신이 사망했을 때 철선하는 것은 아니었고, 여기서 철선은 감선을 의미하는 경우도 많았다. 그리고 철선의 기간이나 방법을 결정하는 것은 생전에 고인의 업적과 왕과의 관계 등이 고려되었고, 왕의 판단에 따라 달랐다.

세조 2년(1456) 1월 23일 신숙주(申叔舟, 1417~1475)의 부인 윤씨가 사망했을 때는 "갑자기 부음(訃音)을 듣고 임금이 놀래고 애도하여 급히 철선하게 하였다"는 기록도 보인다. 당시 세조는 쌀과 콩 등 장례에 필요한 물품을 풍족하게 보내주고 철선을 선언하면서 "신 대제학(신숙주)은 다른 공신의 예와 다르고, 또 만리(萬里) 외방에 있으며, 여러 아들이 다 어리니, 나의 애측(哀惻)함을 다 진술할 수가 없다"고 그 이유를 설명했고, 이어서 "정원(政院)에서 잘 살펴서 관(官)에서 시신을 염습하여 장사를 지내게 하며, 또한 관원을 보내어 국가를 위하여 사망한 사람에게 국가에서 제문(祭文)과 제물(祭物)을 갖추어 제사를 지내주는 등의 일을 지원하고, 하나도 빠짐없이 자세히 아뢰도록 하라"며 세조가 직접 작성한 어찰(御札)까지 승정원에 보냈다. 여기서 정원은 왕명의 출납을 맡아보던 승정원으로, '국가에서 공식적으로 장례를 치러주라'는 의미였다.

세조가 이처럼 각별한 관심을 기울인 이유는 두 달 전인 세조 1년(1455) 10월 신숙주가 사신으로 명나라에 갔기 때문에 부인의 곁을 지키지 못한 것도 영향을 미쳤다. 그럼에도 관리도 아닌 관리의 부인이 사망했는데 왕이 밥을 굶겠다고 선언한 세조의 조치는 지나친 면이 없지 않았다. 여기서 철선이 밥을 굶는 것이 아닌 감선이라고 해도 이제까지 역대 왕들이 보여준 사례에서도 찾아보기 힘들기 때문이다.

건국 직후인 태조 1년(1392) 11월 26일 이성계의 선배 무장으로 조선 개국에 참여하여 개국공신 1등에 올랐고, 조선의 초대 영의정을 지낸 배극렴(裵克廉, 1325~1392)이 사망했을 때 태조는 3일 동안 조회를 폐하고 7일 동안 고기를 먹지 않았다. 그리고 태종 5년(1405) 6월 27일 역시 조선 개국 과정에 공을 세워 개국공신 1등에 올랐고, 태종의 즉위 과정에도 공을 인정받아 정사공신 1등에 오른 영의정 조준(趙浚, 1346~1405)이 사망했을 때는 "임금이 매우 슬퍼하여 통곡하고, 생선이나 고기를 쓰지 않은 간소한 반찬으로 수라상을 올리는 소선을 자시었으며, 3일 동안 조회를 정지하였다"고 한다. 세종 24년(1442) 4월 5일 양녕대군 5녀 영천군주(永川郡主, 1412~1442)가 사망하자 세종은 고기를 먹지 않는 소선을 선언했다. 세종의 결정은 양녕대군이 왕실의 가장 큰 어른이자 한 때 세자였고, 그의 딸 영천군주는 세종의 친조카이자 왕실 종친이었기 때문이다. 당시 세종의 건강을 걱정한 황보인(皇甫仁, 1387~1453)과 김종서(金宗瑞, 1383~1453)가 여러 승지들과 함께 "목욕하신 후에는 소선이 적당하지 않으니, 육선을 드시기를 청하옵니다"라고 건의했으나 세종은 받아들이지 않았다. 그러나 황보인 등이 다시 두 번 세 번 반복해서 청하여 소선을 철회한 일도 있었다.

세조 역시 이러한 전례를 모를 리 없었지만, 철선을 선언한 이유가 있었다. 세조의 즉위 과정에서 사육신과 생육신이 나오는 등 격렬한 반대가 있었고, 세조가 즉위한 후에는 단종의 복위를 시도하는 등 세조의 왕권을 흔드는 일들이 이어졌다. 그러나 신숙주는 세종의 가장 큰 총애를 받았음에도 세조의 편에 섰다. 뿐만 아니라 당시 신숙주는 왕위에서 물러난 단종이 "몸에 병이 심하고 나이가 어려 부득이하게 왕위를 세조에게 물려주었다"는 사은표(謝恩表)를 지참하고 새로 즉위한 세조의 임명장을 청하기 위해 주문사(奏聞使)로 명나라에 가고 없었다. 따라서 세조의 입장에서는 신숙주가 더욱 각별할 수밖에 없었을 것이다.

경 등은 함부로 말하지 말라!

철선은 왕만이 아니라 대비와 왕비 등 왕실에서도 할 수 있었다. 이들이 철선을 결정하고 끝내는 것은 왕실의 관례에 따랐지만, 언제 어떻게 철선을 하고 끝낼 것인지에 대한 결정은 왕을 중심에 두고 이루어졌다. 왕실에서 굶고 먹는 문제는 왕의 허락이 있어야 가능할 정도로 모든 과정이 왕을 중심으로 하는 공적인 관계를 중시했기 때문이다.

왕실 종친이 사망했을 경우 왕실에서 철선을 결정할 때 왕과 종친의 공적인 관계를 대단히 중요하게 여긴 것도 그 예였다. 성종 8년(1477) 12월 5일 승정원에서 성종에게 아뢰기를 "공주(公主)의 상(喪)으로 인하여 대왕대비께 수라상을 올리지 못한 지가 여러 날이 되었습니다. 신 등이 수라를 들 것을 청하려고 하나, 성상의 뜻을 알 수 없습니다"라며 공주의 상을 당해 대왕대비가 식사를 하지 못하고 있는데 성종의 뜻이 어떠한지를 물었다. 여기서 대왕대비는 세조의 비 정희왕후(貞熹王后, 1418~1483)로 성종의 할머니이며, 공주는 세조와 정희왕후 사이에서 장녀로 태어난 의숙공주(懿淑公主, 1441~1477)로 성종에게는 고모가 된다. 따라서 대왕대비에게는 친자식을 잃은 큰 슬픔이었지만, 나라에서 공식적으로 챙겨야 하는 상(喪)은 아니었다.

당시 보고를 받은 성종은 "내가 간곡하게 청하려고 하니, 경 등도 또한 아뢰어라"라며 대왕대비에게 식사를 하도록 청할 것을 명했다. 승정원에서는 곧바로 대왕대비에게 "모자(母子)간에 비록 지극한 정이 있으나, 귀천(貴賤)에 따라 예(禮)도 따라서 변하는 것입니다. 신 등이 듣건대, 철선하신 지가 여러 날이 되고, 마음 상함이 너무 지나치시다고 하니, 경황함을 금치 못하여 감히 청합니다"라며 대왕대비가 철선을 거두어도 예의에 크게 벗어나지 않는다고 아뢰면서 간곡하게 식사를 권했다. 그런데 대왕대비는 "경 등은 함부로 말하지 말라. 성상(성종)이 계신데, 내가 어찌 철식(輟食)을 하겠는가? 내 오늘 세 번이나 밥상을 받았으니, 경 등은 걱정하지 말라"고 답했다. 이 말은 대왕대비가 식사를 했다는 뜻인지 아니면 밥상을 받았다는 사실을 강조한 것인지는 분명하지 않지만, 최소한 '왕이 있는데, 대왕대비가 독단적으로 철선을 하지 않았다'는 사실을 확인할 수 있다.

반면 성종 10년(1479) 1월 1일 "밀성군 이침(密城君 李琛, 1430~1479)이 사망하여 전례에 따라 나라에서 예를 갖추어 장례를 치렀으며, 성종이 심히 애도하여 철선하였다"는 기록도 보인다. 이침은 세종과 후궁 신빈 김씨(愼嬪 金氏) 사이에서 태어난 세종의 다섯째 서자였다. 따라서 성종에게는 할아버지뻘이 되지만 방계(傍系) 출신으로, 왕이 철선까지 선언하기에는 명분이 약했다. 그러나 이침은 국왕의 친위군인 금군(禁軍)을 맡아 왕실을 호위하는 임무를 수행했고, 세조 때 남이의 반란 모의를 진압하는 데 공을 세워 공신으로 책봉된 인물이었다. 따라서 성종이 철선을 선언한 이유는 이침이 단순히 왕실 종친이라는 이유보다는 왕실의 보전에 공을 세운 것을 기렸던 것이다.

한편 조선시대에는 철선이 많이 시행되지는 않았다. 기본적으로 밥을 굶는다는 것은 자신을 스스로 지켜야 한다는 도덕적인 문제와도 연관이 있었고, 부모에게서 물려받은 몸을 함부로 해서는 안 된다는 효의 문제, 그리고 왕의 통치행위 등 복합적인 요인들이 작용했기 때문이다. 뿐만 아니라 대신들 입장에서도 왕이 철선을 하게 되면 왕을 안전하게 모셔야 하는 책임으로부터 자유로울 수 없는 등 대단히 부담스러울 수밖에 없었다. 따라서 왕과 대신들 모두에게 철선은 가볍게 거론할 수 없는 민감한 문제였던 것이다.

감선에
담긴 의미 읽기

밥상을 받기는 했지만…

왕의 밥상에서 반찬 수를 줄이는 감선 역시 나라에 재앙이 생기면 왕
이 자신의 부덕(不德)을 탓하며 근신(謹身)하는 의미가 담겨 있었다. 여기
서 나라의 재앙이란 가뭄이나 홍수를 비롯한 자연재해 또는 천둥과 벼락
이 치는 등 하늘에서 보이는 이상 징후 그리고 화재 등 나라에 갑작스럽
게 닥친 인재(人災)를 말한다.

감선의 사상적 배경은 천인감응론(天人感應論)으로, "군주가 백성을 위
해 올바른 정치를 펼치지 못하면 하늘이 노하여 이에 대한 경고 또는 책
임을 물어 가뭄이나 홍수 등 자연재해가 발생한다"고 받아들였고, 군주
는 잘못을 반성하고 근신하여 하늘의 노여움을 풀어야 하는 책임과 의무
가 있었다. 이는 "중국 전한의 사상가이자 정치가 그리고 유학자로 유교

가 중국 문명의 핵심으로 자리잡는 데 큰 역할을 했다"고 평가받는 동중서(董仲舒)에서 유래한 것으로 전한다.

우리나라 역시 이러한 사상을 기반으로 하고 있으며, 여기에 "가뭄이 들면 군주의 식사를 줄인다"는 《시경》 등의 구체적인 내용이 더해졌다. 오래전부터 감선을 시행했다는 역사적 유래도 전한다. 기록에 따르면 감선은 492년 신라 21대 소지왕(炤智王, ?~500)이 가뭄이 들자 감선한 것이 최초이며, 고구려 25대 평원왕(平原王, ?~590)은 563년 가뭄이 극심하자 산천에 기도하며 감선했다. 그리고 신라 27대 진평왕(眞平王, ?~632)은 585년 봄에 극심한 가뭄이 들자 왕이 정사를 돌보던 정전(正殿)에서 내려와 신하들의 자리였던 남당(南堂)에서 식사를 했다. 고려시대에는 잦은 민란과 거란·몽골의 침입에 대한 항쟁 등 국가적 위기를 겪었던 고종(高宗, 1192~1259)이 "반찬 만드는 사람의 수까지 줄이라"고 명한 일도 있었다. 그리고 감선의 사상적 기반을 제공한 유교를 통치 이념으로 삼았던 조선시대에는 감선이 중요한 의례로 자리 잡았다.

조선시대의 감선은 일반적으로 '왕의 밥상에 올리는 반찬을 줄인다'는 것을 의미했지만, 이외에도 하루에 여러 차례 받는 밥상의 횟수를 줄이거나, 밥상의 반찬을 줄이면서 고기반찬은 올리지 않기도 했고, 또는 밥상을 들이지 않게 하거나 왕에게 밥상을 올리기는 했지만 손을 대지 않고 그대로 물리는 등 다양한 방식이 있었다. 그리고 때로는 철선과 혼용되기도 했다. 그러나 역대 왕들이 했던 감선이 위 네 가지 중 어디에 해당하는지 분명하게 구별하기 힘들고, 감선을 한 시기나 기간도 제각각이어서 명확하게 분류하기도 쉽지 않다.

대신들은 감선이 효과가 있다는 구체적인 근거를 찾아볼 수 없었음에도 그 누구도 감선을 부정하거나 비판할 수 없었다. 오히려 감선은 철선과 달리 대신들이 먼저 왕에게 권하기도 했다. 그리고 왕이 감선을 선언하면 대신들은 어떻게 처신해야 하고 언제쯤 어떻게 감선을 끝낼 것을 청할지에 대해 판단해야 했다. 대신들이 왕에게 감선을 권한 이유는 위기에 처한 나라를 걱정하는 마음과 함께 왕에 대한 충성심을 보여주어야 했기 때문이다. 반면 왕의 경우 대신들이 감선을 권하거나 끝낼 것을 청한다고 해서 무조건 받아들일 수 없었다. 비록 형식적이었다고 해도 감선은 시작부터 끝까지 왕이 모든 것을 결정하며 주도해야 했고, 감선의 성과를 확인함으로써 통치력을 강화하는 기회로 삼을 수 있었기 때문이다. 따라서 최상의 모양새는 왕이 감선을 결정하고 감선의 이유가 완전히 소멸되면 최고의 찬사를 받으며 끝내는 것이었다. 하지만 가시적인 성과가 없어 감선이 길어지기도 했다. 이 때문에 눈치를 보아야 했던 대신들이 "대비께서도 수라를 들지 못하고 있다", "곧 제사가 돌아오니 예를 갖추어야 한다", 그것도 아니면 "왕의 옥체를 상할까 심히 우려된다"는 등 나름의 명분을 찾아서 왕이 감선을 끝낼 것을 청했다.

🐟 명분을 찾지 못하면 굶어야 한다?

왕이 먼저 감선에 들어가면 대비와 왕비 등 왕실에서도 감선을 선언하며 왕을 지원하기도 했다. 그러나 반드시 따라야 하는 법규가 없었기 때문에 강제할 수 있는 것은 아니었다. 중종 4년(1509) 4월 26일 〈중종실록〉에는 "대전(大殿. 왕)에서 감선하면 대비나 왕비 등 여러 전(殿)에서도 감선하는 것이 전례이나 담당 내관이 아뢰어 청하기 어려워하였더니 이에 이르러 대비가 듣고 또한 감선을 명한 것이다"라며 왕이 감선을 선언하자 대비와 왕비 등이 알아서 감선을 선언했다는 기록이 보인다.

조선시대에는 519년 동안 감선을 341회 시행했지만, 감선을 하게 된 이유와 방식 등 구체적인 내용이 매우 다양하다.《조선왕조실록》에 따르면 건국 직후인 태조의 경우 모두 제삿날과 관련해서 감선이 거론되었고, 정종 2년(1400) 6월 2일에는 비가 오지 않는 날이 계속되자 성석린(成石璘, 1338~1423) 등 재상들이 정종에게 감선을 권했다. 그리고 "(임금이) 이날 아침부터 저녁까지 공구(恐懼) 수성(修省)하여 조금도 게을리하지 않으니, 밤이 되어서 비가 내렸다"고 한다. 여기서 공구 수성은 '몹시 두려워하며 수양하고 반성한다'는 뜻이지만 정종이 얼마 동안 어떻게 감선을 했는지 구체적인 내용은 알 수 없다. 태종은 18년 동안 재위하면서 모두 15회 감선하여 '감선을 관행화한 왕'으로 평가받는다. 세종도 32년 동안 재위하면서 16회 감선을 했는데, 하루에 여러 차례 받는 밥상 중에서 술과 고기를 올리지 말도록 하여 소선과 금주의 관행을 세우는 등 "태종 대까지 없었던 새로운 감선 방식을 도입하여 한 차원 더 높은 감선으로 철저하게 근신하는 모범을 보였다"는 평가를 받는다. 반면 재위 기간이 짧은 탓인지 문종과 단종 대에는 감선에 대한 기록을 찾아보기 힘들다. 세조의 경우 14년간 재위하며 단 두 차례 감선했다. 반면 세조는 "대신들이 술에 취하지 않으면 술자리를 끝내지 않았다"고 할 정도로 대신들과 술자리를 자주 한 것으로 유명하다. 세조의 의도는 대신들을 술에 취하게 만들어 그들의 속마음을 확인하거나 술자리를 통해 결속을 다지려고 했던 것으로 전한다. 이 때문인지 세조는 감선과 금주를 병행하지도 않았고, 금주는 단 한 차례만 시행했다. 성종의 경우 25년 동안 재위하면서 21회 감선하여 세종을 능가했으며 "성종 대에 문치주의가 다시 심화되었고, 세종과 문종을 잇는 금욕주의의 경쟁도 부활했다"는 평가를 받는다. 이외에도 자연재해로 감선을 단 한 차례 시행한 왕은 예종·연산군·인종·경종·순종이 있으며, 20회 이상 시행한 왕으로는 성종 외에도 중종 28회, 영조 89회, 정조 29회 등으로 전한다.

왕에 따라 편차가 크기는 하지만, 감선은 조선시대 말기까지 이어졌다. 그 이유는 왕에게 유교적 모범을 요구하는 신료 집단의 입장과 감선을 통해 왕의 존재감을 확인하고 통치력을 유지·강화하려는 왕의 입장이 맞물린 것과도 연관이 있었다. 특히 조선 후기로 가면 한때 왕권 강화의 수단으로 활용되는 등 감선의 이유가 더욱 다양해졌고, 강도 또한 높아졌으나 한편으로는 "감선이 급속하게 형식화되었다"는 지적도 받는다. 달리 말하면 감선에는 조선이라는 왕조 사회를 이끌어나가는 고도의 정치적 상징성이 담기게 된다.

🐟 고도의 정치적 상징성까지 담기다

감선에는 기본적으로 "왕이 백성들의 고통을 외면하지 않고, 백성들과 아픔을 함께하며 위로한다"며 왕이 직접 백성들과 소통을 시도한다는 의미가 담겨 있다. 그리고 이를 통해 '금욕적이고 수양에 힘쓰는 군주'라는 인상을 심어주는 등 백성들에게 군왕의 존재감을 재확인하는 기회로 삼았고, 대신들을 긴장하게 하고 비상한 관심을 불러일으켜 왕에 대한 충성심 등 통치력을 강화했다. 달리 말하면 왕과 대신 그리고 지배집단과 피지배집단 사이의 관계를 견고하게 유지하고 지지를 이끌어내는 기회가 되었다.

감선은 시간이 지나면서 왕이 대신들을 압박하는 비상수단으로도 활용되었다. 이 때문에 감선의 명분을 놓고 왕과 대신 사이에 미묘한 신경전도 벌어졌다. 기본적으로 왕이 감선에 들어가면 대신들 역시 함께 나라의 위기를 극복하기 위해 어떤 방식으로든 적극 동참하는 모습을 보여주어야 했고, 한편으로는 왕을 안전하게 보필해야 할 책임과 의무가 있었기 때문에 적절한 시기에 감선의 철회를 적극 청하는 등 충성을 보여주어야 했다. 때로는 왕이 자신의 의지를 관철하고 정국의 주도권을 장악하려는 의도에서 감선을 단행하기도 했고, 심지어 공적인 영역보다는 개인적인 변덕(?) 등으로 대신들과 갈등이 발생했을 때 일종의 시위 차원에서 감선을 선언하기도 했다. 그럼에도 대신들이 왕의 의도를 제대로 파악하지 못하거나 무시하여 감선을 권하거나 또는 반대했다가 낭패를 보는 일도 있었다.

상황이 심각할 경우 감선이 더 강화되기도 했다. 감선에 피전(避殿)이 더해진 것이 그 예였다. 피전은 나라에 재앙이나 이상 징후가 발생했을 때 왕이 근신한다는 뜻으로 평소 머물며 정사(政事)를 보던 대전(大殿)에서 허름한 장소로 거처를 옮기는 것을 말한다. 여기에 감선이 더해진 피전 감선(避殿減膳)은 누추한 곳으로 거처를 옮기고 먹는 음식의 가짓수를 줄이는 것으로 왕의 밥상은 더 단출해졌다. 하지만 왕이 항상 의도한 바를 얻는 건 아니었기 때문에 감선이 왕에게 언제나 유리한 선택지는 아니었다. 왕이 섣불리 감선을 선언했다가 가시적인 성과 없이 명분도 찾지 못할 경우 결과적으로 왕이 스스로 무능을 증명하는 꼴이 되었고, 때로는 대신들이나 특정 정파에서 감선 카드를 들고나와 국가적 재앙에 대한 왕의 책임과 반성을 요구하며 왕권을 제약하는 수단으로 활용하기도 했다.

한편 감선을 할 때는 평상시 수라상에 올리는 그릇과 별개로 감선용 그릇을 제작해서 사용했고, 평소에 각 전(殿)에서 관리했다. 만약 각 전의 그릇을 구별하지 않고 섞어서 사용하다가 발각되면 엄하게 죄를 물었다. 그릇은 담당자를 두어 엄격하게 관리했고, 부족할 경우 왕의 허락을 받아 다시 제작했다. 그릇이 부족한 원인으로는 파손되거나 담당자가 그릇 관리에 소홀해서 분실되었고, 때로는 의도적으로 빼돌리기도 했다. 그 이유는 왕과 왕실 밥상에 사용하는 그릇의 값어치가 상당했기 때문이다.

중종 20년(1525) 7월 22일 대궐 안의 재물과 보물 일체의 간수를 맡아보던 상의원(尙衣院)에서 "감선할 때의 세자빈 밥주발[飯鉢] 셋, 중궁전에서 차 마시는데 사용하는 그릇인 다완(茶椀) 하나, 세자의 밥주발 하나를 십품(十品) 은(銀)으로 만들어 들이도록 하셨는데, 본원(本院)이 저장한 은이 단지 130냥뿐이기에 감히 품합니다"라며 감선용 그릇 제작에 필요한 은이 부족하다고 보고하자 중종이 "세자빈의 감선 밥주발은 사용원이 만들기를 청했는데, 평소의 밥주발을 사용해도 되니 만들지 말고, 중궁전의 다완 및 세자궁의 밥주발은 곧 다시 만들어야 할 것이니, 다시 들여야 한다"라고 한 기록으로 보아 감선용 그릇이 제때에 보급되지 않은 일도 있었고, 이에 따라 반드시 감선용 그릇이 사용되지 않았다는 사실을 확인할 수 있다. 그리고 감선에 참여하는 왕실 구성원의 밥주발 제작에 우선순위를 둔 것으로 보아 이들이 감선에 참여하는 상징적 의미가 모두 동일하지 않았다는 사실도 알 수 있다.

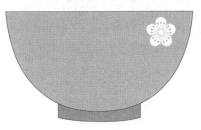

변화무쌍(?)했던
왕의 밥상

🐟 감선은 정국의 흐름을 읽을 수 있는 열쇠였다

왕이 제대로 된 왕 노릇을 하기 위해서는 편안하게 앉아서 밥상을 받을 수 없었다. 왕의 밥상은 예고 없이 닥치는 자연재해 등 국가적 재앙은 물론 평상시와 다른 이상 징후들에도 영향을 받았고, 왕실 제사와 생일 등 매년 정기적으로 국가와 왕실의 행사가 열릴 때마다 왕은 밥상을 받을지 아니면 물리칠지, 식사를 한다면 어떤 밥상을 받을 것인지 판단해야 했기 때문이다.

대신들 역시 왕이 어떤 밥상을 받는가에 대해 관심을 기울였지만, 왕권이 강할 경우 밥상과 관련한 결정권은 왕에게 있었다. 심지어 왕이 감선을 선언하며 정국을 주도하는 등 모든 것은 왕이 중심이 되어 돌아갔고, 대신들은 왕만 쳐다볼 정도로 끌려다니기도 했다. 그러나 왕권이 약할 경우 왕은 돌아가는 상황을 주시해야 했고, 심지어 주변의 눈치를 보아야 할 정도로 대신들의 발언권이 강했다. 특히 조선 중기 이후에는 조금만 이상한 징후가 보여도 왕의 밥상이 거론될 정도로 왕과 대신들 모두 민감하게 반응했다. 이 때문에 왕의 밥상은 그야말로 변화무쌍했고, 한편으로는 정국의 흐름을 읽을 수 있는 하나의 열쇠였다.

왕권 유지와 관련해서 '정치 10단'이라는 평가를 받는 선조의 경우, 선조 6년(1573) 1월 19일 흰 무지개가 해를 꿰는 일이 발생하자 "근래 재변(災變)이 끊이지 않는데 이제 또 이러하므로 아주 미안하니, 피전 감선을 하겠다"며 피전 감선이라는 강도 높은 근신을 선언했다. 물론 여기에는 정국을 주도하려는 선조의 의도도 담겨 있었다. 반면 지속적으로 대신들과 의견 대립을 보였던 광해군의 경우 광해군 11년(1619) 3월 24일 홍문관에서 "신들이 전사(前史)를 가져다 고찰해 보았더니, 역대 제왕들은 천재·일식·가뭄 등이 있을 때에 반찬 수를 줄이고, 음악 연주를 중단하고, 평소 머물던 정전(正殿)을 피하였습니다. 그러나 전쟁에서 패한 것 때문에 반찬 수를 줄이고 음악 연주를 중단하고 정전을 피하는 등의 조치를 취한 경우는 나타나는 데가 없었습니다"라고 아뢴 일도 있었다. 당시 광해군은 전쟁을 이유로 내세워 피전 감선을 선언하며 정국을 주도하려고 시도했지만, 대신들이 선례가 없다는 이유로 무산시킨 것이다.

이처럼 감선은 왕권이 약할수록 대신들에게 힘이 실렸다. 그럼에도 일단 왕이 감선에 들어가게 되면 물자 절약을 강조하면서 솔선수범에 나서는 등 분위기 전환을 통해 정국을 주도하는 기회를 만들 수 있었다. 따라서 왕권이 약한 왕들도 기회가 되면 감선을 거론했다. 광해군을 쫓아내고 반정 세력이 인조를 왕으로 추대한 지 한 달 만인 인조 1년(1624) 4월 18일

인조는 자연재해를 이유로 내세워 "내가 즉위함으로 말미암아 한재가 이 지경까지 이르러 밤낮으로 근심하고 걱정하나 어찌할 바를 모르겠다. 내가 이미 정전을 피하였으니……"라며 스스로 피전 감선에 들어가면서 "조정에서도 음악 사용을 금하고 근신하라"고 명하며 대신들에게 왕의 권한을 행사했다.

감선에 감선을 더하기도…

인조 7년(1629) 5월 8일 예조에서 "신(臣)들이 감선의 하교를 받고 날로 드시는 어선(御膳)의 물목을 조사해 보았더니 갑자일 감선 이후로 거의 모양이 아니었습니다. 그런데 거기에다 지금 또 감선을 하면 거의 드실 것이 없게 되므로 신들이 아무리 헤아려보아도 다시 더 감선할 물건이 없습니다"라며 인조가 감선에 감선을 더하여 밥상이 형편없어졌다며 간곡하게 철회를 요청했다. 그러나 인조는 "재해를 만난 임금이면 입맛 갖추어 먹지 않는 것이 예로부터 있었던 예법인 것이다. 그중 감해야 할 물건이면 몽땅 수효를 줄여서 유명무실의 결과가 되지 않도록 하라"며 감선의 강도를 더욱 강화하라고 명하여 대신들을 긴장하게 했다. 심지어 인조는 대신들이 올린 밥상을 거부하기도 했고, 같은 해 11월 5일 호조에서 다음과 같이 아뢰었으나 허락하지 않아 감선이 오랫동안 이어졌다.

"감하고 또 감하여 금일에 이르러서는 도리어 사대부가 자기 몸을 스스로 보양하는 것만도 못 하게 되었습니다. 이것도 매우 미안스럽거니와 더구나 지금은 왕비께서 만삭이 되는 기쁜 날로 온 나라가 함께 축복하여 여느 탄신일의 진상과는 달라야 하는데도 이미 전하께 올린 것까지도 호조에 내리셨으니, 군왕의 형편이 극도로 안타깝고 답답해합니다."

인조 15년(1637) 8월 29일 대신들이 "지난해 봄에 매달 초하룻날 각 도(道)에서 나는 산물들을 바치는 것을 지나치게 줄여 수라상이 형편없어졌고, 사옹원의 어공물목(御供物目)을 가져다가 살펴보니 한양에 있는 관아에서 올리는 건어·채소 외에는 경영(京營)에서 바치는 생치(生雉, 날꿩 고기) 두 마리와 생선 세 마리뿐이었다"라며 왕의 밥상이 지나치게 초라해졌다고 걱정하면서 "이전의 규례대로 다 회복하지는 못하더라도 잠시 일이 안정될 때까지는 간략하게 봉진하여 수라를 짓는 주방을 돕게 하소서"라며 원상회복까지는 아니더라도 어느 정도 밥상의 모양새를 갖출 수 있도록 허락해 달라고 간곡하게 청했다. 그러나 이날도 인조는 "내가 덕이 없기 때문에 백성이 큰 화를 만났으니, 죽고 다치고 잡혀간 것을 생각하면 음식이 목구멍을 내려가지 않는데, 어찌 차마 내 입과 배를 위하여 남은 백성에게 침탈할 수 있겠는가"라며 거절했다. 하지만 이날은 대신들도 물러서지 않고 세 번이나 더 아뢰자 인조는 "경들이 이토록 청하니, 새로 나는 물건은 한 번 올리도록 하라"며 비로소 허락했지만, 새로운 진상품으로 차린 밥상을 한 번은 받겠다고 단호하게 말했다. 따라서 이날의 분위기는 인조가 왕의 밥상을 놓고 대신들과 신경전을 벌였다는 느낌이 들 정도로 감선을 통해 왕의 존재감을 확인시키려는 정치적 의도가 읽혀진다.

감선을 선언하며 대신들을 질타하기도

정치적으로 감선을 가장 적극 활용한 왕은 단연 영조였다. 예를 들어 영조 35년(1759) 3월 2일 눈이 내리자 영조가 스스로 자책하며 10일 동안 감선하겠다고 선언한 일이 있었다. 봄날에 눈이 내린 것은 특이한 일이기는 했지만, 왕이 10일 동안이나 감선을 해야 할 정도였는지는 의문이다. 더구나 영조는 "이러한 일이 발생한 것은 모든 면에서 부족한 내가 왕위를 물려받아 30여 년을 재위하였고, 국정이 잘 운영되지 않은 것 또한 나의 허물 탓이다"라며 국정이 제대로 운영되고 있지 않다고 지적하면서 그 이유가 이미 30년을 즉위한 자신의 잘못이라고 자책했다. 그러나 영조가 감선을 선언한 이유를 자신의 잘못을 스스로 반성하려는 의미로만 해석하기에는 무리가 있다. 영조가 대신들에게 "정국이 안정되지 못하고 떳떳하지 못한 사람들이 득세하고 있다"라고 지적하면서 다음과 같이 분명하게 말한 것이 그 예이다.

"무릇 인사가 아래에서 순(順)하면 천기(天氣)도 따라서 순하는 것이다. 그런데 우러러보고 구부려 살펴보건대 순한 것인가, 아닌 것인가? 겨울이 따뜻하여 봄과 같고 봄이 추워서 겨울과 같으니, 시기(時氣) 또한 순한 것인가, 아닌 것인가? 지난겨울에 눈이 없다가 첫봄에 눈이 오니, 이미 이것은 이변이다. 그리고 제사 지내는 날 밤에 얼음을 처음 보았고 쌓인 눈이 겨울과 같았다. 인사가 이미 아래에서 어긋났으니 시기 또한 어찌 어긋나지 않겠는가?"

여기서 시기(時氣)란 천지(天地)의 바르지 않은 기(氣)를 말한다. 즉 봄에는 마땅히 따뜻해야 하는데 오히려 춥고, 여름은 더워야 하나 서늘하며, 서늘해야 할 가을은 덥고, 겨울은 춥지 않고 따뜻한 것을 말한다. 그 이유는 해당 계절에 다른 기운이 들어왔기 때문이라고 하며 이로 인해 "집안 식구들이 모두 병을 앓게 된다"고 전한다. 그런데 영조는 이러한 하늘의 이상 징후들은 분명 이변이지만, 사람들이 잘못해서 생긴 것이라고 강조하면서 "지금의 국세(國勢)는 나의 허물이요, 지금의 인사(人事) 또한 나의 허물이다. 이미 그 허물을 알고서도 만약 스스로 힘쓰지 않는다면 어떻게 우러러 사죄하겠는가?"라고 자신을 탓했다. 그러나 여기에는 왕을 제대로 보필하지 못한 대신들을 향한 질타와 함께 잘못된 정국을 바로잡기 위해 영조가 직접 나서겠다는 의지가 담겨 있었고, 동시에 성심을 다해 왕, 즉 자신을 보필하라는 대신들을 향한 엄명이기도 했다.

근대화의 물결이
밀려와도 감선이 이어지다

🐟 혼란한 국내외 정세까지 감선에 담다

조선 후기로 들어서면서 약해지는 왕의 존재감과 민심을 의식한 왕이 불안정한 정국을 타개해 보려는 현실적인 이유에서 감선을 선언하는 경우도 있었다. 심지어 자신에 대한 주변의 여론을 의식한 대왕대비가 먼저 감선을 선언하기도 했다. 그러나 의도한 바를 얼마나 성취했는지는 확인할 수 없다.

순조 3년(1803) 12월 13일 인정전(仁政殿)이 불에 타자 대왕대비가 "미망인이 불행하게도 수렴청정하며 밤낮으로 삼가고 두려워하였는데, 천만 뜻밖에 수백 년 동안 전해져 온 정전(政殿)이 한 시간 사이에 불타는 재난을 당하였으니, 나라에 공을 세운 조상의 영령(英靈)들께서 하늘에서 내려다보시고 어떻다 하시겠는가?"라며 자신이 부덕한 탓이라고 자책하면서 감선을 선언했다. 여기서 대왕대비는 영조의 계비 정순왕후(貞純王后, 1745~1805)를 말한다.

그런데 엄연히 왕이 있는데 대왕대비인 정순왕후가 지나칠 정도로 예민하게 반응하며 왕보다 먼저 감선을 선언한 이유는 순조가 11세의 어린 나이에 즉위하여 그녀가 수렴청정을 하고 있었기 때문이기도 했지만, 태종 5년(1405)에 완공된 인정전은 임진왜란 때 화재로 전소되는 불행을 겪었고, 광해군 2년(1610)에 다시 복구된 후 역대 왕들이 이곳에서 정무를 보며 조선왕조를 상징하는 건물로 자리 잡게 되었는데, 이날 선정전(宣政殿)에 불이 나서 인정전까지 전소된 사건으로 인해 심적 부담이 대단히 컸던 것이다.

대왕대비가 감선을 선언하자 순조 역시 "이는 첫째도 나의 부덕으로 말미암은 것이고, 둘째도 나의 부덕으로 말미암은 것이니, 매우 두려운 나머지 이어서 송구하고 부끄럽기만 하다……. 이렇게 비상한 재난을 당하여 어떻게 감히 소홀하게 여겨 스스로 용서할 수 있겠는가?"라고 자책하면서 대신들에게는 "무릇 나라 다스리는 도리를 의논하고 생각하여 간쟁(諫爭)하는 자리에 있는 자들은 그 허물을 죄다 진달함으로써 덕이 부족한 나를 돕도록 하라"고 명했다. 그리고 "내일부터 감선하며, 5일 동안 피전하고 음악을 금지함으로써 하늘의 분노에 대한 책임을 보이겠다"며 5일 동안 피전 감선을 선언했다.

고종 3년(1866) 10월 19일 고종은 추수철을 맞아 우레가 친 일을 거론하면서 "보잘것없는 과인이 외람되게 큰 왕업을 이어받아 밤낮으로 근심하고 두려워하여 감히 스스로 편안하지 못했는데, 지금 우레가 친 이변이 바로 거두고 감추어야 할 절기에 있으니 어질고 자애로운 하늘이 어찌 까닭 없이 그러하였겠는가?"라고 자신이 잘못하여 하늘이 경고하는 것이라고 자책하며 3일간 피전 감선을 선언했다. 고종의 발언에는 애절함이 담겨 있었지만, 한편으로는 예전과는 다른 긴장감이 느껴질 정도로 상황이 좋지 않았다.

🐟 근대화의 물결 속에서도 전통사회의 관례가 이어지다

고종의 애절함은 다음과 같이 암울해져만 가는 당시의 국내외 상황에 대한 지극히 현실적인 문제가 그대로 담겨 있었다.

> "적들은 방금 물러갔으나 민심이 안정되지 않은 것이 나의 허물이고, 재화가 점점 부족해져서 백성들의 재력이 고갈된 것도 나의 허물이다. 탐관오리가 제거되지 않아 백성들의 산업이 모두 궤멸된 것이 나의 허물이며, 법령이 시행되지 않아 민정이 통하지 않게 된 것이 나의 허물이다. 이 가운데서 하나만 있어도 재앙을 불러들이기에 충분한데, 더구나 여러 가지 일이 번잡하여 일일이 헤아릴 수 없는 것이야 더 말할 나위가 있겠는가?"

이처럼 고종은 감선을 선언하여 혼란한 국내외 정세를 극복해 보려고 시도했지만, 역부족인 듯했다. 당시는 개화기를 거쳐 근대화의 물결이 밀려와 대격변기를 겪고 있었기 때문에 고종의 감선에 힘이 실리지 못했다. 특히 신분제도가 폐지되고 과거로 관리도 선발하지 않았기 때문에 더 이상 전통적인 문신 관료들이 양산되지 않았고, 조정에는 관료로 임명된 서양인도 있었다. 뿐만 아니라 일반인들에게도 서양식 교육이 시행되었고, 일상생활에도 근대의 문물이 밀려드는 등 밑바닥부터 조선이라는 전통사회에서 벗어나고 있었기 때문에 왕의 주변에 과거와 같은 지원 세력이 점차 사라지고 있었던 것이 그 예였다.

감선도 의미를 잃어가고 있었다. 궁궐에도 근대화의 물결이 밀려 들어왔고, 왕의 밥상과 수라간 역시 변화의 물결을 피해 갈 수 없었기 때문이다. 그 예로 고종은 서양 음악을 들으며 서양 음식을 즐겼으며, 궁중의 수라간에는 서양 요리를 하는 주방이 따로 마련되어 일주일 동안 수라상에는 여러 차례 불란서 요리 등 서양 요리가 올라왔다. 특히 고종과 순종은 생선 튀김을 즐겨 먹었고, 빵은 독일에서 요리 공부를 한 셰프를 데려와 직접 만들어 올렸는데 맛이 대단히 좋았으며, 다과상을 대신해서 커피와 케이크를 즐겼다.

궁궐에서 열리는 잔치도 개화의 물결로 변화하고 있었다. 잔치는 오찬이나 만찬이 되었고, 여기에 초대받은 대신들은 프록코트나 모닝코트 등을 걸치고 참석했다. 그리고 궁중의 전통적인 잔칫상보다는 아이스크림과 수프 등이 식탁에 올라오는 양식이 인기를 끌었다. 음식의 양식화로 그릇도 자연스럽게 접시나 유리컵이 준비되었고, "양반들은 칼질을 배우느라 진땀을 흘렸다"고 한다. 이러한 분위기로 왕의 밥상과 관련한 용어들까지 어색해지는 등 왕의 밥상을 대하는 정서가 달라지고 있었다. 그럼에도 고종이 어수선한 정국을 수습하고 주도하기 위해 즉위 초부터 감선과 철선을 선언한 것은 그가 의지할 곳이 없었음을 의미했다.

🐟 감선과 철선에도 변화가 생겨나다

전통사회에서 강조하던 상징적 의미들은 근대의 대격변기를 겪으면서 퇴색되어 갔다. 감선과 철선도 예외는 아니었다. 그럼에도 감선과 철선이 폐지되지 않고 이어진 데에는 혼란한 정국에 대한 심적 부담을 전통사회의 관례를 통해 해소해 보려는 왕의 간절함이 담겨 있었다. 따라서 고종의 감선 선언은 외로운 싸움이기도 했다.

어린 고종의 즉위로 수렴청정을 하던 대왕대비가 자신의 뜻을 관철시키기 위해 철선을 선언한 일도 있었다. 고종 1년(1864) 7월 18일 대왕대비가 죄수에게 특별히 베푸는 은전을 실행하고 있지 않은 것을 질책하면서 "이번 처분이 있은 지 이미 여러 날에 이르렀는데도 단지 사간원과 사헌부에서 소란스럽기만 하고 아직도 담당 부서에서는 거행하지 않고 있으니, 특별히 명을 내렸는데도 이렇게 할 수 있는가? 수라는 거행하기를 기다려서 들 것이니 해방(該房)은 그리 알라"며 철선을 선언했다. 이 소식을 전해 들은 고종은 자신이 죄인이 되었다고 자책하면서 "대왕대비께서 수라를 드시지 않으니 내 마음이 초초하고 당황스러움이 어찌 끝이 있겠는가? 오늘날 신하된 사람이 어떻게 감히 거행을 지체한단 말인가? 나도 수라를 들지 않고 대왕대비께서 드시기를 기다릴 것이니, 왕명의 출납을 맡아보는 부서에서는 여러 가지 거행할 일을 즉시 단단히 살펴야 할 것이다"라고 철선을 선언하면서 대왕대비의 명을 속히 실행하라고 명했다.

여기서 대왕대비는 익종(翼宗, 1809~1830)의 비 신정왕후(神貞王后, 1808~1890)로, 익종은 효명세자(孝明世子)를 말한다. 효명세자는 순조의 아들로, 왕위에 오르지 못하고 22세의 나이에 사망했다. 이후 순조의 뒤를 이어 즉위한 헌종이 효명세자를 익종으로 추존했다. 헌종은 효명세자의 아들로 순조에게는 손자가 된다. 그리고 고종은 즉위하면서 익종의 양자가 되었기 때문에 헌종과는 형제 관계가 되고 순조의 손자가 된다. 따라서 고종은 철종의 뒤를 이어 즉위하였지만, 철종이 아닌 순조의 혈통을 이어받은 것이 되었고, 당시 그는 12세의 어린 나이라 왕실 최고 어른인 익종의 비 신정왕후가 수렴청정을 하게 된다.

한편 고종 40년(1903) 5월 5일 영회원(永懷園)에 화재가 발생했을 때 대신들이 3일 동안 감선할 것을 건의하여 받아들인 것이 고종의 마지막 감선이었다. 그리고 조선에서 마지막으로 시행된 감선은 순종 5년(1912) 4월 27일 효창원(孝昌園)에 화재가 발생했을 때였다. 영회원에는 소현세자의 비 강빈의 묘가 있었고, 효창원에는 정조의 장남으로 세자에 책봉되었으나 다섯 살 때 요절한 문효세자(文孝世子, 1782~1786)와 정조의 후궁으로 문효세자의 생모 의빈 성씨(宜嬪成氏, 1753~1786)의 묘, 순조의 후궁 숙의 박씨(淑儀朴氏)와 그녀의 소생인 영온옹주(永溫翁主)의 묘가 함께 있었다. 효창원은 묘역이 광활하고 송림이 울창한 것으로 주목받았고, 1945년 일제가 문효세자의 묘를 경기도 고양시 서삼릉(西三陵)으로 옮기면서 효창원은 효창공원이 되었다. 그런데 영회원과 효창원은 왕릉이 아니었다. 따라서 두 곳의 화재를 국가적 재앙으로 볼 수 없었음에도 고종과 순종이 감선을 선언한 데에는 조선 왕실에 대한 책임과 의무를 다함으로써 조선 왕실을 계승했다는 사실을 보여주려는 의도가 담겨 있었다.

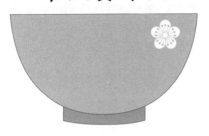

살아서 못 먹거나
죽어서 못 먹거나

쑥갓과 거여목을 올리지 말라

왕이라고 모든 음식을 먹을 수 있는 것은 아니었다. 기본적으로 왕의
안전을 위해 수라간에서 만든 음식 외에는 그 어느 것도 왕의 밥상에 올
리지 못했다. 그리고 왕의 체질과 탕약의 복용도 식단 작성에 영향을 미
쳤고, 특이한 식재료의 사용 등 음식과 관련한 금기 사항도 생겨났다. 태
종의 경우 "쑥갓과 콩과 식물인 거여목을 임금의 밥상에 올리지 말라"고
명하기도 했다.

태종 16년(1416) 3월 5일 태종은 경기도 포천의 보장산에서 사냥을
한 뒤 소요산 아래에서 머물렀다. 그런데 이날 밤 태종을 호종했던 사람
들이 숙소에서 갑자기 사망했다. 당시 2명은 다행히 약을 먹고 살아났
지만, 사망자가 6명이나 되었다. 함께 자리에 있었던 사람의 진술에 따

르면 "나물을 먹었는데 순식간에 황홀(恍惚)해져 정신을 차리지 못하고, 눈·코·귀·입에서 피가 흐르듯이 나왔습니다"라고 했다. 보고를 받은 태종은 매우 가슴 아파하면서 "사람들이 반드시 말하기를, 이것은 강무(講武) 때문이라고 할 것이다"라고 우려했다. 여기서 강무는 조선시대에 왕이 신하와 백성들을 이끌고 매년 일정한 곳에서 함께 사냥하며 무예를 닦던 행사를 말한다. 이때 사냥에서 잡은 동물로 종묘사직과 지방 사직에 제사도 지냈다. 따라서 강무는 국가의 큰 행사였고 동시에 신성한 의미도 포함되어 있었다.

반면 강무는 동원되는 인원이 적게는 수천 명에서 많게는 3만 명이나 되었고, 장비 동원과 소요되는 경비 그리고 강무가 시행되는 고을의 부담 또한 대단히 컸다. 뿐만 아니라 갑자기 맹수가 뛰쳐나와 공격하거나 놀란 말에서 떨어지는 등 왕에게 예상하지 못한 위험한 일이 발생할 수도 있었다. 이 때문에 왕이 사냥에 나가는 것을 탐탁하게 생각하지 않는 대신들이 있었고, 때로는 적극 반대하기도 했다. 그럼에도 태종은 재위 기간 동안 무려 300회가 넘는 기록이 전할 정도로 사냥을 즐겼고, 대신들이 이런 태종을 만류한 적도 한두 번이 아니었다. 따라서 태종은 강무 중에 불미스러운 사건이 발생한 일에 대해 신경이 쓰였던 것이다.

이날 태종은 "사망자들을 깊은 골짜기에 단단히 묻게 하고, 이들의 집에는 쌀과 콩을 각각 2석씩 주라"고 명하면서 수라상을 준비하는 사옹에게는 "이제부터 어선(御膳)에는 쑥갓과 거여목을 올리지 말라"고 명하는 등 여론을 의식한 태종은 사후 처리에도 각별하게 신경 썼다. 〈태종실록〉에 따르면 당시 사망자들은 독초(毒草)를 먹었던 것으로 전하는데 "독초의 이름은 망초(莽草, 붓순)이고, 향명(鄕名)은 대조채(大鳥菜)인데, 뿌리는 거여목[苜蓿, 목숙]과 같고 줄기는 쑥갓[蒿菜, 동채]과 같았다"고 한다.

🐟 금기 사항도 지속적으로 생겨나다

금기 사항을 지키지 않으면 관련자에게 죄를 물었다. 죄의 유형은 다양했는데, 태종 17년(1417) 12월 2일 태종이 내의(內醫) 양홍달(楊弘達)과 박윤덕(朴允德)을 궁궐에서 쫓아낸 일도 있었다. 양홍달은 태조 때부터 활동한 의관으로, 태조가 병이 났을 때 두 차례나 성심을 다해 치료하는 등 뛰어난 의술로 태조의 총애를 받았다. 박윤덕 역시 궁궐에서 의관으로 활동하며 조정의 관리와 외국 사신의 치료에 공을 세운 명의였다. 그런데 이날 두 사람이 쫓겨난 이유는 참새고기 전병(煎餅)을 만들어 왕에게 올리면서 금기 사항을 아뢰지 않았기 때문이다. 반면 정조 8년(1784) 정조가 영릉에 참배하고 돌아갈 때 백성들이 떡을 만들어서 직접 왕에게 바치자 대신들이 경호와 위생을 문제 삼아 막았으나 정조가 이들을 칭찬하며 상을 준 일도 있었다. 이로 보아 모든 금기 사항이 철저하게 지켜진 것이 아니라 때로는 상황에 따라 융통성 있게 처리됐음을 알 수 있다.

또한 왕실 제사를 받는 사람들은 죽어서 먹지 못하는 음식도 있었다. 제사상의 금기 사항을 말한다. 예를 들면 세종 27년(1445) 9월 12일 세종은 "예전에 태종께서 나에게 이르기를 '제사에 젓갈을 쓸 것은 아니다'라고 하셨는데, 허조(許稠, 1369~1439)가 아뢰기를 '술을 써서 젓갈을 담으면 벌레가 없습니다'라고 하였다. 내가 봉상시의 젓갈에 혹 벌레가 있을까 염려되니, 만일 벌레 있는 물건을 쓴다면 쓰지 않는 것만 같지 못하니, 젓갈을 쓰려거든 꼭 술로 만들라"고 예전에 명했던 일까지 다시 거론하면서 "근자에 선부(膳夫)가 젓갈(醢)을 내왔는데, 벌레가 있었다. 내가 보는 데도 이러하니, 하물며 유사(有司)가 제사에 바치는 것이겠는가?"라며 사헌부에 제사상에 올리는 젓갈을 살펴보라고 명했다. 세종의 명을 받은 사헌부는 "젓갈에 티끌과 풀잎 등이 많이 섞여 있었다"고 조사 결과를 보고했고, 세종이 그 책임을 물어 감찰 최돈(崔敦)·판사 김중성(金仲誠)·당해관(當該官) 김양경(金良璥)과 유곡(柳穀)을 파면시켰다.

성종 즉위년(1469) 12월 11일 예종의 장례를 치를 때 "궁궐에 전염병이 돌자 금기로 인하여 예종의 관을 모시던 빈전(殯殿)에 아침과 저녁에 제사 지낼 때 올리는 술과 유밀과를 떡으로 대신하게 했고, 빈소(殯所)를 모신 내관 등은 곡(哭)하지 않고 상복을 입지 못하게 하였다"는 기록도 보인다.

금기 사항은 고정불변한 것이 아니었다. 세종 6년(1424) 8월 11일 예조에서 "명나라에서는 제사상과 어선(御膳)에 양이나 돼지는 수놈을 올리지 않는다"는 금기과 관련해서 다음과 같이 아뢴 일도 있었다.

"명나라 사신이 정종과 태종의 제사상에 올릴 양과 돼지고기를 가지고 왔는데, 모두 거세(去勢)한 것이었습니다. 황희(黃喜, 1363~1452)가 '어찌하여 제사상에 올리는 것을 거세한 것을 쓰느냐'고 물었더니, 명나라 사신은 '숫짐승은 비리기도 하고 살지고 크지도 않으므로, 무릇 하늘에 제사 지내는 원구단(圓丘壇)이나 종묘사직(宗廟社稷)의 제사에는 우생(牛牲) 외에는 모두 거세한 것을 쓴다'면서 제사에 쓸 것을 사전에 거세하여 기르는 법도 말해주었습니다."

🐟 몸뚱이가 완전한 것이 온전한 것이거늘

제사상에는 과일도 상처가 있으면 올리지 않는 등 상태가 온전하지 않은 것을 금기시했다. 따라서 거세한 것도 온전하지 않은 것으로 여겨 제사상에 올리기를 꺼려했던 것이다. 그런데 이날 예조에서는 명나라에 사신으로 갔던 판서 신상(申商, 1372~1435)이 "제사에 거세한 것을 쓰는 것은 '몸뚱이가 완전한 것을 온전하다'고 하는 뜻에 어긋나지 않는가?"라고 명나라 예부에 묻자 "모든 것을 갖추지 못한 것이 있으면 온전한 것이 아니라고 할 수도 있겠지만, 정결하고 살지고 기름지게 하려고 거세하는데 무엇이 완전하지 않다고 혐의할 수 있겠는가? 수놈 같은 것은 비단 제향이나 어선에 쓰지 아니할 뿐만 아니라, 보통 사람도 역시 먹지 않는다"라고 한 대화 내용을 세종에게 보고하면서 "앞으로 크고 작은 제향에 쓰는 양이나 돼지는 모두 다 거세한 것을 미리 기르게 하자"고 건의하여 세종의 허락을 받은 일도 있었다.

미나리와 관련한 재미있는 일화들도 전한다. 《조선왕조실록》에는 각종 제사에서 미나리김치[芹菹, 근저]를 제사상의 어디에 놓는지에 대한 기록이 자주 등장하는 것으로 보아 미나리김치가 왕실 제사에서 없어서는 안 되는 제물(祭物)이었던 것으로 보인다. 그리고 중국에서는 근폭(芹曝)과 근침(芹忱), 헌근지성(獻芹之誠)이라는 용어가 전하는데, "옛날 한 농부가 싱싱한 봄 미나리를 먹어보고 맛이 좋자 왕에게 바치려고 했다"는 이야기가 담겨 있다. 여기서 미나리는 '보잘것없지만, 윗사람을 생각하는 정성스러운 마음'을 의미하며, 특히 미나리를 왕에게 바치는 정성이 가득한 마음은 '왕에 대한 충성심'을 의미한다. 이 이야기는 일찍부터 우리나라에 들어왔고, 조선시대에도 대신들이 왕에 대한 충성스러운 마음을 표현할 때 자주 인용되었다. 그런데 세조 11년(1465) 5월 10일 세조가 "침장고(沈藏庫)의 관리가 바친 채소는 지극히 거칠고 나쁘며, 직접 채소를 따서 바치지 않았고, 사옹방의 관리와 환관들 또한 관리 감독하지 않았으니 모두 마땅하지 못하다"라고 화를 내면서 "관련자들을 추국(推鞫)하여 아뢰라"라고 의금부에 명한 일이 있었다. 당시 침장고 관리가 바친 채소는 미나리였다.

조선시대에는 도성 안에서의 경작이 금지되었지만, 왕실 소유의 밭을 관리하며 궁궐 제사와 각 전에서 소요되던 채소를 재배하여 공급하는 침장고라는 관청이 있었고, 세조 12년(1466)에 사포서(司圃署)로 이름이 바뀌었다. 그리고 환관들이 왕실에 필요한 채소와 과일을 재배하던 내농포(內農圃)라는 관서(관청과 그 부속기관을 통틀어 이르는 말)도 있었는데, 내농포의 미나리 밭인 근전(芹田)은 창경궁 후원에 있었던 것으로 추정하고 있다.

이날 침창고 관리가 세조에게 미나리를 바친 이유가 있었다. 며칠 전 세조가 세자궁 앞에 심은 미나리를 보고 대단히 아름답다며 미나리를 뽑아 바치라고 명했고, 침장고에서 세조의 명을 수행했던 것이다. 그런데 미나리를 받아본 세조는 좌우에 있던 대신들에게 "누가 미나리 채집에 참여했느냐?"고 묻고 나서 "관청을 설치하고 직임을 분담한 것이 어찌 이런 지경에 이르렀느냐? 근래 침장고의 관리가 서리(胥吏)만 보내고 스스로 감독하여 올리지 않아서 특히 사리와 체면을 잃었다"고 질책할 정도로 미나리의 상태가 좋지 않았다고 한다.

🐟 미나리와 조선 왕실의 악연(?)

이날 세조는 윤자운(尹子雲, 1416~1478) 등을 불러서 "채소와 과일은 작은 물건이다. 그러나 작은 것으로부터 큰 것을 알고, 묻히거나 작아서 알기 어려운 것으로부터 현저한 것을 아는 것이 성인(聖人)이 근신함이다"라고 대신들까지 질책했다. 또한 "침장고의 관리가 채소 기르는 데에 실수한 것은 진실로 작은 죄가 되나, 임금에게 바치는 것에 이르러서도 친히 감독하여 올리지 않았으니, 이것이 청(請)하고 발로 차는 것과 무엇이 다르겠느냐? 그 윗사람을 업신여기는 마음이 이미 조짐이 있는 것이니, 그들을 속히 국문하여 아뢰어라"며 비록 미나리가 하찮은 미물이지만, 채소를 기르는 담당 관청이 있고 관리들 또한 적지 않은데, 미나리를 거두어들일 때 감독을 하지 않고 말단 서리만 보냈고, 더구나 왕의 명령을 가볍게 여긴 죄가 크다고 그 이유를 설명했다.

이날 세조의 명으로 많은 사람들이 조사를 받고 고초를 겪었고, 이들 중에는 세종의 차녀 정안옹주(貞安翁主)의 남편으로 세조와 처남과 매부 사이인 청성위(靑城尉) 심안의(沈安義, 1438~1476), 권근(權近)의 손자이자 세조의 최측근 권남(權擥)의 동생으로 명문가 출신의 고위 관리 영가군(永嘉君) 권경(權擎, 1429~1482), 세종의 형 효령대군(孝寧大君)의 사위이자 세조와 사촌 처남과 매부 사이인 침장고 제조(沈藏庫提調) 이서(李墅, 1429~1481) 등이 포함되어 있었다. 이외에도 침장고 별좌(別坐) 오형(吳瀅)과 권선(權善)은 장(杖) 70대, 김종직(金從直) 장 100대, 침장고 별좌 김회보(金懷寶)와 사옹 별좌 이중련(李仲連), 조금(趙嶔) 등을 파직하고, 환관 김눌(金訥)은 본읍(本邑)에 충군(充軍)하였다. 여기서 별좌는 정 또는 종 5품직으로 부서 실무 책임자에 해당했다.

이 일은 세조가 '작은 일도 소홀하게 해서는 안 된다'는 교훈과 함께 왕명을 엄하게 받들게 하여 조정의 기강을 잡으려는 의도로도 해석되지만, 한편으로는 미나리를 바치는 관리들을 통해 '하찮은 미나리지만, 왕을 생각하는 갸륵한 마음'을 의미하는 '헌근지성'이라는 옛말을 자신에게 적용해 보고 싶었던 것인지도 모른다. 이유야 어떻든 세조의 의도를 파악하지 못해 곤혹을 치렀던 관리들의 경우 미나리에 대한 감정이 좋을 리 없었고, 이 때문에 한동안 미나리 반찬을 먹지 않았을지도 모른다.

숙종 대에도 왕실과 미나리의 인연이 전한다. 숙종의 계비 인현왕후(仁顯王后, 1667~1701)가 쫓겨나고 희빈 장씨(禧嬪張氏, ?~1701)가 숙종의 총애를 받자 민가에서 "미나리는 사철이고 장다리는 한철이라……"는 노래가 유행했다. 여기서 미나리는 인현왕후였고, 장다리는 희빈 장씨를 말했다. 미나리는 일 년 사계절 동안 푸르름을 간직하고 있고, 장다리는 무나 배추 등의 꽃대로 여기에는 "미나리가 일시적인 주목을 받는 장다리를 결국 이겨낸다"는 뜻이 담겨 있다. 조선 왕실과 미나리의 질긴(?) 인연을 보여주는 또 다른 예라 하겠다. 어쩌면 당시에도 숙종의 눈치를 보느라 궁궐 안에서 미나리 반찬을 밥상에 올리지 못했을지도 모른다.

이외에도 정조 18년(1794) 6월 3일 〈정조실록〉에는 2년에 한 번씩 울릉도에 가서 현지 조사를 하여 보고하는 규정에 따라 강원도 관찰사 심진현(沈晉賢)이 조사 결과를 보고서로 작성하여 올렸는데, 여기에 "잡초로는 미나리·아욱·쑥·모시풀·닥나무가 주종을 이루고, 그 밖에도 이상한 나무들과 풀은 이름을 몰라서 다 기록하기 어려웠습니다"라며 미나리를 잡초라고 기록한 내용도 보인다.

3부

왕과
밥상 정치

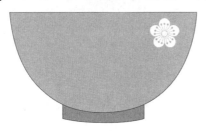

밥상에도
공(公)과 사(私)를 구별한 태종

🐟 왕을 굶긴 것인지 왕이 굶은 것인지···

때가 되었는데 왕에게 수라상을 올리지 못하면 어떻게 될까? 상상도
할 수 없는 일이지만, 실제로 이런 일이 발생했다는 기록이 보인다. 태종
6년(1406) 2월 10일 〈태종실록〉에는 "임금이 동교(東郊)에서 매사냥〔放鷹〕
하는 것을 구경하고 고니를 잡아서 즉시 덕수궁(德壽宮)에 바쳤다. 해가
정오(正午)가 지나도록 수라를 맡은 자가 미처 진상(進上)하지 못하고, 어
가(御駕)를 따르는 내시와 더불어 술만 올리다가 곧 환궁하였다"는 기록
이 그 예이다. 당시 대언 권완(權緩, ?~1417)은 "이제 수라를 맡은 자가 미
처 올리지 못하였으니, 어찌 죄를 다스리지 아니하겠습니까?"라며 관련
자들의 처벌을 주장했다. 그러나 태종은 "오늘 밖으로 나간 것은 예정된
일이 아니었다. 만약 이들을 죄 주면 사람들이 반드시 나 때문이었다고

말할 것이다'라며 허락하지 않았다. 그런데 〈태종실록〉에 따르면 "태종이 때가 되었는데 식사를 올릴 기회를 주지 않고 술만 마셨다"고 했고, 태종이 "만약 관계자들에게 죄를 묻는다면 사람들이 자신을 탓할 것이다"라고 말했으며, 태종이 "고니를 잡아 곧바로 덕수궁에 바쳤다"는 대목도 주목된다. 당시 덕수궁에는 태종의 아버지이자 태상왕 태조 이성계가 머물고 있었다. 태조는 태종이 왕자 시절 왕자의 난으로 권력을 장악하자 왕위에서 물러나 상왕이 되었고, 두 번째 왕자의 난 이후 왕위에 오르자 다시 태상왕이 되었다. 그러나 태종의 즉위를 인정하지 않았던 태상왕은 의도적으로 고향인 함경도 함흥으로 떠나기도 했고, 군사를 일으켜 태종에게 반기를 들기도 했다. 이 때문에 곤혹스러웠던 태종은 태상왕을 모셔오기 위해 각별한 신경을 썼고, 우여곡절 끝에 성공했다. 그리고 태종 4년(1404) 한양으로 다시 천도를 단행한 후 태상왕을 위해 덕수궁을 새롭게 건립했다. 덕수궁은 훗날 창덕궁보다 크고 화려하다는 평가를 받을 정도였고, 태종은 이곳에 거처하는 태상왕을 위해 부족함이 없도록 각종 지원을 아끼지 않는 등 각별하게 신경 썼다. 당시의 덕수궁은 현재의 덕수궁과는 다른 궁궐로 창덕궁 뒤편인 흥덕동 인근에 있었던 것으로 추정하고 있다.

그러나 이렇게 해서 모든 게 제자리를 잡은 것은 아니었다. 태종은 즉위 과정에서 '이복동생들을 죽이고 권력을 장악한 비정한 형'이라고 비난하는 민심도 신경이 쓰였고, 어수선한 정국을 안정시키고 자신의 왕권에 대한 정통성도 세워야 했다. 이러한 문제를 해결하기 위해서는 무엇보다도 아버지이자 태상왕의 공식적인 지지를 이끌어내는 것이 중요했다. 따라서 태종은 창덕궁에서 지내며 공식적으로 월 1회 이상 덕수궁에 문안을 드리기 위해 행차했고, 도성을 나가는 경우에도 보고했다. 또한 사냥을 하면 태조가 거처하는 덕수궁에 수확물을 바치는 등 각별하게 신경을 썼다. 심지어 태종이 식사를 거르기 이틀 전인 2월 8일에는 "거처를 덕수궁으로 옮겼다"고 하며, 2월 15일에도 "고니와 기러기, 꿩을 잡아 덕수궁에 급하게 바쳤다"고 한다. 이처럼 덕수궁에 더욱 각별하게 관심을 기울였던 태종이 이날 식사를 거르고 술만 마신 이유 역시 아버지를 생각하는 아들의 애틋한 마음이자 군왕으로서 태상왕에 대한 충성심을 대외적으로 보여주려는 의도로 해석된다.

🐟 무엇이 태종의 심기를 건드렸나?

태종 10년(1410) 9월 25일 태종이 개성에 있는 어머니 신의왕후(神懿王后, 1337~1391)의 제릉(齊陵)에 제사를 지내고, 다음날 새벽 열마파(閱馬坡)에 나가 사냥을 하고 밤이 되어 돌아왔다. 당시 의정부 재상들이 대신들을 거느리고 개성에 있는 선의문(宣義門) 밖으로 마중을 나갔으나 이를 못마땅하게 여긴 태종은 승제문(承制門)으로 돌아서 숙소로 들어왔다. 이날 태종은 국왕과 의정부 사이에서 중요한 임무를 담당했던 의정부 사인(議政府舍人)을 불러 "오래 사냥하는 것도 아닌데, 교외에서 맞이하는 것은 부당하다"며 재상들이 대신들을 거느리고 선의문 밖까지 마중 나온 것을 지적했고, 대언(代言)들에게도 "각 사(各司)에서 성 밖에 나가 맞이하는 것을 금하지 않았다"고 질책했다. 심지어 예조 좌랑(禮曹佐郞) 심도원(沈道源, 1375~1439)의 목에 칼을 씌워 순금옥(巡禁獄)에 가두었다가 조금 뒤에 석방하였고, "사옹방에서 사냥하는 사람에게 음식을 올리지 않았다"고 화를 내며 반감(飯監, 궁궐에서 음식물과 물품의 진상을 맡아보던 벼슬아치) 3인에게 장(杖)을 때리라고 명했다. 그런데 의정부에서 각 사의 대신들을 거느리고 성 밖으로 나와 태종을 마중한 일을 질책한 것과 자신과 함께 사냥을 나갔던 사람들에게 식사를 제공하지 않았다며 화를 낸 일은 별개의 문제가 아니었다. 태종이 비록 조금 뒤에 석방했다고는 하지만, 대신들이 왕을 마중 나온 일로 예조 좌랑의 목에 칼을 씌우고 순금옥에 가두고 화를 낸 것도 같은 이유에서였다.

태종이 개성에 있는 제릉에 제사를 지내기 위해 한양을 떠나던 9월 24일 사간원에서 태종에게 "왕의 거둥은 큰일이어서 삼가지 않을 수 없습니다"라며 다음과 같은 상소를 올렸다.

> "신 등이 가만히 보건대, 전하께서 상복(喪服)을 벗은 이후로 문밖에 거둥하실 때에 백관(百官)이 모두 보내고 맞이하는 일을 하지 못하고, 지금 한양을 떠나 개성의 궁에 있으면서 궁궐 밖으로 나감에 있어서도 성(城)에 드시는 길과 연(輦)에서 내리시는 때에 모두 처음 즉위하신 때와 같지 않으시니, 신 등은 유감스럽습니다. 원컨대 지금부터 무릇 궁궐 밖으로 거둥하실 때에 성안·성밖을 물론하고 모두 대간(臺諫)과 법관(法官)으로 하여금 수종하게 하고, 보내고 맞이하게 하여 만세에 법을 남기소서."

이날 사간원에서 올린 상소문에 따르면 즉위 10년 차에 접어든 태종의 행동이 즉위 초기와 다르다는 점을 거론했고, 대신들도 대부분 이에 동의한 것으로 보인다. 그러나 달리 말하면 태종이 주변의 눈치를 살피지 않을 정도로 왕권이 자리 잡았음을 의미했다. 그런데 태종이 "이들이 올린 상소를 궁중에 두고 떠났다"고 한 것으로 보아 무언가 그의 심기를 건드렸음을 의미했다.

🐟 태종과 재상들이 기싸움(?)을 벌이다

조선에서 절대적인 존재인 왕이 행차할 때는 대신들이 격식을 갖추어 보내고 맞이해야 했다. 그 이유는 단순히 형식적인 의전만이 아니라 왕의 신변을 보호하고 더 나아가 왕의 존엄성과 나라의 기강을 세우는 일과도 연관이 있었기 때문이다. 그러나 관점을 달리하면 대신들이 왕의 일정을 사전에 파악하고 있어야 가능한 일이었기에 "왕이 거둥하기 전에 대신들에게 일정을 알려야 하고, 대신들의 수종을 받지 않고 왕이 함부로 움직이는 것은 삼가야 한다"는 의미로도 해석되었다. 좀 더 단순하게 말하면 왕은 대신들이 예측할 수 있게 움직여야 하며 왕의 일정은 대신들이 관리해야 하는 것이었다.

따라서 권력에 대해서만큼은 한 치의 양보도 없을 정도로 예민하게 반응했던 태종의 입장에서 보면 대신들의 요구는 왕의 움직임을 통제하여 저택이면서 집무실인 궁궐에서 대부분의 시간을 보내게 하고, 백성들과의 접촉 기회까지 차단하는 것으로 받아들일 수 있는 민감한 문제였다. 더구나 이전에도 대신들은 태종이 자주 궁궐 밖으로 행차하는 문제를 거론했다. 대신들이 문제를 제기한 이유에는 나름의 설득력이 있었지만, 태종은 받아들이지 않았다. 대신들 또한 물러서지 않고 기회가 있을 때마다 이 문제를 거론하여 왕과 대신들 사이에 신경전(?)이 벌어졌다.

이처럼 대신들이 왕의 궁궐 밖 행차에 대해 신경을 썼던 현실적인 이유도 있었다. 왕이 궁궐 밖으로 행차하게 되면 적게는 몇백 명에서 많게는 수천 명이 수종해야 했고, 만일의 사태에 대비해서 사전에 준비해야 할 사항 등 절차 또한 까다롭고 비용도 많이 들어갔다. 태종 6년(1406) 2월 12일 사간원에서 왕이 궁궐 밖으로 행차했다가 위험에 노출될 수 있다며 '명목 없는 행차를 하지 말 것'을 청하자 태종은 "이제 간관이 긴요하지 아니한 일을 가지고 여러 번 글을 올리는 것은 무엇 때문인가?"라며 불쾌한 감정을 숨기지 않았다. 불과 며칠 전에도 태종은 사간원의 상소문에 답하지 않고, 한양에 그대로 두고 개성으로 출발함으로써 대신들에게 자신의 의중을 전달한 일까지 있었다. 그럼에도 의정부 재상들이 대신들까지 대동하고 사냥 나갔던 자신을 마중 나왔고 태종은 이를 못마땅하게 여겼던 것이다. 그러나 법에 어긋나는 행동은 아니었기 때문에 죄를 물을 수 없었던 태종은 자신과 함께 사냥 나갔던 사람들을 굶겼다는 이유로 관련자들에게 죄를 물었던 것이다.

태종은 강력한 카리스마를 지닌 왕으로 전하지만, 때로는 대신들을 모아놓고 하소연을 하거나 심지어 눈물을 흘리는 등 감성적이고 심약한 모습을 보이기도 했다. 그러나 태종이 하는 어떤 말이나 행동에는 대부분 그의 의도가 담겨 있었다. 따라서 태종을 상대하기 위해서는 그가 보인 겉모습보다 그 속에 담긴 의도를 읽는 것이 대단히 중요했다. 이날도 예정에 없는 사냥이었기에 반감이 식사 준비를 철저하게 할 수 없었고, 태종도 모를 리 없었다. 그럼에도 태종이 이들에게 화를 낸 이유는 의정부를 비롯한 대신들을 향한 경고일 수 있었다. 달리 말하면 절차와 의식을 강조하여 왕을 통제하려는 의도를 차단하려는 태종과 왕의 존엄성과 나라의 기강을 세워야 한다는 이유를 내세운 재상들 사이에 벌어진 일종의 기싸움이기도 했다.

🐟 나의 사생활을 간섭하지 말라

태종은 왕에게 올리는 밥상을 공(公)과 사(私)로 구별하여 적절하게 활용하는 이른바 밥상 정치에도 능숙했다. 태종이 평소 사관(史官)에게 보여준 태도가 대표적인 예였다. 태종의 왕권이 안정되기 시작하던 태종 4년(1404) 2월 8일 〈태종실록〉에는 "[태종이] 사냥하다가 말에서 떨어졌는데, 곧바로 좌우를 돌아보며 일어나면서 '사관이 알게 하지 말라'고 하였다"는 유명한 일화가 전한다. 이 말은 태종이 왕으로서의 품위를 잃은 모습을 기록으로 남기지 않으려는 의미로 해석되지만, 관점을 달리하면 '왕도 사관의 기록을 의식하고 있다'는 점을 의도적으로 강조하고 있다.

그러나 태종이 언제 어디서나 사관을 존중했던 것은 아니다. 태종이 사관을 존중하는 모습을 보여준 것은 공적인 일이라고 판단되는 경우에만 해당했다. 반면 개인적으로 베푸는 술자리나 잔치 등 사적인 자리라고 판단될 때는 사관이 참석하는 것을 용납하지 않았다. 물론 그 판단은 태종이 했다. 예를 들어 사관이 편전(便殿)에 들어오려고 하자 태종이 "이곳은 내가 편히 쉬는 곳이니, 들어오지 않는 것이 가하다"라고 명한 일도 있었다. 편전은 평상시 왕이 거처하는 곳이었으나 이곳에서 대신들과 정사(政事)를 보기도 했다. 따라서 사관들은 편전에서의 일도 기록으로 남기기 위해 들어가려고 했지만, 태종은 사적인 공간이라는 이유로 허락하지 않았던 것이다. 이 문제는 이후에도 경연에서까지 대신들과 여러 차례 논쟁을 벌였으나 태종은 끝까지 물러서지 않았다.

태종 1년(1401) 3월 18일 판문하부사 조준(趙浚)·좌정승 이거이(李居易)·우정승 하윤(河崙) 등이 궁궐 밖에 나와 왕의 임시 거처로 장막을 설치하고 태종과 함께 연향(宴饗)을 베풀었는데, 이날 태종은 무신 10여 명을 거느리고 강가에서 매를 놓고, 날이 저물어서 환궁했다. 그런데 이 자리에 사관 민인생(閔麟生)이 따라오자 태종은 눈짓으로 '무엇하러 왔느냐?'고 물었다고 한다. 민인생이 "신(臣)이 사관으로서 감히 직무에 관계되는 일을 폐할 수 없기 때문에 온 것입니다"라고 아뢰어 분위기가 어색해지자 옆에 있던 총제(摠制) 이숙번(李叔蕃, 1373~1440)이 "사관의 직책이 매우 중하오니, 원컨대 묻지 마옵소서"라고 해서 그냥 넘어간 일도 있었다. 태종은 훗날 "내가 들에 나가 매사냥을 할 때 사관 민인생이 얼굴을 가리고 따라왔으니, 이런 것은 모두 음흉한 짓이다"라고 말할 정도로 사관의 참석을 못마땅하게 여겼는데, 그 이유는 이날 모임의 성격과 연관이 있었다.

1400년 11월에 즉위한 태종은 궁궐에서 첫 겨울을 보내고 몇 달 만에 봄을 맞아 궁궐 밖으로 나왔다. 이날 모임에 참석한 사람들은 모두 태종의 즉위를 지원한 공신으로, 혁명 동지이기도 했다. 따라서 태종은 이 자리가 사적인 모임이라고 생각했던 것이다. 좀 더 구체적으로 말하면 이 자리는 왕자의 난을 함께 치른 예전의 동지들이 모여 사냥을 겸한 술자리로, 사관이 기록으로 남길 만한 공적인 내용이 없는 것으로 판단했던 것이다.

성종 11년(1480) 2월 28일 헌납 정서(鄭恕)와 지평 복승정(卜承貞)이 "종친이 잔치를 올리는 데에 승지와 사관이 입시(入侍)할 수 없었음은 심히 불가합니다"라며 성종이 왕실 종친들과 함께 곡연을 베풀었을 때 당연히 사관과 승지가 입시해야 한다고 아뢴 일이 있었다. 그러나 성종은 "지금 이미 예연(禮宴)을 파하고 한창 곡연을 베풀고 있는 중이니, 말하지 말라"며 격식을 갖추어 정식으로 행한 연회를 마쳤다는 이유로 허락하지 않았다.

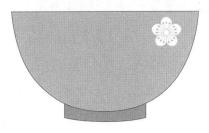

어린 나이에도 감선을 주도한 성종

🐟 다시 뒤에 오는 비를 기다려도 늦지 않다

성종은 불과 13세의 어린 나이에 즉위하여 할머니 정희왕후가 대왕대비 자격으로 수렴청정을 했다. 그럼에도 성종은 즉위한 해부터 감선을 강화했고, 원로대신인 원상들을 비롯해 대신들이 그만하면 되었으니 평상시와 같이 수라상을 회복하는 복선(復膳)을 주청해도 단호하게 물리쳤다.

성종 1년(1470) 4월 29일 원상 구치관이 "근자에 가뭄을 근심하여 감선하신 지가 이미 오랜데, 지금 비가 흡족하게 내리었으니, 청컨대 향온 (香醞, 술)을 올리게 하소서"라며 술의 사용을 허락해 달라고 청했다. 그러나 성종이 "여러 달 비가 오지 않아서 마르고 가문 것이 심한데, 어떻게 한나절의 비로 갑자기 술을 올리게 하겠는가?"라며 허락하지 않자, 구치관이 다시 "이 비가 밭에서 나는 곡식에는 이미 흡족하고 물을 대는 논의 낮고 습한 곳 또한 충분히 적시었으니, 청컨대 전과 같이 진선(進膳)하게 하소서"라며 감선을 중단해도 될 정도로 비가 내렸다고 아뢰었다. 그러나 성종은 "다시 뒤에 오는 비를 기다려도 늦지 않다"며 비가 충분히 올 때까지 감선하겠다는 의지를 굽히지 않았다.

한 달 후인 6월 1일 원상들이 "근래 날씨가 가뭄으로 인하여 감선하신 지가 이미 오래되었는데, 지금 또 낮에 수반(水飯)을 올리도록 하시니, 선왕조의 감선도 이러한 데 이르지는 아니하였습니다"라며 나이 어린 왕이 이제까지 사례가 없을 정도로 지나치게 오랫동안 감선을 하고도 수반, 즉 물에 만 밥을 먹는 것을 걱정했다. 그러나 성종은 "세종조에는 비록 풍년이 들었더라도 물에 만 밥을 올렸는데, 지금 물에 만 밥을 쓴들 무엇이 해롭겠는가?"라며 세종의 예를 들어 거절하자 김질이 다시 나서서 "무릇 비위(脾胃)는 찬 것을 싫어하므로, 수반이 비위를 상할까 염려하는데, 보통 사람에게도 그러하거늘, 하물며 지존(至尊)이겠습니까?"라고 의학 지식까지 거론하며 왕의 건강을 걱정했다. 그러나 성종은 "경의 말과 같다면 매양 마른 반찬을 올려야 하겠는가?"라고 김질의 말에 모순이 있다고 지적하면서 받아들이지 않았다.

성종의 완강한 고집을 꺾지 못한 대신들은 다른 방법을 동원하기도 했다. 20여 일이 지난 6월 22일 신숙주·한명회·구치관 등 원상들이 "성상께서 한재(旱災)로 인한 백성들의 어려움을 걱정하여 감선하기에 이르렀으나, 여러 도의 감사(監司)로서 한 사람도 농사에 대하여 상세히 아뢰는 자가 없으니, 이것은 반드시 성상께서 가뭄을 걱정하시는 모양을 알지 못하기 때문일 것인데, 하물며 궁벽한 촌락과 거리의 어리석은 소민(小民)들이겠습니까?"라고 아뢰면서 "청컨대 관리를 보내어 조정의 뜻을 밝게 알리게 하고, 또 곡식과 비의 은택, 가뭄에 대비하는 일, 그리고 형벌과 감옥에 관한 일 등을 겸하여 살피게 하소서"라고 건의하여 허락을 받았다. 이후 경기도를 비롯해 경상도·전라도·충청도권 등에 관리를 파견하여 왕이 감선하는 뜻을 지방의 관리는 물론 백성들에게도 알리고, 동시에 한재에 대비해서 사전에 살펴야 할 일과 왕이 선언한 감선의 의미를 지역의 백성들에게도 적극적으로 알리기 위해 형벌의 집행과 감옥의 죄수들 중억울한 사람이 없도록 챙길 것을 함께 명했다. 20여 일이 지난 7월 8일 원상과 승지 등 왕의 측근들이 다시 나서서 "근일에 비의 은혜가 두루 흡족하여 곡식이 다소 익었으니, 청컨대 어선(御膳)을 회복하도록 하소서"라며 충분히 비가 내렸으니 감선을 거두어 달라고 청했다. 그러나 성종은 "감선하는 것은 가뭄 기운 때문이 아니다. 지금 먹고 입는 것도 남아도는데, 낮에 수반을 올리는 것은 더운 날에나 알맞은 것이다"라며 여유(?) 있는 모습까지 보였다.

🐟 무엇을 경비에서 덜려고 또 다 감하십니까?

성종 2년(1471) 12월 4일 성종이 "내가 곧 경계하고 두려워하여 교지를 내려 구언(求言)하였다"며 겨울철에 이상기온 현상이 나타나자 스스로 근신하기 위해 피전 감선을 선언하면서 의정부에 직접 구언의 명을 내렸으나 이에 응한 관리가 없었다고 지적하면서 "모든 것을 군신(群臣, 많은 신하)이 서로 힘을 합하여 도우며 하늘의 뜻에 부응하려 한 지가 이제 이미 달이 지났는데, 한 사람도 한 사실을 진달하거나 한 선비를 천거함이 없으니, 내가 부덕하여 보필하기에 부족함에서인가? 아니면 또한 보통 일로 보아 염려하지 않아서인가?"라며 왕을 적극 지원하지 않는 대신들을 강하게 질타했다. 그러면서 성종은 "이제 또 별자리 모양이 변하였으니, 허물은 진실로 나에게 있다. 내가 이제 감선하고 피전하여 밤낮으로 허물을 생각할 것이니……"라며 감선을 강화하여 피전 감선을 선언했다. 이어서 "왕이 책임져야 할 것은 스스로 감당하겠지만, 대신들은 최선을 다해 왕을 보필하는 책임을 실천하라"고 대신들에게도 엄명을 내리면서 "너희 군신도 대소(大小)를 막론하고, 또한 각각 공경하고 삼가고 마음을 가다듬어 반성하여 내가 미치지 못한 것을 보필하라"고 다시 한번 강조했다. 또한 성종은 "진실로 말하여도 듣지 않고 천거하여도 등용하지 않는다면 이는 나의 허물이지만, 말하지 않고 천거하지 않는 허물은 장차 누가 책임지겠느냐? 나의 지극한 뜻을 가지고 밝게 모든 관료에게 깨달아 알아듣도록 타이르라"고 경고하면서 "궁궐에서 절약할 수 있는 방법들을 모두 찾아 시행하라"며 대신들을 독려했다. 해를 넘긴 성종 3년(1472) 4월 24일 도승지가 "한재가 몹시 심하여, 지금 이미 감선하고, 또 각 사의 이바지 비용도 줄였으니 사복시의 유양마(留養馬, 마구간에서 기르는 말)의 수 또한 마땅히 적당히 감하소서"라고 건의하여 성종의 허락을 받는 등 대신들도 성종을 적극 지원했다. 여기서 사복시는 왕이 타는 수레와 말 등을 관장하는 관청으로, 성종은 경비 절감을 위해 왕과 관련된 지출까지 줄이며 감선을 주도했다.

성종 5년(1474) 윤 6월 28일 성종이 "근자에 한재가 심하니 이 뒤로는 수라에 단지 포해(脯醢)만 올리고 여선(餘膳)을 갖추지 말라"고 승정원에 명하는 등 수라상도 지나칠 정도로 줄여 대신들을 긴장하게 만들었다.

여기서 포해는 소·노루·사슴 등의 순 살코기와 소금을 섞어 두드려서 부드럽게 만든 다음 네모 형태의 나무 판형에 놓고 눌러 그늘에서 말린 포와 고기를 삭여서 만든 해를 말한다. 따라서 수라상이 더욱 단출해지자 원상들과 도승지가 "전일에 어선을 감하여 단지 3기(三器)만을 올렸는데 무엇을 경비에서 덜려고 또 다 감하십니까? 신 등은 마음이 편안하지 못하니, 청컨대 감하지 마소서"라며 이미 세 가지 반찬만 수라상에 올리는데 더 감할 것이 없다고 반복해서 청하여 성종이 그대로 따른 일도 있었다. 그리고 성종 7년(1476) 6월 8일 승정원에서 여러 관원과 합동하여 "지난번 가뭄 때문에 감선하였는데, 이제 때맞추어 이미 비가 내렸으니, 술을 금하는 것을 파하고 복선(復膳)하소서"라고 건의했으나 성종은 "비록 백 가지 음식을 진열한다고 하더라도 음식이 입에 맞으면 그만이지, 어찌 반드시 많아야 하겠는가?"라며 거절했다.

이후에도 성종이 감선에 나서면 대신들은 물론 원상들까지 나서 나름의 명분을 내세우며 감선을 끝낼 것을 청했지만, 성종은 "아직 충분한 여건이 되지 않았다" 또는 "나는 이것으로도 만족한다"라며 대부분 받아들이지 않았고, 이러한 과정에서 대신들을 확실하게 장악하며 왕권을 강화해 나갔다.

음식이 입에 맞으면 될 뿐이다!

성종 12년(1481) 7월 12일 성종이 "가뭄이 이미 매우 심하니, 경기(京畿)에서 오전(五殿)에 진상하는 어육을 감면하고, 또 나와 중궁의 낮 수라는 물에 만 밥만 올리라"고 승정원에 명했다. 여기서 오전(五殿)은 세조비 정희왕후(貞熹王后), 덕종비 소혜왕후(昭惠王后), 예종비 안순왕후(安順王后)의 3대비전(三代妃殿)과 왕과 왕비가 거처하는 대전과 중궁전의 양전을 합한 5곳의 전(殿)으로, 백성들의 부담을 덜어주기 위해 왕만이 아니라 왕실에서 절약에 앞장서겠다는 의지가 담겨 있었다.

이듬해인 성종 13년(1482) 7월 18일 성종이 "수라를 지을 때 사용하는 쌀을 감하라"는 명까지 내렸다. 이에 한명회가 "어반미(御飯米, 왕의 수라를 지을 쌀)는 본래 수량이 적은데, 지금 또 이를 감하였으니, 임금을 섬기는 신하로서 마음에 매우 미안합니다. 청컨대 이를 감하지 마소서"라고 간곡하게 청했다. 그러나 성종은 "지금 바야흐로 몸을 닦고 마음을 살펴서 하지 않는 바가 없는데도 비가 내리지 않으니, 내가 다시 할 바가 없어서 이를 줄이는 것이다. 비록 많더라도 무엇이 유익하겠는가? 입에 맞으면 될 뿐이다"라며 성심을 다해 근신하고 있는데도 비가 내리지 않으니 '가뭄이 해소될 때까지 줄이고 또 줄이겠다'는 의지를 분명하게 표명했다. 이에 대신들이 물러날 수밖에 없었고, 한 달이 조금 더 지난 8월 24일 영의정 등이 "수라의 쌀을 1되 5홉으로 줄인 것은 너무 지나치게 적습니다. 아무리 감선한다고 하여도 어찌 이렇게까지 하겠습니까?"라고 다시 아뢰었다. 성종은 "비록 2되의 쌀인들 내가 어찌 다 먹겠느냐?"라고 답했으나 영의정 등이 반복해서 다시 아뢰자 비로소 "가(可)하다. 예전대로 하라"고 허락했다.

성종 19년(1488) 7월 8일 왕의 식사를 책임지고 있는 사옹원 제조이자 왕실 종친 옥산군 이제(玉山君 李蹄, 1429~1490) 등이 비가 내렸으니 복선하기를 청하자 성종은 "경상도는 비가 내린 것을 내가 이미 들었으나 다른

도는 아직 듣지 못하였으니, 내가 어찌 안심하겠는가?"라며 아직 때가 아니라는 이유로 거절했다. 여기서 옥산군은 태종과 후궁 신빈 신씨(信嬪辛氏) 사이에서 태어난 근녕군(謹寧君, 1411~1461. 정빈 고씨의 소생이라는 기록도 있다)의 장남으로 성종에게는 할아버지뻘이 된다.

이처럼 성종의 감선에는 절실함이 담겨 있었고, 감선이 반복되면서 일상의 여유로움이 느껴질 정도로 익숙한 모습도 발견된다. 그러나 감선을 완화하거나 끝낼 것을 주청한 대신들에게 성종이 보인 태도는 단호했다. 심지어 원로대신들까지 나섰지만 민망함이 느껴질 만큼 면전에서 단칼에 거절했다. 그럼에도 대신들이 다시 주청을 반복할 수밖에 없을 정도로 성종은 감선을 시작하고 끝내는 것을 스스로 선택하며 주도했다.

성종은 세자를 거치지 않았고, 제왕 교육도 전혀 받지 않았다. 심지어 성종이 갓난아이였을 때 세자였던 아버지의 사망으로 어머니와 함께 궁궐 밖으로 나가서 살아야 했다. 그리고 그에게는 장남인 형이 있었고, 아버지의 동생으로 왕위에 올랐던 예종에게도 나이가 어리기는 했지만 적장자가 있었다. 따라서 누구도 성종이 왕위에 오를 것이라고는 예상하지 못했지만, 궁궐 밖에서 생활한 지 10여 년 만에 궁궐로 돌아와 13세의 어린 나이에 예종의 뒤를 이어 전격적으로 즉위하게 된다. 따라서 어린 성종에게 궁궐은 익숙하지 않은 공간이었고, 더구나 궁궐 생활은 물론 왕의 자리도 낯설기만 했던 성종은 무엇 하나 쉽게 판단할 수 없었다. 어쩌면 성종이 감선을 하면서 원칙에 충실했던 것도 이러한 이유 때문인지 모른다.

그럼에도 이유야 어떻든 성종은 감선을 통해 백성들과 고통을 함께 나누며 군왕의 책임 의식을 분명하게 보여주었고, 한편으로는 조정에서 원로대신들도 어찌할 수 없을 정도로 왕과 신하의 관계를 분명하게 정립해 나갔다. 그런 점에서 감선을 철저하게 실천한 성종의 태도는 대단히 정치적이었고, 그 결과 왕권을 견고하게 다져나갈 수 있었다.

백성들이 굶어 죽는데 왕만 혼자 살 수는 없다

성종은 즉위 초부터 자신만이 아니라 왕실의 모든 어른까지 감선에 적극 동참시켰다. 성종 1년(1470) 6월 6일, 성종이 다음과 같이 명한 것도 그 예였다.

> "지금 사옹원에 저축한 것이 아직 많기는 하지만, 가뭄이 심하여 백성들의 생활이 불쌍하다. 왕대비·인수 대비·대전·중궁의 4전에 여러 도에서 망전 망후 진상(望前望後進上)으로 바치는 물선과 일체의 별진상(別進上)은 금년에 한하여 모두 올리지 말도록 하고, 대왕대비전에 바치는 물선을 가지고 나누어 쓰도록 하라."

여기서 망전 망후 진상은 지방의 각 도에서 감사와 절제사가 매달 보름 전과 보름 후에 궁궐의 각 전에 바치는 것을 말하며, 물선의 목록이 정해져 있었다. 그리고 별진상은 부정기적으로 특별히 바치는 진상을 말한다. 그런데 대왕대비와 대비는 왕의 할머니와 어머니로 왕실의 웃어른이었고, 왕비는 대왕대비의 손자며느리이자 대비의 며느리였다. 따라서 성종이 비록 왕이기는 했지만 각 지방에서 진상하는 물목을 대폭 축소시

키면서 대왕대비전에 올리는 것으로 왕을 비롯해서 며느리와 손자며느리가 함께 나누어 쓰라고 명한 것은 대단히 강도 높은 조치였다. 이에 구치관은 "지금 비록 가뭄이 심하다고 하나, 옛날부터 감선한 것이 이와 같은 데 이르지는 않았습니다"라며 전례가 없다는 이유를 들어 반대하면서 다음과 같이 절충안을 제시했다.

> "비록 준비하기 어려운 것은 혹시 이를 면제할 수도 있으나, 준비하기가 쉬운 물건은, 청컨대 옛날대로 봉진(封進)하게 하소서. 또 사옹원에 저축한 것이 비록 많다고 하나, 모두 이미 건물(乾物)이니, 만약 생물(生物)이라면 공진(供進)하지 아니할 수가 없는데, 하물며 모든 물건의 숫자를 적게 한다면 반드시 깨끗하지 못할 것이요, 한 전에 공진하는 물건을 가지고 나누어 쓸 수도 없는 것입니다. 만약 옛날 그대로 할 수가 없다면 다만 한 전의 물선만을 없애는 것이 어떠하겠습니까?"

구치관은 물건의 양이 적어지면 깨끗하지 못할 것이라고 염려하면서 성종의 명이 과하니 상징적으로 한 곳에 올리는 진상만 중단시키자는 의견을 내놓았지만, 성종은 "백성들이 지금 굶주려 죽는데도 임금이 자기 몸을 스스로 보양(保養)하기를 옛날과 같이 하는 것은 마음에 참을 수가 없는 것이다. 또 물건이 많으면 깨끗하지 않은 것인데, 적은데도 깨끗하지 않다는 말은 아직 듣지 못하였으니, 그것을 다시 말하지 말라"며 단호하게 거절했다.

한편 성종의 즉위 기간 동안 대비와 왕비도 성종의 명에만 의지하지 않고 적극적으로 감선에 동참하며 성종을 지원했다. 성종 22년(1491) 5월

5일 성종이 "지난번에 가뭄으로 인하여 양전(兩殿, 인수 왕대비전과 인혜 왕대비전)에서 감선하였는데, 지금 비가 이미 흡족히 내린 까닭으로 내가 수라상의 음식 가짓수를 그전대로 회복하기를 청한다"라며 양전에 감선을 끝낼 것을 청했다. 그러나 양전에서는 교지(敎旨)를 통해 "주상이 수라상의 음식 가짓수를 그전대로 회복한 후에 마땅히 수라상의 음식 가짓수를 그전대로 회복할 것이다"라며 성종이 감선을 끝내지 않는데 먼저 감선을 멈출 수 없다며 받아들이지 않았다.

대신들의
눈치를 본 명종

🐟 즉위하면서부터 감선을 고민하다

조선 중기를 넘어서면서 감선의 이유가 더욱 다양해졌고, 특히 왕이 자신의 의지를 관철시키거나 국면 전환용으로 감선을 선언했으며, 여기에 대신들은 정치적 판단에 따라 움직이는 경향을 보이는 등 정치적 의도가 크게 작용했다. 이러한 현상은 특히 명종 때부터 보이기 시작했다.

명종이 즉위한 시기는 정국이 어수선했다. 이 때문에 명종은 즉위하면서부터 감선을 고민했지만, 스스로 감선을 결정하지 못하고 먼저 대신들의 의견을 물어볼 정도로 왕권이 불안정했다. 명종이 즉위한 지 며칠 만인 1545년 7월 14일 다음과 같은 비망기(備忘記)를 원상들에게 내린 것도 그 예였다.

"지난번 벼락이 경회루를 친 지 얼마 안 되어 나라에 큰 상사(喪事)가 있더니, 지금 또 외방에 변이(變異)가 발생했다고 하니, 매우 놀라운 일이다. 예로부터 재변(災變)은 공연히 생기지 않는 법인데 더욱이 이와 같이 슬픈 일을 당하였을 때이겠는가? 상하(上下)가 마땅히 더한층 두려워하고 반성하여 하늘의 뜻에 보답하여야 할 것이다. 단 실제적으로 답할 만한 일이 없어서 감선하려 하는데 어떻겠는가?"

비망기는 왕명을 문자로 작성하여 대신들에게 전달하는 문서로, 때로는 특정한 대신에게 비밀리에 전달되기도 했다. 여기에는 대신들과 공개적으로 논의하기보다는 왕이 특별히 지원을 요청하는 의미가 담겨 있었다. 이날 명종이 원상들에게 비망기를 내린 것도 특별한 의미가 있었다. 명종은 12세의 어린 나이에 즉위했기 때문에 어머니 문정왕후(文定王后, 1501~1565)가 수렴청정을 했고, 당시는 국상(國喪) 중이라 정상적인 수라상을 받을 수 없는 상황이었다. 뿐만 아니라 명종이 감선을 고민하면서 수렴청정 중인 어머니 문정왕후가 아니라 원상들에게 비망기를 내려 자신을 지원해줄 것을 요청할 정도로 조정의 분위기도 어수선했다.

대비인 문정왕후의 친아들인 명종은 인종의 이복동생으로, 비망기를 내리기 불과 일주일 전인 7월 6일 인종의 뒤를 이어 즉위했다. 그러나 당시 명종은 스스로 할 수 있는 일이 거의 없을 정도로 무기력했고, 조정의 분위기도 그의 편이 아니었다. 명종이 비망기에 썼듯이 그가 즉위하기 10여 일 전인 6월 27일 경회루에 벼락이 쳤는데 8개의 기둥이 모두 무너져버렸고, '나라에 큰 상사가 있었다'는 것은 3일 후인 7월 1일 인종이 재위 8개월 만인 31세의 젊은 나이에 사망한 것을 말한다. 인종은 후사를 두지 못했기 때문에 왕위를 물려받을 1순위 후보자였던 명종이 즉위했다. 그러나 "병약했던 인종은 명종의 생모 문정왕후로 인해 목숨이 위태로울 정도로 시달림을 받았다"거나 심지어 "인종이 독살당했다"는 말까지 돌 정도로 명종의 즉위를 곱지 않은 시선으로 보는 사람들도 있었다.

🐟 혼자서는 아무것도 할 수 없었던 명종

문정왕후는 중국 당나라의 측천무후(則天武后)에 비교되는 등 《조선왕 조실록》에서 가장 혹독한 평가를 받은 여인이었다. 그녀는 자신의 친아들 명종을 왕으로 즉위시키기 위해 적극적인 관심을 기울였고, 이 과정에서 인종을 죽이려고 시도했다는 의심도 받았다. 그리고 마침내 인종이 사망 하고 명종이 즉위하게 되자 직접 국정에 관여했고, 자신의 뜻대로 일이 진 행되지 않으면 명종에게 "네가 왕이 된 것은 모두 친정 오라비와 나의 힘 이다"라고 호통치는가 하면, "독설을 퍼부으며 명종의 뺨이나 종아리를 때 렸다"는 이야기도 전한다.

문정왕후에 대한 부정적인 소문은 특히 인종이 사망하면서 흉흉한 이야기들까지 더해졌다. 인종이 사망한 다음 날인 7월 2일 〈인종실록〉에 는 "경성(京城)에 밤에 소동이 있었다"며 다음과 같은 내용이 보인다.

"상(인종)께서 승하하시던 날에 한양 안의 사람들이 스스로 대단히 놀 라서 뭇사람이 요사(妖邪)한 말을 퍼뜨리기를 '괴물이 밤에 다니는데 지나 가는 곳에는 검은 기운이 캄캄하고 뭇수레가 가는 듯한 소리가 난다'고 하였다. 서로 전하여 미친 듯이 현혹되어 떼를 지어 모여서 함께 떠들고 대궐 아래로부터 네거리까지 징을 치며 쫓으니 소리는 성안을 진동하고 인마(人馬)가 놀라 피해 다니는데 순졸(巡卒)이 막을 수 없었다. 이와 같이 사나흘 계속된 후에 그쳤다."

이처럼 한양 안에서도 왕이 있는 궁궐 바로 앞까지 괴물이 설치고 다닌다고 사람들이 떠들고 다녔다는 것은 사실 여부와 관계없이 인종의 사망과 명종의 즉위를 백성들이 어떻게 받아들였는지를 보여주는 예였다. 그리고 약 2주 후인 7월 14일 충청도 은진현에서 "몸은 하나인데 머리가 둘인 송아지가 태어났다"는 보고가 올라왔다. 이것이 명종이 말한 "외방에 변이가 발생했다"는 것으로, 이날 명종이 비망기를 내렸다.

어린 명종이 즉위하자 원상이 되어 정사를 총괄했던 유관(柳灌, 1484~1545)은 비망기를 받아보고 "이러한 때 중외의 재변이 또 이와 같이 발생하였으니, 상하가 두려워하고 우려함이 어떠하겠습니까? 위에서 인사(人事)를 닦아 하늘의 뜻에 보답하기 위하여 감선까지 하시려 하니 재변을 삼가는 정녕한 분부는 특별한 조처인 것으로 대단히 성대하신 마음입니다"라고 명종을 위로했다. 그러나 "다만 감선하시려는 일에 대해서는 지금이 평상시와 같지 않아 바야흐로 상중(喪中)에 계시므로 음식이 변변치 못하여 별달리 더 감할 것이 없을 것 같습니다"라며 감선을 할 수 있는 상황이 아니라는 이유로 찬성하지 않았다. 그러면서 유관은 "원상이 모두 모여 함께 의논해 아뢰겠습니다"라고 했지만, 특별한 대책이 있는 것은 아니었다.

명종은 이런 분위기에서 왕위에 올랐고, 22년 동안 재위하면서 왕권을 세우기 위해 고군분투했지만, 특별한 성과를 이끌어내지는 못했다.

🐟 재상들이 먼저 피전 감선을 권했지만…

명종이 즉위한 지 10년이 더 지난 명종 11년(1556) 1월 23일 재상 심연원(沈連源, 1491~1558)과 윤개(尹漑, 1494~1566)가 "근래 재변이 거듭 나타나는 데다가 혜성의 이변까지 있는 것은 신들이 모두 부족한 자질로 외람되이 재상 자리에 앉아 있기 때문입니다. 신들을 물리치고 어진 재상을 가려서 맡는다면 재변이 그칠 것이니 속히 체직하소서"라며 이상 징후가 나타난 책임을 지고 재상들이 사의를 표명했다. 심연원은 명종의 정비 인순왕후의 할아버지로, 명종은 그의 손녀사위가 된다. 심연원은 명종 때 우의정과 좌의정을 거쳐 명종 6년(1551)에 영의정에 올랐고, 명종의 장인이자 자신의 아들 심강(沈鋼, 1514~1567)과 함께 명종을 지원했다. 그리고 윤개는 명종 6년(1551)에 우의정에 올라 8년 동안 자리를 지켰고, 이후 좌의정과 영의정에 올랐다. 따라서 이날 두 사람의 사의 표명은 이상 징후가 나타나자 여론을 의식하여 명종의 부담을 덜어주려는 의도로 해석된다.

그러나 명종은 "요즈음 재변이 잇달아 일어나는 데다가 또 별의 위치와 빛에 이상까지 있으니 이것은 내가 부덕하여 하늘의 나무람에 응답하지 못했기 때문이다. 사직하지 말라"며 허락하지 않았다. 명종 입장에서는 재상들이 물러난다고 해결될 문제도 아니었고, 오히려 자신의 지원 세력을 잃는 것이 부담이었을 것이다. 그러자 심연원 등은 명종에게 "피전 감선을 하는 것이 어떻겠습니까?"라고 건의했다. 하늘의 이상 징후에 대해 재상들이 먼저 책임을 지고 사의를 표명했다가 허락을 받지 못하자 왕에게 피전 감선을 권한 것이다. 이에 명종은 "아뢴 대로 마땅히 피전 감선을 하겠다"며 재상들의 건의를 받아들이면서 "재변이 일어난 것이 어찌 사람들이 원통하고 억울함을 당하고 있는 데서 말미암지 않았다고 할 수 있겠는가? 형조(刑曹)와 팔도(八道)로 하여금 억울하게 옥에 갇힌 자들이 없게 하라"며 전국의 죄수들을 다시 조사해서 억울한 사람들이 없게 하라고 명했다. 심연원 등은 "구언(求言)이 비록 형식인 듯하나 재변을 만나면 부득이 해야 하는 것인데, 하물며 할 말이 있는 사람이 없지 않음에오리까? 구언하소서"라며 나라에 재변 등 어려움이 있을 때 바른말을 듣기 위해 왕이 백성들에게 직언(直言)을 구하는 구언을 건의하여 명종의 허락을 받았다.

이처럼 명종은 즉위한 지 10년이 지났고, 이미 성년의 나이를 넘겼음에도 감선에서부터 구언에 이르기까지 스스로 결정하지 못하고 대신들에게 끌려다닌다는 느낌이 들 정도로 의지하고 있었다. 뿐만 아니라 명종의 주변에는 공적으로 일을 처리하는 양식을 갖춘 대신들만 있는 것이 아니라 권력을 동원하여 사적인 욕심을 채우기 위해 바삐 움직이는 대신들도 적지 않았다. 물론 이러한 환경 역시 명종이 정국을 주도하지 못하는 커다란 장애요인이었다.

🐟 왕이 선언한 감선을 대신들이 거두어들이게 하다

명종 18년(1563) 10월 5일 명종의 외삼촌이자 영의정으로 영화를 누리고 있던 윤원형(尹元衡. ?~1565)과 영의정을 지낸 심연원의 동생으로 권력남용과 뇌물을 받은 혐의로 삼사의 탄핵을 받아 사직하기도 했던 우의정 심통원(沈通源. 1499~1572)이 "지난밤에 있었던 천둥과 번개는 여름철보다 더 심하였으니 아무리 큰 재변이라도 어찌 이보다 더하겠습니까?"라며 지난밤 천둥번개가 심하게 친 것은 예삿일이 아니라고 명종에게 아뢰면서 "신(臣)들이 모두 공적이 없는 사람으로 외람되게 재상의 자리에 앉아 있으면서 하늘의 도리가 정상적인 궤도에서 벗어나고 음양이 조화를 잃게 만들었으므로 하늘이 내려다보고 이와 같이 진노하시니, 지극히 황송한 마음 이기지 못하겠습니다. 신들을 체직하시고 다시 어질고 능력 있는 사람을 구해서 하늘의 꾸짖음에 답하소서"라며 이번에도 재상들이 먼저 책임을 지고 물러나겠다고 했다. 이들이 사직을 청한 것이 진심이었는지는 확인할 수 없으나 명종은 "때 아닌 천둥의 변은 실상 나의 부덕함에서 말미암은지라 전전긍긍 두려워하며 불안해하고 있다. 경들은 잘못이 없으니 사직하지 말라"며 허락하지 않았다.

그러나 윤원형과 심통원이 다시 사의를 표명하자 명종은 "내 뜻은 다 말하였다. 사직하지 말라. 천둥과 번개가 초겨울에 쳤으니 피전 감선하는 것이 어떻겠는가?"라며 명종이 스스로의 허물을 반성하는 의미로 피전 감선을 하는 것에 대해 대신들의 의견을 물었다. 그러나 대신들은 "전에는 대궐 안에 비록 뇌진(雷震)이 있었더라도 그 전례가 없었으므로 피전 감선을 하지 않았습니다. 지금은 천둥과 번개만 쳤을 뿐이니, 피전 감선하지 않더라도 성상께서 재앙을 불러일으킨 이유를 깊이 생각하시어 공구 수성하심이 합당하다고 생각됩니다"라며 전례가 없다는 이유를 들어 반대했고, 명종은 "아뢴 뜻을 알겠다. 피전 감선하는 것이 전례가 없다면

하지 않겠다"고 대신들의 의견을 받아들였다. 하지만 사관(史官)은 이때의 일을 다음과 같이 평했다.

"하늘이 큰 재변을 내리면 피전 감선하는 것은 비록 재변에 응하는 실속 없이 겉만 꾸민 문구(文具)이기는 하나 (……) 지금 상(명종)의 공구해하는 간절한 하교가 있었으니 신하된 자들은 의당 그 아름다운 뜻을 잘 받들어야 할 것인데 '전례가 없다', '천둥과 번개만 쳤을 뿐이다' 하면서 그 선단(善端)을 연유로 해서 잘 알아듣도록 권하고 인도하지 못하였으니, 우리 임금에게 하늘의 경계를 무심하고 소홀히 하는 마음을 열어놓은 것이 아닌가!"

사관은 "비록 피전 감선이 의례적인 것이라고 해도 임금의 간절한 마음을 담아 명을 내렸으니 대신들은 그 뜻을 잘 헤아려 받들어야 함에도 불구하고 '이제까지 전례가 없다', '단지 천둥번개만 쳤을 뿐이다'라며 임금이 하늘을 경계하는 마음을 지나칠 정도로 소홀하게 여기고 있다'고 비판하고 있다. 이는 재위 기간 내내 왕권이 미약했던 명종에 대한 대신들의 태도를 엿볼 수 있는 예였다.

밥상 정치의
진수를 보여준 영조

🐟 역대 왕 가운데 최고 기록을 보유하다

영조는 52년 동안 재위하면서 무려 89차례나 감선을 시행하여 역대 왕 가운데 최고 기록을 세웠다. 뿐만 아니라 감선을 시작하면 특별한 일이 없는 한 재이(災異)가 해소될 때까지 무기한으로 시행하는 것이 원칙이었으나 영조는 감선을 선언하면서 기간도 함께 공표했고, 이후 정조 대에 이러한 방식이 정착되었다. 또한 영조는 자연재해 외에도 다양한 이유로 감선을 선언했고, 여기에는 대신들을 통제하여 왕권을 강화하고 더 나아가 백성들을 대상으로 왕의 존재감을 확인시키는 등 다양한 정치적 의도가 담겨 있었다. 그런 점에서 영조는 감선을 주도하면서 자신의 의지를 관철시키기 위해 밥상을 정치적으로 가장 잘 활용한 왕이었다.

예를 들면 영조 12년(1736) 10월 17일 천둥과 번개가 쳐서 중종의 능인

정릉(靖陵)의 회목(檜木)이 벼락을 맞는 일이 발생하자 영조는 대신들 앞에서 "아! 과인이 부덕한 몸으로 어려운 세대(世代)에 군림하게 되었는데, 덕은 그 혜택이 백성들에게 미치기에 부족하고 도량은 사람들을 조화시키기에 부족하므로, 우리 백성들이 날이 갈수록 더욱 곤궁에 지치고 국가의 기강도 갈수록 더욱 해이해졌으니, 밤중에 일어나 생각하면 매양 한심스럽기만 하다"라며 자신의 잘못이라고 자책하면서도 백성들의 곤궁한 삶과 나라의 기강이 한심스러울 정도로 해이해졌다고 분명하게 지적했다. 이어서 "그러니 어진 마음으로 사랑하는 하늘이 어찌 단단히 타이르고 격려하지 않을 수 있겠는가? 아! 그 이유를 추구해 보면 진실로 과인의 덕이 부족한 것이 이유일 것이다. 따라서 오늘부터 30일까지 감선하겠다"라며 2주 동안 감선을 선언했다. 영조의 말에 따르면 당시 조정의 분위기는 말이 아닐 정도로 혼란스러웠고, 그 책임은 왕인 자신에게 있다고 인정했으니 반성하는 의미로 감선을 선언한 것은 당연한 일인 듯했다. 그러나 여기에는 영조의 또 다른 의도가 담겨 있었다.

영조는 "아! 지금의 세상 형편을 돌아보건대, 잘 조화되었는가, 안 되었는가? 지금의 기강을 돌아보건대, 중시하고 있는가, 안 하고 있는가?"라며 구습(舊習)에서 헤어나지 못하고 당파에 얽매여 있는 대신들의 행태를 질타하면서 다음과 같이 '나라에서 봉급을 받는 관리들은 밥값을 해야 하고, 왕을 적극 보필해야 한다'고 강조하면서 대책을 세워 보고하라고 명했다.

"대대로 녹(祿)을 먹고 있는 신하들은 각기 자기 당파를 편드는 마음을 품고 있고, 조정에 벼슬하는 사람은 체통(體統)의 중함을 망각한 채 구습을 답습하려 하면서 나라의 법을 하찮게 여기고 있는데, 이것은 나의 잘못이다. 이제부터 이후로는 자신들의 마음을 아주 깨끗하게 하여 나의 미치지 못한 점을 바로잡으려고 돕고, 위로 하늘이 알아듣도록 권하는 뜻에 보답하여 대신과 승정원·홍문관에서는 핵심을 정리한 상소문을 올리도록 하라."

이것이 영조가 하고 싶었던 말이었다. 즉 영조는 자신의 허물을 스스로 인정한다고 먼저 말했지만, 이는 대신들을 질타하기 위한 서두에 지나지 않았던 것이다. 그리고 영조 13년(1737) 윤 9월 5일 "우레와 번개의 변이 달마다 생겨 한여름과 다름이 없었고, 별의 재변과 물건의 괴이함이 또 몹시 거듭되어 인심이 편안치 못하고, 삼남(三南) 지방에 큰 기근이 들었으니, 식자들이 깊이 근심하였다"고 할 정도로 상황이 좋지 않자 이때도 영조는 자신이 부덕한 탓이라고 자책하며 "오늘부터 10일 동안 감선할 것이니, 아! 너희는 위로 고위 관리에서부터 아래로는 궁벽한 시골의 선비에 이르기까지 잘못과 빠뜨린 것을 바로잡고 보좌해 부덕한 나를 돕도록 하라"며 재상에서부터 재야의 선비에 이르기까지 잘못을 바로잡는 데 성심을 다해 왕을 보좌하라고 명했다.

🐟 연소한 젖내 나는 무리가 어떻게 알겠는가!

영조는 대신들에 대한 불만을 구체적으로 지적하며 감선을 선언하기도 했다. 예를 들면 영조 17년(1741) 1월 26일 "그동안 탕평을 지시했음에도 아직도 당습에 얽매이는 모습이 개탄스럽다. 이것이 결국 과인이 교화를 잘못한 때문이 아닌가?"라며 탕평 정치를 위한 자신의 노력에도 불구하고 적극적으로 협력하지 않는 대신들을 직접 강도 높게 질타하면서 감선을 하기도 했고, 영조 37년(1761) 9월 24일 "세자의 행동이 체모를 잃었는데, 신하들이 과인을 속이고 세자를 감싸기에만 급급하니, 이 역시 과인이 부덕하여 신하들이 업신여기는 것이다"라며 대신들이 왕의 의견은 살피지도 않고 잘못을 저지른 세자를 감싸기만 한다는 이유를 내세워 감선을 선언한 일도 있었다. 그리고 영조 47년(1771) 10월 7일 교리 박상악(朴相岳)이 어전회의 중 영조가 기대했던 것과 다른 발언을 하자 "임금이 기뻐하지 않은 채 말하기를 '연소한 젖내 나는 무리가 어떻게 알겠는가!' 하고, 이어서 입시한 삼사(三司)의 관원들을 일체 아울러 관리 명부에서 삭제하고, 왕의 자문 역할을 하던 홍문관 관리들은 봉록(俸祿) 10등을 감하도록 명하였다"고 하며, 그다음 날 "임금이 박상악이 아뢴 바로 인하여 10일 동안 감선했다"는 기록도 보인다.

영조는 아들과 손자, 즉 사도세자와 정조가 세자와 세손 시절, 이들에게도 감선을 하겠다고 선언하며 자신의 의견을 관철하였고, 영조 44년(1768) 11월 2일에는 예조에서 "금년 10월 13일에 감선을 명하였고, 17일에 또 감선을 명하셨는데, 10일과 20일의 기한이 오늘에 끝나니 내일부터는 전례에 의하여〔수라상을〕다시 예전대로 올릴 것을 청합니다"라고 할 정도로 영조는 감선을 하는 중임에도 또 다른 이유를 들어 다시 감선을 선언하기도 했다. 당시 영조는 대신들의 청을 받아들였는데 다음 날 승정원에서 "천둥과 번개로 인한 재이가 발생했다"고 보고하자 영조는 "이 또한 나의 부덕함이다"라고 자책했으나 감선을 선언하지 않은 것으로 보아

소기의 목적을 달성했음을 의미했고, 한편으로는 영조가 지나치게 하늘의 뜻을 앞세워 감선에만 의지하지 않았음을 보여주는 예이기도 했다.

영조는 민생을 실질적으로 챙기는 일에도 소홀하지 않았다. 영조 7년 (1731) 6월 4일 심한 가뭄으로 흉년이 예상되자 "가뭄이 이와 같으니, 어찌 봄에 밭을 갈고 여름에 김매고 가을에 거두는 것을 바라겠는가? 농사를 생각하면 어떻게 할 바를 모르겠다"라며 다음과 같이 지적한 것도 그 예였고, 이는 영조가 감선에만 의존한 것이 아니라 적절하게 활용하면서 현실적인 대책 마련에도 적극적으로 관심을 기울였음을 의미했다.

> "어제 비망기에서도 역시 하늘에 응답하는 것은 실제로 해야 한다는 뜻을 유시했었다. (……) 백성을 구제할 계책을 강구하는 것만 한 것이 없고, 백성을 구제하는 방도는 곡식을 저축하는 것보다 먼저 해야 할 일이 없다. 그런데 한양과 지방의 저축이 텅 비었으니, 비록 곡식을 저축하고자 해도 장차 어떻게 시행하겠으며 비록 감선을 하더라도 무슨 도움이 되겠는가?"

그러면서 영조는 백성들의 부담을 덜어주기 위해 "금년의 생일과 동지에 명나라에 보내는 특산물과 대비전에 올리는 음식 재료 외에는 특별히 임시로 감해 쌀로 대신 내는 부담을 덜어 조금이나마 곡식을 저축할 수 있게 위에서부터 절약하는 뜻을 보이라"고 명했고, 왕실에서 먼저 솔선수범에 나서면서 "안으로는 2품 이상의 관리와 밖으로는 관찰사와 지방관에 이르기까지 참으로 곡식이 생기는 일이라면 어찌 내 뜻을 본받지 않겠는가?"라며 중앙의 고위직에서부터 지방의 수령에 이르기까지 모두가 직접 절약하는 방법을 찾아 적극 실천할 것을 명했다.

이날 사관이 영조의 명을 기록으로 남기면서 "대신들이 적극적으로 왕의 뜻을 잘 받들어 지원해야 함에도 불구하고 비현실적인 대책을 내놓는가 하면 스스로 근검절약을 실천하겠다는 의지가 부족하다"고 덧붙인 것으로 보아 정국을 주도하는 영조를 버거워하는 대신들이 적지 않았음을 알 수 있다. 그러나 영조가 일방적으로 대신들을 몰아붙이기만 한 것은 아니었다.

영조는 대신들을 불러 함께 수라상에 앉히기도 했고, 때로는 수라상을 대신들에게 양보하며 달래는 등 '나누는 밥상 정치'도 적절하게 병행했다. 여기서 수라상을 대신에게 양보하는 것은 왕이 할 수 있는 최고의 배려였고, 왕이 대신과 수라상에 함께 앉는다는 것은 왕과 신하의 경직된 상하 관계를 넘어 같은 뜻을 향해 가는 동반자적 관계를 의미했다. 요즘으로 말하면 격식을 따지지 않는 통 큰 정치에 비유할 수 있었다. 대표적인 예로 영조 13년(1737) 8월 14일 영의정 이광좌(李光佐, 1674~1740)와 우의정 송인명(宋寅明, 1689~1746) 등이 입시하자 영조가 이들에게 수라상을 밀어준 일도 있었다. 당시 이광좌가 신료(臣僚)들과 나누어 먹기를 청하자 영조는 "경이 먼저 먹고 다음에 우상(右相)에게 주고, 또 그 나머지를 싸서 좌상(左相)에게 전해주라. 경들이 이 밥을 먹으면 어찌 차마 잊겠는가? 그릇을 가지고 자손들에게 나누어주어 오늘 음식을 하사하고 그릇을 나눈 일을 알아서 대대로 내 자손을 보필하게 하도록 하라"며 왕이 재상들과 함께 밥상을 나눔으로써 화합을 강조하고 더 나아가 대를 이어 왕과 왕실을 충심으로 보필하라고 명했다. 이에 이광좌는 "전하께서 처음

차마 듣지 못할 전교를 내리셨는데 또 동궁(東宮)을 도와서 올바른 방향으로 이끌라고 신에게 당부하시니, 신이 비록 변변치 못하나 삼가 마땅히 몸과 마음을 다하겠으니, 원하건대 전하께서도 분발하여 스스로 힘쓰도록 하소서"라고 화답했다.

이틀 후인 8월 16일 영조는 영의정 이광좌와 좌의정 김재로(金在魯, 1682~1759)를 화해시키려고 두 사람을 수라상 앞으로 불렀다. 이들은 모두 영의정과 좌의정이라는 중책을 맡고 있었고, 영조의 탕평 정치를 지원할 정도로 각별한 인연이 있었다. 이광좌의 경우 소론의 거두로 영조 6년 (1730) 영조에게 탕평책을 주장하여 당쟁의 폐습을 막도록 건의했고, 왕의 간곡한 부탁으로 노론의 민진원(閔鎭遠, 1664~1736)과 제휴하여 노론과 소론의 연립정권을 세우는 등 "재임 기간에 비교적 격심한 당쟁이 없도록 하는 데 힘썼다"는 평가를 받았다.

우의정 송인명은 붕당(朋黨)의 금지를 건의하여 영조의 탕평책에 적극 협조했고, 영조 7년(1731) 이조판서가 되어 노론·소론을 막론하고 온건한 인물들을 두루 등용하면서 당론을 조정하고 완화하여 영조의 두터운 신임을 받았다. 이후 영조 16년(1740) 좌의정에 오른 그는 "당쟁을 억누르고, 탕평책을 더욱 적극적으로 지원하여 국가의 기강을 바로잡고자 노력했다"는 평가를 받았다.

좌의정 김재로 역시 영조 초기에 탕평론을 주장하며 영조를 지원했다. 그러나 김재로는 노론의 선봉에서 영수 역할을 하여 소론인 이광좌와 당파를 달리했고, 이광좌가 김재로의 아버지를 논박(論駁)하여 개인적인 원한 관계에 있었다. 이 때문에 이날 영조는 "경들은 모름지기 옛 혐의를 잊고 함께 나랏일을 하도록 하라. 어제 경들에게 수라상을 미루어준 것이 어찌 내 고심(苦心)이 아니겠느냐? 좌의정이 혐의하는 것은 사람의 도리에 있어 당연한 것이니, 어찌 억지로 잊으라고 하겠는가만, 오직 공(公)은 공으로, 사(私)는 사로 해야 한다"라며 두 사람의 화해에 적극 나서는 등 밥상 정치를 적절하게 활용했다.

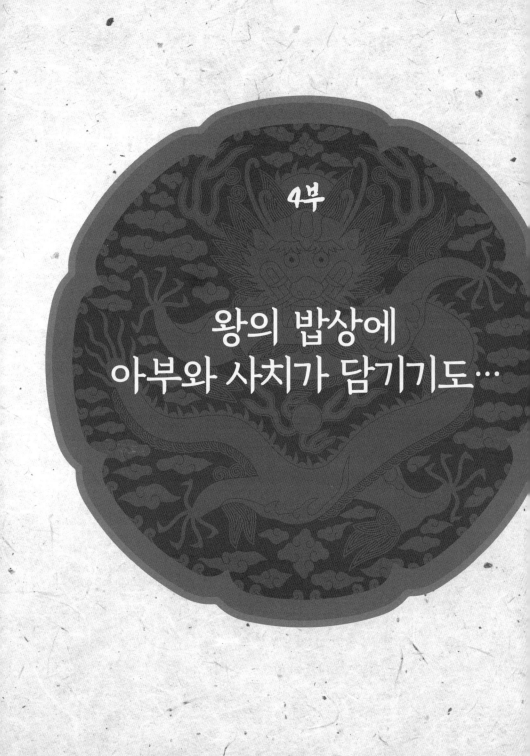

4부

왕의 밥상에
아부와 사치가 담기기도…

아부와
충성심은 어떻게 구별하나?

![물고기] 왕의 밥상을 사적으로 이용한 유자광

왕의 밥상은 누구도 함부로 접근할 수 없을 정도로 엄격하게 통제되었다. 그럼에도 때로는 왕의 밥상이 "사적인 이익을 추구하는 수단으로 이용되었다"는 논란이 발생했다. 세조 13년(1467) 이시애의 난을 비롯해 1506년 중종반정까지 각종 정치적 사건·사고에 연루되었던 유자광(柳子光, 1439~1512)이 대표적인 인물이다.

유자광은 태조 때 이인수의 임명을 반대했던 유두명의 손자였으나 서얼 출신이었다. 따라서 관직 생활에 한계가 있었던 그는 성종과 연산군을 거쳐 중종까지 오랫동안 사옹원 제조를 지낸 특이한 이력도 지니고 있다. 그는 때때로 왕의 밥상을 개인적으로 이용했다는 비판을 받는 등 논란을 일으키기도 했으나 왕의 비호로 무사히 넘길 정도로 역대 왕들의 두터운 신임을 받았다. 성종 23년(1492) 7월 19일 사옹원 제조 유자광이 "여러 도에서 봉진(封進)하는 마른 은구어가 날짜가 오래되어 맛이 변해서 어선에 적합하지 않다"며 성종에게 다음과 같이 아뢴 일도 있었다.

"청컨대 지금부터는 생선을 얼음통에 담거나 소금을 약간 뿌려서 봉진하게 하여 사옹원에서 그것을 받아가지고 소금에 절이거나 건어(乾魚)를 만들게 하면 맛이 반드시 좋을 것입니다. 그것은 구하기 어려운 것이 아니니, 청컨대 경상도와 전라도 두 도에 명하여 번갈아가면서 두세 차례 봉진하게 하소서."

보고를 받은 성종은 경상도와 전라도 관찰사에게 "은구어를 어살[漁箭]로 잡은 것 중에서 싱싱하고 좋은 것으로 골라, 얼음에 담거나 소금을 약간 뿌려서 두세 차례 별도로 보내게 하라"는 명을 내렸다. 당시 유자광은 왕의 밥상에 올리는 생선이 상하지 않고 맛을 유지하는 방법을 아뢴 것으로 내용상 특별한 것이 없어 보인다. 그런데 사관은 이 일을 기록하면서 "유자광이 음모를 꾸며 개인적 원한을 풀었다"며 다음과 같이 비판했다.

"정회(鄭淮, 1450~?)가 일찍이 요역(徭役) 문제로 유자광의 서자에게 매를 때린 적이 있는데, 유자광이 불평을 품고 이에 개성부(開城府)에 성을 수축(修築)하며 완성하지 못한 것을 아뢰면서 남원성(南原城)의 감축(監築)한 인원까지 모두 벌을 받게 하였는데, 정회는 겨우 모면했다. 이제 또 은구어를 별도로 바치게 하여 정회가 마침내 탄핵을 받았는데, 모두 유자광이 몰래 꾸민 음모이다."

뿐만 아니라 사관은 남원성 감축에 대해서도 다음과 같은 기록을 남겨 놓았다.

"유자광은 대대로 남원에 살았는데, 겉으로는 강직한 것 같으나 안으로는 실로 음험(陰險)하여 작은 원망만 있어도 반드시 보복하였으니, 기세가 불꽃처럼 대단하여 남쪽 지방 사람들이 호랑이처럼 두려워하였다. 정회가 부사(府使)가 되어서 호적에 오르지 않은 숨은 장정을 모두 찾아내어 재량권이 넉넉하지 않게 되자, 유자광이 그를 원망하여 남원의 읍성(邑城)이 무너졌다고 아뢰었으니, 대개 정회를 중상(中傷)하고자 함이었다."

🐟 맛있는 것만 보면 임금님만 생각나니 어찌하옵니까?

성종은 평소 감선을 거두어달라는 대신들의 요청을 단호하게 거절했으나 유자광이 이런 성종의 명을 거두어들이게 한 일도 있었다. 성종 25년 (1494) 5월 16일 성종이 "수라상에 올리는 밥을 짓는 쌀을 줄이라"고 명하자 유자광은 "한 되의 쌀로 큰 솥에다 취사하기가 매우 어려우니 예전대로 하도록 하소서"라며 현실적인 문제점을 지적했다. 이에 성종은 "비록 하루에 한 되씩 저축한다 하더라도 남아도는 것이 있을 것이다. 그러나 취사하기가 정말 어렵다면 줄이지 말도록 하는 것이 가하다"라며 명을 거두어들였다.

유자광은 연산군 대에도 사용원 제조를 지내면서 종종 구설수에 올랐다. 연산군 5년(1499) 1월 10일 "유자광이 명을 받들어 함경도에 나갔을 적에, 각 관서를 침독(侵督)하여 생전복[生鰒]과 굴조개[石花]를 채취하게 하고, 또 등급이 높은 역마(驛馬)를 마음대로 끌어내어 이를 싣고 와서 바치도록 하였습니다"라며 유자광이 지역 관청을 개인적으로 이용해서 사람들을 동원하여 생전복과 굴조개를 채취하는 해를 끼쳤고, 이를 왕에게 진상하기 위해 등급이 높은 역마를 마음대로 징발했다는 비판을 받았다. 당시 대간들은 "유자광이 석화·생복 따위 물건을 사사로이 바쳐서 임금의 은총을 굳히기를 바라니, 그 간사함이 아주 심합니다. 먼저 자광의 아첨한 죄를 다스려서 간신이 총애를 굳히려는 생각을 징계하소서"라고 주장하는 등 매일같이 유자광의 처벌을 주장했다. 그러나 유자광은 "신이 사용원의 제조로서 맛있는 것을 보면, 헌상하고 싶은 마음을 어쩔 수 없습니다. 이런 연고로 사리를 헤아리지 못하고 헌납하였사온데, 지금 대간의 논박이 이토록 심하므로 황공 대죄하옵니다"라며 오로지 왕을 생각하는 마음에서 한 일이었다고 해명했고, 연산군은 "피혐(避嫌)하지 말라"며 죄가 되지 않는다고 하여 그냥 넘어갔다.

그러나 대신들은 이후에도 기회가 있을 때마다 이때의 일을 거론하며 유자광의 처벌을 주장했으나 연산군이 허락하지 않아 무사할 수 있었다. 심지어 6년이 지난 연산군 11년(1505) 3월 2일 연산군이 "유자광은 이미 나이가 들어 늙어가니 석화·생복을 바침에 반드시 은총을 바라는 생각이 없었을 것이거늘, 그때의 대간이 이와 같이 논간(論諫)한 것은 반드시 자신은 지체 높은 가문의 자제이고, 자광은 천례(賤隷)에서 기신(起身)하였다 하여 업신여긴 것이다"라고 유자광을 시기하여 출신 문제까지 거론하였다면서 관련자를 모두 조사하여 보고하라고 명한 일도 있었다.

유자광도 이러한 왕의 신임에 의지하여 자신에 대한 비판에 적극적으로 대응했다. 연산군 7년(1501) 9월 17일 유자광이 '서거정(徐居正, 1420~1488)의 저술에 자신을 비난하는 글이 있으니 바로잡아달라'며 연산군에게 장문의 상소를 올려 억울함을 호소했다. 그리고 왕의 밥상에 생전복과 굴조개를 올린 것에 대한 비판에 대해서도 "신이 전복을 진상한 것은 다름이 아니라 미나리를 바치는 정성이 염두에서 솟아나왔기 때문입니다. 신이 사옹원의 노신(老臣)으로서 우연히 공무로 출행했다가 대낮에 전복을 가지고 진상한 것입니다"라며 오직 왕을 생각하는 마음 외에는 다른 뜻은 전혀 없었다고 해명했다. 여기서 유자광이 말한 '미나리를 바치는 정성'이란 헌근지성(獻芹之誠), 즉 '임금을 생각하는 지극한 정성'이라는 고사(故事)를 말한다. 뿐만 아니라 유자광은 "신이 듣건대, 조종(祖宗) 때에도 대신들이 모두 사사로이 진상했으나 누구도 이를 비판하지 않았다"며 다음과 같이 세종과 세조 때의 사례까지 들어 억울함을 호소했다.

"세조 때의 정승 구치관은 청백과 도덕이 그보다 나은 사람이 없었으나 집에서 빚어 만든 맛있는 술을 끊임없이 진상했으며, 세종 때 대제학 변계량(卞季良, 1369~1430)은 문장과 도덕이 세상에 모범이 되었으나 사사로이 두부를 진상했다 하니, 그것이 모두 심술의 욕심에서 나와 세종과 세조께 무엇을 요구하느라고 그렇게 하였겠습니까? 그 당시에도 구치관과 변계량의 심술이 바르지 못하다고 논박한 일이 없었으니, 전하께서 살펴주시기를 삼가 바라옵니다."

🐟 왕의 밥상에서 권력이 나오다

연산군 9년(1503) 5월 13일 〈연산군일기〉에도 왕의 밥상과 관련하여 사용원 제조 유자광에 대한 기록이 전한다. 당시 유자광은 두 개의 밥그릇에 밥을 담으면서 하나는 높게 담고, 하나는 평평하게 담았다. 그리고 다른 밥그릇에 쌀을 담아 내시부 소속으로 음식에 관한 일을 맡아보던 환관 상전(尙傳)에게 부탁하여 다음과 같이 아뢰게 하였다.

"조종조(祖宗朝)에 당상관은 높이 담고 당하관은 평평히 담게 하였는데, 제도가 마련된 뒤로 당상·당하를 가릴 것 없이 모두 쌀 한 되씩으로 하였기 때문에 대궐 안의 대소(大小) 인원으로 선반(宣飯)을 받는 자들이 모두 밥을 높이 담지 않는다고 까다롭게 책망하므로, 이 때문에 궁궐에서 음식을 만드는 일을 맡은 반공(飯工)들이 감당하지 못하여 거개 도망해 흩어집니다. 대궐 안에 이런 원통한 일이 있으므로 감히 아룁니다."

보고를 받은 연산군은 "원래 마련된 제도가 있으니 다시 고칠 수 없다. 반공을 침해(侵害)하는 자를 금단하는 규정〔事目〕을 의논하여 아뢰라"고 명해 유자광의 손을 들어주었다. 그런데 연산군의 명이 떨어지자 유자광은 "기쁜 안색을 하며, 사용원 낭청(郎廳)들을 손짓하여 불러 말하기를, '지금부터는 정승이라도 임금의 명대로 하여야 한다'고 말하자 좌우 사람들이 낯빛을 변하며 서로 눈짓만 하였다"고 한다. 이는 유자광에게 또 하나의 권력이 생겨났음을 의미했다. 달리 말하면 유자광의 권력은 왕의 밥상으로부터 나온 것이었다. 이날 사관은 "유자광이 사용원 제조를 오래 한 이유는 그가 서자였기 때문에 정상적으로 관직에 임명되지 못했다"고 비판하면서 다음과 같은 평을 남겨 놓았다.

"자광은 성질이 본래 시기하고 사나우며 좀 재예(才藝)가 있었으니, 조정에서 서자라고 배척하여 직책을 맡기지 않으므로 항상 분한 앙심을 품고 들추어내어 일 일으키기를 좋아하여 한 번 위의 뜻에 맞기를 노렸다. 그러나 그가 맡은 직무가 나라에 공을 세운 공신이나 그 자손을 대우하기 위해 설치하였던 충훈부(忠勳府)의 당상이나 사옹원의 제조뿐이어서, 무슨 일을 가지고 그 술책을 부릴 수가 없으므로 사리와 체면에 손상되는 것도 불구하고 궁궐에서 음식 만드는 반공의 원망을 빙자하여 그 분을 푼 것이니, 그의 사납고 강퍅스러움이 이러하였다."

이처럼 유자광은 주변의 신랄한 비판 속에서도 연산군의 두터운 신임으로 무사할 수 있었으나 유자광이 자만한 탓인지 곤혹을 치른 일도 있었다. 연산군 10년(1504) 1월 1일 유자광이 사옹원 제조 자격으로 "음식을 올리는 큰 소반이 매우 무거워 들기 어려우니, 두 소반에 나누어 차려 드리기 편하게 하소서"라고 연산군에게 청했다. 그러나 연산군은 "신하로서 인군(人君) 앞에서 공경하고 조심한다면 어찌 들기 어려우랴? 자광이 말할 것이 아니요, 승지 역시 아뢸 것이 아니다. 자광을 국문하도록 하라"고 명했다. 당시 음식을 두 개의 소반에 나누어서 직접 왕 앞에 들고 가는 시범까지 보이지는 않았지만, 연산군이 이 자리에서 유자광과 함께 왕의 비서실이었던 승정원의 승지까지 거론한 것으로 보아 이번에는 유자광이 승정원에 도움을 요청했으나 실패(?)한 것으로 보인다.

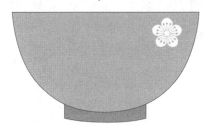

감선의 관행을
근본적으로 무너뜨린 연산군

🐟 무엇이든 먹을 수 있는 게 왕의 권한이다!

왕의 밥상에서부터 왕이 베푸는 잔칫상에 이르기까지 여기에는 기본적으로 왕을 포함한 왕실의 존엄성을 상징하는 의미들이 담기게 된다. 만약 소홀한 점이 발견되면 왕실 요리사들은 물론 대신들까지 뜻하지 않은 곤혹을 치르기도 했기 때문에 각별하게 신경을 썼다. 그러나 왕의 밥상이 화려하고, 풍성한 잔칫상을 자주 베푼다고 칭송받는 것은 아니었다. 평상시 왕과 왕실에서의 낭비는 가장 경계해야 할 대상이었고, 솔선수범해서 근검절약하는 것을 최고의 미덕으로 삼았기 때문이다. 이는 곧 백성들에게 부담을 주지 않는 정치가 왕이 할 수 있는 최상의 정치이면서 왕과 왕실이 존재하는 이유이기도 했다. 따라서 백성을 생각하는 왕일수록 왕의 밥상과 잔칫상보다 먼저 백성들의 부담을 줄이기 위해 지속적인 관심을 기울였다.

태종 8년(1408) 11월 19일 〈태종실록〉에는 "쌀 등 곡식을 관장하던 풍저창(豊儲倉)과 왕에게 음식을 올리던 사선서(司膳署)에 명하여 매달 상납되는 쌀과 콩의 수량을 기록하여 아뢰게 하고, 체계적으로 관리하여 절감 효과가 컸다"는 기록이 보이며, 태종 18년(1418) 7월 20일 사옹(司饔)·사선(司膳)에서 잡물(雜物)을 실어 나르는 말의 등을 호랑이나 표범 가죽으로 덮는 것을 알게 된 태종이 "호피와 표피는 민간에서 납공(納貢)하고 값이 비싼 물건이니, 이제부터 일체 금지하라"고 명하기도 했다. 단종 1년(1453) 9월 1일 도승지 등이 "이제 어선(御膳)이 없을 것 같으면 역시 사복시로 하여금 사냥해 올리게 할 것이나, 군인으로 하여금 각자 양식을 싸가지고 가게 할 수 없으니, 청컨대 양식을 주게 하소서"라고 건의하자 단종이 "이제부터는 수라상을 위하여 사냥을 하지 말라"고 명한 일도 있었다. 그리고 중종 2년(1507) 윤 1월 7일에는 사옹원에서 바치는 큰 생선을 폐하고 중간 크기의 생선으로 올리게 하면서 "민가에서 길이에 맞는 것을 준비하기 어려워서 폐해가 적지 않았기 때문에 이 명이 내린 것이다"라는 기록이 보이며, 현종 15년(1674) 1월 23일 현종이 "본도에선 토산품만 진상하게 하되 열 가지를 넘지 않도록 하고 선혜청에서 물품에 대한 값을 계산해 주어야 할 것이다"라며 진상품의 가짓수를 제한하고 값을 지불하라고 명했다. 정조 4년(1780) 5월 20일 초목이 무성하여 특별히 꿩을 사냥하는 어려움을 염려한 정조가 "사옹원에서 매일 올리는 산 꿩을 다른 것으로 대신하여 바치라"고 직접 명하는 등 백성들의 부담을 덜어주기 위해 다양한 조치들이 취해졌다.

반면 왕이 절대적인 존재라는 점을 강조하며 왕의 권력을 자의적으로 해석하여 자신의 밥상을 최우선에 두는 등 왕권을 독단적으로 행사할 경우 비판을 받았고, 기회가 있을 때마다 이러한 일이 발생하지 않도록 견제하는 것이 대신들의 중요한 임무였다. 백성 없는 왕이 없고, 왕의 권력은 백성으로부터 나왔기 때문이다. 물론 왕에 따라 차이가 있었지만, 조선의 역대 왕들은 이를 지키려고 노력하는 모습을 보여주었다. 그러나 때로는 의례적으로 따르는 척하는 경우도 있었고, 심지어 이러한 인식을 무용지물로 만든 왕도 있었다.

백성들의 농사는 왕이 알 바 아니다

연산군의 경우 왕은 무엇이든 먹을 수 있는 것을 당연한 권한으로 행사한 대표적인 왕이었다. 심지어 그는 "나라 안의 모든 것은 왕을 위해 존재한다"고 강조할 정도로 독단적이었다.

연산군 6년(1500) 10월 1일 연산군이 "청계산(靑溪山)에서 사냥을 하겠다"고 명하자 영의정이 나서서 "청계산에서 사냥하실 때에는 그곳의 벼농사를 대부분 수확하지 못할 것인데, 사람과 말이 밟아 손상시킬까 염려됩니다"라고 만류했다. 그러나 연산군은 "10월은 바로 사냥할 시기이다. 백성들의 밭[民田]을 수확하지 않는 것은 바로 백성들의 과실이니, 이 때문에 사냥을 폐할 수는 없다"라며 명을 거두지 않았다. 연산군에게 농사는 백성들의 일이었고, 왕이 알 바가 아니었던 것이다.

뿐만 아니라 연산군 10년(1504) 윤 4월 27일 무관들의 사열식을 행하던 전곶(箭串, 살곶이)을 채소와 과일을 재배하여 왕실에 보급하는 내농포

(內農圃)에 배속시키라고 명한 일도 있었다. 이에 대신들이 "전곶전(箭串田)은 본시 무예를 사열하는 곳으로 밭갈이를 못 하게 되어 있다"며 반대하자 연산군은 "무예를 사열하는 장소는 나라의 땅이다. 내농포에 넣어 외(瓜)나 과일을 심어 바치게 하는 것도 역시 위를 위하는 일인데 무슨 경하고 중한 것이 있어 이렇게 아뢴단 말이냐? 반드시 정실이 있을 것이니, 잡아다 국문하라"고 명했다. 연산군은 채소와 과일을 재배해서 왕실에 보급하는 일은 공적인 것인데 대신들이 사적인 이유로 왕명에 반대한다며 이들을 잡아다 조사할 것을 명했고, 결국 군대의 사열장을 왕실의 채소밭으로 전환시켜 버렸다.

이처럼 연산군은 비록 국력을 위축시키고 백성들에게 폐해를 끼칠지라도 왕을 위한 공적인 일이라는 이유를 내세우며 대신들의 충언을 묵살해 버렸다. 심지어 나라의 공적인 일보다 왕 개인의 기쁨과 만족을 위한 사적인 일에 대신들을 동원하는 경우가 일상화될 정도였다. 그럼에도 이런 연산군에게 끌려다닐 정도로 무기력한 대신들이 적지 않았고, 연산군의 눈과 귀를 속이고 궁궐 안의 재산을 빼돌리고 백성들을 착취하여 개인적인 이익을 챙기는 등 부정 비리를 저지르는 자들도 있었다. 특히 왕의 밥상과 관련한 업무는 누구도 함부로 건드리기 힘든 특별한 일이었기 때문에 부패한 관리들에게는 그야말로 최고로 선망하는 대상이었다.

왕의 밥상이 부패한 관리의 먹잇감이 되다

연산군 6년(1500) 10월 10일 장령 신숙근(申叔根)이 "전하께서 구중궁궐(九重宮闕)에 들어앉아 계시는데, 진실로 아래에 있는 폐단을 어떻게 아실 수 있겠습니까? 지금 사옹원에서 각 도의 모든 물선을 감독하여 받아들일 때 품질이 좋고 나쁜 것은 가리지 않고서 오로지 뇌물이 있고 없는 것으로써 받고 안 받고 합니다"라고 사옹원에서 발생하고 있는 부정 비리를 보고하면서 다음과 같은 구체적인 사례까지 아뢰었다.

"관원이 으레 면포(綿布)를 각 고을에서 받으면서 뇌물을 받고, 그렇지 아니하면 물선이 비록 신선하더라도 물리치게 됩니다. 또 진상하는 희귀한 물건도 구하여 얻지 못하게 되면 더러는 한양의 반감(飯監)이나 각 색장(各色 掌)의 집에서 사서 바치는데 이것은 바로 수라상을 준비하는 주방에서 물건을 훔쳐낸 것으로 환관들이 권세를 부리는 까닭입니다."

신숙근은 "이러한 폐단을 없애기 위해서 사옹원 제조로 하여금 번갈아 입직(入直)하여 단속하고 살피게 하소서"라고 건의했다. 그러나 연산군은 "진실로 마땅히 금지해야 할 것이지만, 다만 제조(提調)가 날마다 와서 보는 것도 또한 폐단이 있겠다"라며 근본적인 해결책이 아니라는 이유로 그 자리에서 묵살해 버렸다. 여기에서 각 색장은 궁중에서 주색(酒色, 술 빚는 일)·다색(茶色, 차 끓이는 일)·증색(蒸色, 찐 음식을 말리는 일) 같은 일을 하는 이들을 가리킨다.

또한 연산군 8년(1502) 1월 9일에는 조세(租稅)와 공물액(貢物額) 등을 심사하여 결정하는 상정청(詳定廳)에서 "사옹원에서 날마다 쓰는 생선을 본청으로 하여금 사정을 잘 헤아려서 결정하게 하였는데, 사옹원이 날마다 드리고 있는 장부를 도설리(都薛里)가 내보이려고 하지 않으니, 상고

하게 해주기를 청합니다'라며 사옹원에서 생선을 사용하며 작성한 장부
를 볼 수 있도록 허락해 줄 것을 청한 일도 있었다. 여기에서 도설리란 어
선을 맡아보는 벼슬의 우두머리를 말한다. 그러나 연산군은 "사옹원에서
날마다 출납을 기록한 장부는 모두 자질구레한 일만 기록하고 있으니,
상고할 필요는 없다"며 허락하지 않았고, 심지어 생선은 계획에 따라 사
용되는 것이 아니라 그때그때 필요에 따라 소비되는 것이라며 다음과 같
이 해명까지 해주었다.

"생선은 비록 하사(下賜)하는 데는 쓰지 않지만, 귀한 손님을 대접하기
위하여 간략하게 먼저 내오는 다담상(茶啖床)과 잔치를 베풀어 손님을 접대
하고 제사 같은 데는 모두 쓴다. 이를 한 가정에 비교하면 혼례가 끝나고
예물을 바치는 의식이 있을 적에 시장에서 물건을 사서 쓰는 것과 같으니,
처음부터 일정한 수량이 없으므로 쓰이는 바에 따라 가감(加減)하는 것으
로 작정하는 것이 옳겠다."

이처럼 연산군은 윗사람, 즉 왕을 위해 일하다가 발생한 문제는 모두
사소한 것으로 취급했다. 이 때문에 대신들의 지적에도 불구하고 '특별히
문제 삼을 필요가 없다'며 대신들의 의견을 무시했다. 심지어 대신들의
의견을 국정 운영과 관련한 충언이 아니라 왕이 하는 일에 간섭하는 것
으로 받아들였기 때문에 못마땅하게 여기는가 하면 심지어 죄를 묻기도
했다.

138

🐟 하늘을 경계하고 두려워할 이유가 없다!

연산군은 "바람직한 정치와 기후 사이에 상응 관계가 있다는 동중서 (董仲舒) 이래의 기본적 유교 정치사상을 송두리째 부정했으며, 자연현상은 단지 우연의 산물이고 인간이 인식할 수 있는 것으로, 그에게 확실한 것은 '천도(遷都)를 단행하는 것과 같이 군주의 명령에 복종해야 한다'는 점뿐이었다"고 비판받을 정도로 이상 징후 등을 하늘의 경고로 받아들이는 것 자체를 부정함으로써 조선 전기에 정착되고 점차 심화되어 가던 감선의 관행을 근본적으로 무너뜨려 버렸다.

예를 들면 연산군 7년(1501) 9월 18일 천둥이 치자 연산군이 이틀 후에 예정된 양로연(養老宴)을 계획대로 베풀 것인지에 대해 대신들의 의견을 물었다. 이에 지평 심순문(沈順門, 1465~1504)은 "형(刑)을 삼가고 원한을 푸는 일에 있어서 비록 왕의 명이 있었으나, 하늘에 순응하는 일은 마땅히 현실을 감안해야 하므로 당연히 정전(正殿)을 피하고 수라의 가짓수를 줄이며 풍악도 거두어야 합니다"라며 예정된 연례행사지만 재이(災異)를 만나 피전 감선을 해야 할 시기에 정사를 돌보는 정전에서 양로연을 베푸는 일은 중지하는 것이 마땅하다고 아뢰었다. 그러나 연산군은 받아들이지 않았고, 20일에 정전에서 양로연을 열었다. 그런데 다음 날 천둥과 번개가 치고 우박이 내리는 등 계속해서 하늘에서 이상 징후가 나타나자 9월 29일 심순문이 "근래에 하늘의 변괴가 자주 일어나니, 하늘의 뜻에 순응하는 것이 마땅합니다. (……) 전일에 하늘의 변괴가 있었는데도 양로연을 정지하지 않았으니, 군주가 재이를 만나면 마땅히 풍악을 거두고 수라의 가짓수를 줄여야 하는 것인데, 어찌 이와 같이 하시옵니까?"라며 감선을 해야 할 때 오히려 잔치를 베푼 것은 잘못이라고 지적했다. 하지만 연산군은 여전히 대꾸할 필요성을 느끼지 못했는지 아니면 이번만큼은 할 말이 없었는지 아무런 대답이 없었다.

연산군 8년(1502) 9월 7일에도 장령 서극철(徐克哲) 등이 "궁궐에서 벌이는 크고 작은 연회로 낭비가 심해 하늘이 이를 경고하고 있다"고 우려하자 연산군은 "옛말에 '사람의 하고 싶은 것은 하늘도 반드시 이를 따른다'고 했는데, 그렇다면 마땅히 해마다 흉년이나 재앙이 없어야 할 것 같은데 도리어 풍년이 들지 않으니, 하늘 또한 일찍이 알 수 없는 것이다. 큰 경사를 위하여 예의를 갖추었는데도 재앙이 오히려 이와 같으니 천심(天心)이 앎이 없음을 알겠다"라며 사람들의 간절함을 들어주지 않는 하늘을 경계하고 두려워할 이유가 없다는 말까지 했다. 장령 서극철 등은 물러서지 않고 다음 날에도 "사치와 낭비가 극심하다"고 다시 아뢰었으나 역시 들어주지 않았다. 9월 10일에는 "근년 이래로 흉년과 재변이 옛날에 비하여 심하니, 재앙을 그치게 하고 비용을 줄이는 일로는 술을 금하고 토목과 건축 공사를 정지하는 것보다 먼저 할 것이 없습니다"라며 설날이나 동짓날 문무백관이 모여서 왕에게 배례한 후 베풀던 잔치인 회례연과 각종 공사를 중지하여 경비 절감에 적극 나설 것을 강력하게 주장했다. 그러나 연산군은 "궁궐을 수리하는 일은 하늘 또한 부득이함을 마땅히 알 것이다. 술을 금하는 일은 폐단만 있게 된다. 사람이 살인을 범하는 것이 법을 몰라서 그렇겠느냐? 비록 술을 금하더라도 누가 법을 두려워해서 금하지 않을 수 있겠는가?"라며 모두 어쩔 수 없는 일이고, 금주령을 시행해도 법을 두려워하며 지키기보다는 오히려 부작용이 더 늘어날 것이라며 듣지 않았다.

　　연산군 대에는 잔치 또한 일상화되었고, 국고가 바닥날 정도로 사치와 향락이 상상을 초월했다. 연산군 8년(1502) 9월 7일 연산군이 "9일에 있을 곡연(曲宴) 때 하사해 줄 호초(胡椒, 후추)를 내전으로 들이라"고 명하여 당시 대단히 귀한 후추를 잔치에 참석한 기생들에게 나누어주었다는 기록이 보이는 등, 〈연산군일기〉에는 잔치를 베풀 때마다 후추와 은이나 베 등 귀한 물품을 수시로 가져오게 하여 잔치에서 남발한 사례를 곳곳에서 발견할 수 있다. 이 때문에 대신들은 기회가 있을 때마다 연산군에게 사치와 낭비를 경계해야 한다고 아뢰었지만, 그때마다 연산군은 다양한 이유를 대며 받아들이지 않았다. 심지어 5일 후인 9월 12일 홍문관 부제학 박열(朴說, 1464~1517) 등이 "근래에 흉년이 든 데다가 재변까지 겹쳤으니, 회례연은 비록 경사(慶事)이지만 하늘의 경계에 조심한 것이 아닙니다"라며 상황이 좋지 않다는 이유로 회례연의 취소를 건의했다. 그러나 연산군이 받아들이지 않자 박열 등도 물러서지 않고 "비록 회례연을 거행하지 않더라도 무엇이 축하하고 기뻐하는 일에 손상되기에, 감히 이를 거행한다면 하늘의 경계에 조심해야 하는 것이 무엇이 있습니까?"라며 하늘의 경고를 무시해서는 안 된다고 반발했다. 하지만 연산군은 "회례연을 정지하기를 청하는 일은 대간(臺諫)이 당연히 이를 말해야 하겠지마는 홍문관은 다만 서책(書冊)에 관한 일을 맡았을 뿐인데도 감히 이를 말하느냐? 어린아이와 더불어 서로 이야기하는 것과 같으니, 나를 어리석다고 하여 그렇게 말하는 것이 아니겠느냐?"라며 홍문관 관리들이 자기 임무도 아닌데 왕을 무시해서 함부로 떠든다고 질타했고, 심지어 직언하는 신하들을 마치 어린아이들의 놀이로 취급하며 조롱까지 했다. 그러나 정작 왕 놀이를 하며 즐기고 있는 것은 연산군이었고, 그에게 보이는 것은 모두 자신을 위한 소모품처럼 다루었다.

연산군은 잔치에 주변 사람들까지 끌어들여 그야말로 흥청망청거리며 놀았다. 연산군 9년(1503) 5월 8일 연산군이 양전께 곡연을 올리던 날 궁중에서 일하는 사람들에게도 모두 술 마시는 것을 허용했고, 잔치에 참석했던 창기(娼妓)들이 취해서 떠들며 술을 엎질러 옷을 적신 자도 있었다. 그러나 연산군은 이들을 나무라지 않고, 오히려 "이 사람들이 궁중에서 한 일을 보고 만일 말을 밖에 누설한다면, 그 관리까지 죄준다는 것을 알리라"고 엄명을 내리는가 하면, 이듬해인 연산군 10년(1504) 6월 14일 "전에 곡연 때 여기(女妓)로 하여금 짧은 옷을 입고 들어오도록 명하였더니 그때에 그것이 옳지 않다고 말한 자가 있으니, 조사하여 아뢰라"고 명한 일도 있었다. 그리고 같은 해 9월 9일 "오늘 곡연에 기생 1백 명을 연지 등으로 붉게 화장하는 홍장(紅粧)을 시켜 들여보내고, 호초 30섬을 궐내에 들이라"고 명하는 등 궁궐에서 열리는 잔치가 술에 취한 사람들로 인해 난장판이 되는가 하면 화려함을 넘어 퇴폐해지고 있었다.

사치의 대명사가 된
연산군과 잔칫상

🐟 진심 어린 충언을 조롱으로 답하다

연산군 6년(1501) 10월 23일 신숙근이 "월산대군(月山大君, 1454~1488) 집에 내려준 물건은 모두 백성들의 힘에서 나온 것이므로 이와 같이 분수에 지나치게 할 수 없사오니 마땅히 용도를 절약하소서"라며 왕실에 사용되는 물품을 지나치게 낭비해서는 안 된다고 아뢰었으나 소용이 없었다. 월산대군은 성종의 친형으로 연산군에게는 큰아버지가 된다.

뿐만 아니라 연산군 8년(1502) 1월 28일 영의정 등 의정부 재상들이 나서서 "또 금·은은 우리나라에서 생산되는 것이 아닌데, 지금 공주의 혼례에 쓰이는 것이 이와 같으니, 국가의 혼례가 다만 공주뿐만이 아니고, 또 대군과 여러 군·옹주가 있으므로 한정이 있는 물자로는 아마 능히 잇대어 가지 못할 것입니다"라며 왕실 혼례에 금·은이 지나치게 많이 소비된다고 지적하면서 "지금 만약 오로지 화려하고 사치한 것만 숭상한다면 아랫사람이 반드시 이를 본받을 것입니다"라고 경고했다. 그러나 연산군은 "용도를 절약해야 된다는 일들은 경 등이 전일에도 말한 것이므로 나 또한 마음속에 잊지 않고 있소. 그리하여 용도가 있을 때에는 문득 경 등의 말을 생각하고 있지만, 마지못해서 이렇게 쓰오"라고 마치 조롱하듯이 답하며 받아들이지 않았다.

연산군은 왕실 종친만이 아니라 잔치에 참석하는 사람 등 주변 사람들에게도 기분에 따라 사치와 낭비를 일삼았다. 이 때문에 국고는 바닥이 났고, 대신들은 기회가 있을 때마다 이를 만류하고 나섰다. 그러나 연산군은 아예 대꾸를 하지 않고 무시하거나 당연히 써야 할 곳에 썼을 뿐이라는 등의 핑계를 대며 당당하게(?) 물리쳤다. 심지어 "여러 번에 걸쳐서 쓰일 것을 단기간에 사용하여 많게 보일 수도 있다"며 다음과 같이 대신들의 우려를 일축하기도 했다.

"이를 길 가는 일에 비한다면, 가는 길은 한 길이지만 질러서 달려가면 여러 날이 걸리지 않지만, 둘러서 간다면 반드시 곱절이나 되는 것과 같소. 만약 여러 날 쓰는 용도를 합쳐서 계산한다면 그 수량이 한도를 벗어난 듯하오. 이로부터는 경 등의 말을 생각하여 마땅히 용도를 절약하겠소."

연산군의 사치와 낭비가 멈출 줄 모르자 대신들은 심각한 상황을 알리기 위해 소비하는 품목과 물량을 구체적으로 조사해서 보고하기도 했다.

🐟 얼마나 소비했을까?

연산군 5년(1499) 10월 26일 의정부에서 연산군에게 보고하기를 "신등이 국가의 1년 예산을 보면, 그 쓰는 것이 조세를 받는 수입보다 더합니다. 다만 작년의 예만을 가지고 말하더라도 상납한 쌀과 콩이 20만 5584석 14두인데, 국가에서 쓴 것은 20만 8522석 1두입니다"라고 구체적인 수치까지 제시하며 거두어들이는 것보다 쓰는 것이 더 많다고 지적했다. 이어서 "우리나라는 토지가 척박하므로 조금만 흉년이 들면 저축한 것이 1년을 지탱하지 못합니다. 민간에도 3년의 저축이 없으면 궁핍하게 되지 않는 자가 드문데 항차 나라에서 10년의 저축이 없어서야 되겠습니까? 모든 급하지 않을 비용은 적당히 감하여 나라의 비용을 절약한다면 다행이겠습니다"라며 흉년 등 국가의 비상사태에 대비해서 꼭 필요하지 않은 것들을 절약하여 반드시 충분한 식량을 비축해 두어야 한다고 강조했다. 하지만 이날도 연산군은 대답하지 않았다.

연산군 6년(1500) 10월 27일 뇌성 번개가 친 일로 연산군이 기탄없이 바른말을 하라며 구언을 명하자 사헌부와 홍문관에서 "또 듣건대, 근일에 누차 국고의 재물과 양곡을 본궁(本宮)으로 옮겨 바친 것이 그 수량이 매우 많다고 하는데, 어디에 쓰였는지 알 수 없으며 의영고(義盈庫)의 호초와 제용감(濟用監)의 소목(蘇木)은 여러 대에 걸쳐 축적한 것으로서 이루 다 쓸 수가 없을 정도였는데 지금 탕진되어 버리고 남은 것이 없습니다"라고 상소문을 올렸다. 여기서 본궁은 왕실의 사유재산을 관리했고, 의영고는 진상에 관련된 기관으로 궁궐에서 쓰이는 기름·꿀·과일 등의 물품을 관리했다. 그리고 제용감은 왕실에 필요한 의복이나 식품 등을 관장한 관서였고, 호초는 후추, 소목은 콩과 식물로 붉은색 물감의 원료를 말한다. 따라서 모두 왕실에서 사용하는 기본적인 물품들을 관리하는 기관으로 여러 대에 걸쳐 물품들을 축적해 두었는데, '어디에 어떻게 사용했는지도 모르게 소비되어 남는 것이 없이 모두 탕진했다'고 할 정도로 사치와 낭비가 계속되었다.

연산군 8년(1502) 1월 28일에도 영의정 등 의정부 재상들이 1년 동안 사용한 잡처용도(雜處用途)의 수량을 조사하여 품목별로 사용한 양을 보고했다. 예를 들면 미두(米豆) 3170석, 사재감에서 어물(魚物)을 사들인 값이 정월에서 5월까지 5개월 동안 쌀 348석, 그리고 호초 1만 396근 등이었다.

기록에 따르면 태종 11년(1411) 12월 26일 풍해도의 굶주리는 백성을 국고의 쌀과 콩으로 진휼하기 위해 경차관(敬差官)이 보고하면서 "풍주(豊州) 등 18군에 기근(飢饉)이 더욱 심하니, 국고(國庫)의 쌀과 콩 5백 석으로 진휼하여 꾸어주도록 청합니다"라고 아뢰어 허락받았고, 태종 14년(1414) 8월 4일에는 "밤에 큰 바람이 불어 전라도 조선(漕船) 66척이 패몰(敗沒)하여 익사한 자가 2백여 명이었고, 침수한 쌀과 콩이 아울러 5천 8백여 석이었다"고 하며, 후추의 경우 정조 17년(1793) 1월 1일 정조가 "백성을 구휼하기 위해 내탕고에서 호초 5백 근을 영남 3백 근, 호남과 호서에 각 1백 근씩 보내라"고 명했다는 기록들과 비교된다. 이외에도 보고서에는 사옹원에서 1년 동안 제공한 식사가 공장인(工匠人) 5만 3826명이라고 했다. 이 수치는 고려 말 요동을 정벌하기 위해 전국에서 끌어모은 정벌군이 정병 3만 8830명과 종사원 1만 1634명으로 도합 5만 464명보다도 많은 인원이었다.

146

이날 재상들은 "내년에 사신이 오면 들어가는 비용이 적지 않을 것이고, 혹시 금년에 흉년이 들든지, 혹은 조세를 운반하는 배가 풍랑을 만나 파선이 된다면 오히려 관리들의 봉급도 지급하지 못할 것이니, 신 등이 아뢴 것이 번거롭고 자질구레한 것 같지만, 비용이 이 지경에 이른다면, 장차 국고가 텅 비게 될 것입니다"라며 비상 상황에 대비하여 절약하지 않으면 국고가 바닥날 것이라고 경고했으나 연산군은 듣지 않았다.

🐟 잔치가 일상이 되고, 국고는 바닥나고…

한 달이 조금 지난 3월 3일에도 의정부에서 "대사례(大射禮) 때에 이미 회례연을 거행하고 오늘 또 기영회(耆英會)를 베풀어주시니, 성상(聖上)의 은혜가 지극히 흡족합니다. 그런데 내일 또 음식상을 내려주시려고 경비를 많이 쓴다고 합니다"라며 연산군이 연이어 잔치를 베풀어 엄청난 경비가 소비된다고 우려하면서 "또 민간에서는 빈곤하여 근심하고 탄식하는 소리가 끊이지 않는데, 여러 신하들이 잔치하고 술 마시는 것이 어찌 옳겠습니까? 정지하소서. 또한 전자에는 음식상을 하사하면서 각 신하의 집에 내리신 때도 있었습니다"라며 백성들은 먹을 것이 없어 아우성인데 대신들을 불러 잔치를 벌이고, 집에까지 음식상을 보내는 등 지나친 낭비가 자행되고 있다며 정지할 것을 건의했다. 그러나 이때도 연산군은 듣지 않았다.

두 달이 조금 더 지난 5월 21일 대사헌 등이 "한재가 바야흐로 대단하여 비록 비가 조금 왔지만 아직 흡족하지 못하니, 전하께서는 마땅히 정전을 피하고 수라상의 가짓수를 줄이며 두려워하고 반성하셔야 할 것입니다"라며 피전 감선을 권하면서 "물싸움이 비록 열병(閱兵)과 같지마는 놀이에 가깝습니다. 또 길가의 벼들이 비를 맞아 조금 소생하였는데 거둥하실 때에 반드시 밟아 손상시킬 것이니, 정지하시기 바랍니다"라며 연산군이 놀이를 위해 물싸움을 즐기고 궁궐 밖으로 행차하게 되면 반드시 민폐를 끼칠 것이라며 중지하기를 건의했다. 그러나 이번에도 연산군은 들어주지 않았다. 심지어 정언 조옥곤(趙玉崐)이 "사학(四學)의 유생은 상시 밥 먹는 사람이 4백 명인데, 호조에서 절반을 줄였고 지금 한재로 인하여 또 그 절반을 줄였으니, 유생이 만약 50명이 넘는다면 밥을 먹지 못할 사람이 있게 되어 자못 국가에서 선비를 양성하는 뜻이 없게 될 것입니다. 청컨대 줄이지 말고 성균관·사헌부·예조로 하여금 단속하도록 하는 것이 어떠하리까?"라며 한재 등을 이유로 유생들의 식수 인원을 줄이고 줄여서 국가에서 인재를 육성하는 데 50명도 먹이지 못하게 되었다며 유생들의 식수 인원을 줄이지 말 것을 청했으나 연산군은 답하지 않았다.

반면 왕명으로 사옹원에서 제공하는 식수 인원에 대한 문제가 연산군 즉위 초부터 제기되었다. 연산군 1년(1495) 1월 1일 판서 홍귀달(洪貴達, 1438~1504) 등은 "황해·충청·경기의 농사가 실패하여 경비를 절약해야 한다"고 아뢰면서 사옹원에서 제공하는 식수 인원이 너무 많으니 대폭 줄일 것을 건의했으나 연산군은 듣지 않았고, 연산군 3년(1497) 3월 26일에는 응방 소속 관원 4명에게 비둘기를 기르게 하면서 "사옹원에서 식사를 제공하라"고 명하는 등 불필요한 식수 인원이 계속 증가했다. 심지어 연산군 6년(1500) 10월 27일 홍문관에서 "관청에서 금품을 내려주고 사옹원에서 음식을 제공한 사람들이 누구이고 무슨 일을 했는지도 모른다"며 다음과 같은 상소문까지 올렸다.

"신 등이 가만히 생각하건대, 궁중에서 나라나 관청에서 금품을 내려주는 데 소모된 모양인데, 받은 사람이 어떤 사람인지 자세히 알 수 없으며, 사옹원에서 천인(賤人)들에게 대접한 수효도 대단히 많아 하루 동안에 소비되는 수량이 거의 여러 백 냥에 달하는데 음식을 제공받은 사람이 어떤 사람이고 한 일이 무슨 일인지 자세히 알 수가 없으니, 진실로 작은 폐단들이 아니어서 신 등이 그윽이 의혹됩니다."

이것이 태평성대가 아니고 무엇이겠는가!

🐟 궁궐에 기생은 넘쳐나고, 백성들은 도망가고…

연산군 11년(1505) 4월 22일 연산군이 "재주 있는 가흥청(假興淸)을 뽑아 아뢰고, 흥청(興淸) 3백, 운평(運平) 1천을 이달 그믐까지 수를 채워서 결과를 문서로 작성하여 보고하라"고 명하는 등 잔치에 동원되는 기생들을 대폭 늘렸고, 이들의 뒷바라지에도 엄청난 국고가 탕진되었다. 여기서 가흥청은 전국에서 소집된 처녀로 아직 대궐에 들어가지 않은 예비 기생을 말하며, 여러 고을에서 모아둔 가무(歌舞) 기생을 운평이라고 했다. 이들 중 대궐로 뽑혀온 기생을 흥청이라고 했는데, 연산군이 직접 이름을 지어주면서 "흥청이란 사악함과 더러움을 깨끗이 씻으라는 뜻이요, 운평은 태평한 운수를 만났다"고 그 의미까지 설명해 주었다. 남들이 뭐라고 하든 연산군에게 이들은 태평성대를 상징하는 자랑거리였던 것이다.

또한 이날 연산군은 "육조 등에 임금을 섬기는 도리를 판자에 새겨서 벽에 걸어 살펴보도록 하라"고 명하는가 하면 "단오날 잔치를 위해 초대 손님을 모시고 온 종 가운데 의복과 용모가 정결한 자를 각각 2인씩 뽑아 연청(宴廳)에서 음식을 나르게 하고, 또 종들은 예절을 모르니, 예관(禮官)으로 하여금 의식을 익히도록 하라"고 명하여 외부인들까지 잔치를 지원하기 위해 동원했고, "잔치에 참석하는 여자 손님이 많아서 같은 문으로 들어올 수 없으니, 거처하는 부(部)에 따라 나누어서 한편은 창경궁(昌慶宮)의 창차비문(窓差備門)으로, 한편은 수라간의 문으로 들어오라"고 명할 정도로 궁궐 잔치에 초대받은 사람들이 넘쳐났다. 뿐만 아니라 연산군 12년(1506) 3월 27일 연산군이 "흥청 1만 명에게 지급할 잡물과 그릇 등을 미리 마련하라"고 명해 1만 명의 흥청을 지원하는 계획도 실행에 옮겨야 했다.

연산군은 궁궐 밖에서도 잔치와 사냥 등 각종 행사를 벌이며 때와 장소를 가리지 않고 사치와 낭비를 일삼았다. 이 때문에 지역의 관리들이 곤혹을 치렀지만, 그 부담은 결국 백성들에게 돌아갔다. 연산군 11년(1505) 7월 14일 "어선(御膳)에 쓸 노루를 미처 공진(供進)하지 못했다"며 과천 현감 장유(張維)를 추국하라는 명을 내렸는데, 〈연산군일기〉에는 "그때 공진을 조금이라도 늦추면 왕이 반드시 중하게 죄주고 백에 하나도 용서하지 않으므로, 수령들이 죄를 두려워하여 오로지 침탈하여 바치기에 바빠서 백성을 돌볼 생각을 하지 않으므로, 생업을 보존하는 백성이 10집에서 9집은 도망하매, 마을이 텅 비게 되어 쑥대밭만 눈에 가득했다"라는 기록도 보인다. 그럼에도 연산군에게 잔치는 일상이 되었고, 사치와 낭비는 태평성대를 의미했다. 연산군 11년(1505) 8월 12일에는 "대사례 시사관(大射禮侍射官) 및 사옹원 제조에게 오늘 장의문(藏義門) 밖 신정(新亭)에서 잔치를 내리리라. 또한 시를 잘 짓는 자는 지어 바치라"며 태평성대를 맞아 궐 밖에서 성대하게 잔치를 베풀겠다고 명하면서 다음과 같이 스스로 대단히 만족했다고 한다. 참고로 여기서 장원정은 고려 문종(文宗) 10년(1056) 도선(道詵)의 풍수설(風水說)에 근거하여 태사령(太史令) 김종원(金宗元)에게 명하여 창건한 이궁(離宮)을 말한다.

"이러한 일을, 변변치 못한 자는 임금과 신하가 향락에 빠진다고 하겠지만, 태평한 때에 상하(上下)가 서로 화목하고 조정과 민간이 모두 무사하니, 비록 화려한 잔치를 자주 베푼들 무슨 안 될 일이 있으랴. 하물며 옛 제왕(帝王)이 다 이궁이 있어 한가히 쉬는 곳으로 하기를, 당(唐)이 피서를 여산(驪山)에서 하듯 함에랴! 전조(前朝. 고려)에도 장원정(長源亭)이 있었으니, 지금의 신정(新亭) 또한 무슨 방해가 되랴."

🐟 나라를 말아먹다

연산군도 궁궐 안의 창고가 비어가는 것을 외면할 수 없었던지 지출을 줄이기 위한 명을 내린 적도 있었다. 그러나 그가 내린 조치들은 마치 소꿉장난을 하고 있는 듯했다. 예를 들면 연산군 11년(1505) 8월 29일 사옹원에서 제공하는 식수 인원의 증가로 부담이 가중되자 연산군은 "사옹원에서 음식 대접이 많고 번잡하여 감당해내지 못하니, 이제부터 재상·빈객 및 춘궁관(春宮官)들에게는 모두 공궤(供饋)하지 말라. 만약 회의로 재상이 종일 궁궐 안에 있게 되거든 각각 그 사(司)로 하여금 음식을 제공하게 하라"며 사옹원에서 재상 등에게 제공하는 식사를 중지시켰다. 이에 〈연산군일기〉에는 "이후 재상이 갑자기 부름을 받고 종일 예궐하면, 혹 때를 놓쳐서 굶어 지치기에 이르는 자도 있었다"는 기록도 보인다. 반면 연산군의 사치와 낭비는 날이 갈수록 더욱 극심해졌다. 연산군이 쫓겨난 해인 연산군 12년(1506) 1월 2일 하루 동안에 내린 지시만 보아도 그가 얼마나 독단적이고 사치와 낭비가 극심했는지를 잘 보여주고 있다.

이날 연산군은 "나라에서 쓰는 잡물을 법에 의하여 만들지 않거나 혹 마련해 올리지 못하는 자는 치죄(治罪)하게 하라"며 궁궐에서 사용되는 자질구레한 물품들까지도 제때 진상하지 못하면 죄를 물어 벌을 주라는 엄명을 내렸다. 또한 "운평악(運平樂) 등이 궁궐로 들어오는 것을 꺼려서, 재주를 시험할 때 거짓으로 잘못하는 자는 무거운 형을 가하고, 부모와 형제는 장 1백을 쳐서 전가사변(全家徙邊)하라"는 명도 내렸다. 여기서 운평악은 운평들로 편성한 악단을 말하며, 이들 중에서 선발되어 궁궐에 들어온 흥청으로 편성된 악단을 흥청악이라고 했다. 그런데 운평들 중에는 궁궐로 들어오는 것을 싫어하여 의도적으로 선발시험에서 탈락하기 위해 재주를 숨기는 자들이 있다는 사실을 알게 된 연산군은 전가사변, 즉 당사자는 물론 그 가족들까지 모두 변방으로 강제 이주시키는 형벌로 다스렸다.

또한 이날 연산군은 "운평에게 풍두무(豐頭舞)를 가르치되, 초요 경무(楚腰輕舞) 춤추듯이 하게 하라"는 명도 내렸다. 풍두무는 처용무(處容舞)를 개칭한 것이고, 초요 경무는 허리가 가는 여성이 사뿐히 추는 춤으로, "초(楚)나라 영왕(靈王)이 허리가 가는 미인을 좋아했다"는 고사에서 나왔다. 이어서 연산군은 "열흘마다 풍두무 잘 추는 자를 5인씩 간택하여 아뢰게 하라"는 명을 내렸다. 그리고 곡연을 경회루에서 열 것을 명하면서 관람을 위해 누의 북편에 세우는 건물인 채붕(綵棚)을 좌우로 나누어 세우게 했고, 승지와 재상들까지 동원하여 감독을 명하면서 매우 다그쳐 그날로 다 마쳤는데, "채붕은 한 번 보고는 곧 뜯어버렸고, 10일도 못 되어 또 이와 같이 만들었는데, 이러한 것을 다 셀 수가 없었다"고 한다.

이렇게 연산군은 나라를 어지럽히고 자기 욕망대로 권력을 휘두르다 결국 연산군 12년(1506) 9월 2일 신하들이 일으킨 정변으로 폐위되어 강화도 교동으로 쫓겨났다. 당시 30세의 한창 나이였던 연산군은 두 달 만에 역병으로 사망했고, 이후 '흥청망청(興淸亡淸)'이라는 말이 생겨났다. 이 말은 "연산군이 흥청을 데리고 놀다 망했다" 또는 "멋대로 흥(興)하더니 망(亡)했다"고 해석하며, 돈이나 물건을 아무 계획 없이 마구 써버리는 행위를 가리킬 때 주로 쓰였다.

왕의 유전자는 없다

연산군의 삐뚤어진 심성은 자신의 생모를 내쫓고 사약까지 내린 아버지 성종에 대한 반발심과도 연관 있는 것으로 전한다. 연산군 11년(1505) 12월 23일 수라상에 고기반찬이 없는 소찬이 올라오자 연산군이 크게 화를 내며 "임금이 이미 그렇게 하지 말라고 명령하였으니, 오늘은 마땅히 고기반찬을 올려야 할 것인데 감히 소찬을 올렸으니, 사옹원의 관련 자를 국문하라"고 명했다. 이날은 성종의 제삿날이라 의례에 따라 수라상에 고기를 올리지 않았고, 연산군도 이 사실을 알고 있었다. 뿐만 아니라 〈연산군일기〉에는 "이보다 앞서 신하가 왕에게 이상 징후에 대하여 경계하고 두려워하라는 뜻으로 올린 상소에서 성종을 본받으라고 많이 말했는데 왕이 듣기를 싫어하였으며, 그 소행이 무도하여 항상 성종과 반대되므로 성종을 매우 미워하고 원망하였다"고 할 정도로 연산군은 아버지 성종을 거론하는 것조차 싫어했다. 심지어 "하루는 내관 박성림(朴成林)이 세자의 처소로부터 왔다. 왕(연산군)이 '세자가 얼마나 성취하였던가?' 하매, 성림이 대답하기를 '세자의 기상이 꼭 선왕(성종)을 닮았습니다'라고 하였다. 그러자 왕은 노하여 칼을 잡고 쳐서 거의 죽었다가 다시 살아났다"고 하며, "또한 사람들이 말하기를, '왕이 궁중에서 성종의 반신(半身) 영정(影幀)을 가져다가 표적으로 삼아 활을 쏘기도 하고, 혹 크게 취하여 미쳐서 부르짖으며, 좌우에 명하여 선릉(宣陵, 성종의 능)을 파 가지고 오라 했다"는 이야기도 전한다.

그러나 연산군이 아버지에 대한 감정을 백성들에게 고통으로 되돌려 줄 이유는 어디에도 없었다. 더구나 그는 아버지와 어머니가 왕과 왕비일 때 궁궐에서 적장자로 태어나 성장하면서 처음으로 체계가 잡힌 세자 교육을 받았다. 따라서 그는 조선의 역대 왕 가운데 가장 완벽한 조건을 갖추고 태어났으며, 가장 안정적으로 성장하면서 체계적인 제왕 교육을 받았다. 그리고 당시 성인에 해당하는 18세의 나이에 성종의 뒤를 이어 즉위했다. 뿐만 아니라 국내 상황은 신생국에서 완전히 벗어나 국가의 체계가 갖추어졌고, 아버지 성종은 왕조 국가의 운영 체계를 정착시켰다. 여기에 선왕들의 노력으로 유사시에 대비해 나라의 창고를 채워두었고, 대외적으로는 신생국 조선을 끊임없이 의심하고 길들이기를 시도하던 명나라와의 외교 관계도 정상적인 궤도에 들어서서 안정을 유지했다. 그리고 태종과 세종 대에 단행된 4군 6진 개척과 대마도 정벌 등으로 수십 년간 북쪽 국경에서 여진족의 도발이 일어나지 않았고, 남쪽 해안 지방에서는 왜인들의 출몰도 잦아들었다. 따라서 나라는 최고의 안정기를 누렸고, 아주 특별한 일이 없는 한 왕권을 위협하는 일이 발생할 가능성은 거의 없었다. 연산군이 정사를 돌보지 않고 국고가 바닥날 정도로 사치와 낭비를 자행했음에도 10년을 넘게 버틸 수 있었던 것도 그 예라 하겠다. 다만 연산군은 왕으로서 재위한 것이 아니라 왕 놀이를 한 것에 불과했고, 조선이 건국되고 100여 년 동안 다져 놓은 국가의 기반을 송두리째 날려 버렸다. 그리고 조선 최초로 왕이 신하들에게 쫓겨나는, 결코 바람직하지 않은 역사적 선례까지 남겨 놓았다. 그런 점에서 연산군은 최근 주목받았던 왕의 유전자가 따로 있는 것이 아니라 '진정한 왕은 스스로의 노력으로 만들어진다'는 사실을 불행한 역사적 경험을 통해 입증해 주었다.

최고의 배려이면서
최고의 사치를 상징했던 궁궐 요리사

🐟 궁궐 요리사도 아르바이트를 했다?

　왕실에서 일하는 궁궐 요리사들은 궁궐 밖으로 파견되기도 했다. 기본적으로 왕을 비롯해 왕실 가족이 궁궐 밖으로 행차할 때, 왕이 주관하는 제사나 사신을 위해 베푸는 연회, 사냥이나 군사훈련, 식재료 구입을 위한 현지 파견 등을 꼽을 수 있다. 그리고 흔하지는 않았지만, 특별히 왕명으로 궁궐 밖의 사가(私家)를 방문하여 요리하는 일도 있었다. 예를 들면 태종 16년(1416) 11월 1일 태종이 환관 황도(黃稻)에게 약재와 반미(飯米, 쌀)를 주어 하윤(河崙, 1347~1416)의 병을 살피고 오라며 궁궐 밖으로 보냈는데, 조금 뒤 이헌(李軒)이 돌아와서 "하윤의 병이 급합니다"라고 아뢰자 태종은 곧바로 반감에게 내선(內饍, 궁중의 반찬)을 가지고 하윤의 집으로 보내면서 "아침저녁으로 내가 먹는 것과 똑같이 하라"고 명했다.

왕이 신하의 집에 음식이나 약재를 내리고 어의를 보내기도 했지만, 때로는 왕실 요리사를 직접 신하에게 보내는 일도 있었다. 왕실 요리사가 궁궐 밖으로 나가 요리를 하게 되면 챙겨야 할 도구와 절차 등 신경 써야 할 일들이 많았고, 개인을 위해 밥상을 차려준다는 것은 왕에 준하는 예우라는 점에서 각별한 의미가 있었다. 이날 태종이 궁궐의 총주방장 격인 반감을 하윤에게 보내면서 "왕의 밥상과 똑같이 하라"고 명한 것도 그 예였다. 하윤은 태종이 왕위에 오르는 과정에서 최측근으로 활동하며 공을 세웠고, 이후에도 두 사람은 각별한 관계를 유지했다. 따라서 태종은 하윤이 병으로 위급하다는 보고를 받고 궁궐 요리사를 보내 예우함으로써 마지막까지 의리를 지켰던 것이다. 참고로 하윤은 5일 후인 11월 6일 사망했다.

또한 "궁궐 요리사들이 비번인 날 권세가의 집에 불려 다녔다"는 이야기도 전하는데 궁궐 요리사들이 사가에서 인기가 좋았음을 의미한다. 궁궐 요리사가 만든 요리를 사가에서도 즐길 수 있다는 것은 누구나 누릴 수 있는 일이 아니었고, 궁궐 요리사를 개인적으로 초청할 수 있다는 것은 부와 권력 등 특별한 능력을 상징했다. 이러한 과정에서 궁궐 요리사를 통해 왕실에서 사용되던 요리법이 사가에 소개되거나 민간에서 즐기는 다양한 요리법과 재료들이 궁궐에 알려지기도 했다. 하지만 원칙적으로 궁궐 요리사들은 개인적으로 궁궐 밖에서 활동할 수 없었기 때문에 개인적으로 불려 나갔다가 논란이 되어 관련자들이 처벌받는 일도 있었다.

성종 20년(1489) 4월 1일, 사간원 정언 조구(趙球)가 "우승지 김극검(金克儉, 1439~1499)이 예빈시(禮賓寺)에서 숙수(熟手)를 빌렸는데, 예빈시 관원은 이미 청탁을 따른 죄에 저촉되었으나, 김극검은 국문하지 말라 하시니 법으로 보아 어떻겠습니까? 김극검은 왕을 가까이에서 모시는 신하로서 쪽지를 보내 청하였으니 가볍게 버려둠은 마땅하지 못합니다. 청컨대 죄를 다스리소서"라며 김극검이 왕명의 출납을 담당하는 승정원에서 일하는 지위를 이용하여 궁궐 요리사를 개인적으로 불러낸 죄를 묻지 않은 것은 부당하다고 아뢰었다. 그러나 성종은 "수라상에 음식을 차리는 종[奴]을 빌린 것이 어찌 유독 김극검만 그러하겠는가? 더구나 개인적으로 용서한 지난 일들이지 않은가?"라며 허락하지 않은 일도 있었다.

🐟 궁궐 요리사가 부와 권력을 상징하기도…

명종 20년(1565) 8월 14일 대사헌 이탁(李鐸, 1509~1576)과 대사간 박순(朴淳, 1523~1589) 등은 "윤원형의 사치가 극심하여 대체로 이 26가지 일에서 작은 것은 백성을 병들게 하고 정치를 어지럽게 할 만하며 큰 것은 국가를 패망하게 할 만합니다"라며 윤원형의 죄를 26개로 나누어 조목조목 비판했는데, 세 번째 조항에서 "사치스럽고 참람되며 능멸하고 핍박한 죄인데, 그 죄목이 3가지가 있습니다"라며 다음과 같이 비판했다.

"하나, 여자가 부엌일을 맡는 것은 가정의 일상적인 일인데 궁궐에서 수라상을 준비하듯이 요리사를 따로 두었고, 호화롭고 큰 상에는 팔진미(八珍味)를 고루 갖추어 하루에 만 전(萬錢)씩을 소비하면서도 항상 하증(何曾)이 수저 둘 데 없다고 탄식하듯 했습니다.
하나, 사복시의 타락죽(駝酪粥)은 상공(上供)하는 것인데 임금께 올릴 때와 똑같이 낙부(酪夫)가 기구(器具)를 가지고 제 집에 와서 조리하게 하여 자녀와 첩까지도 배불리 먹었습니다.

하나, 집에는 비단으로 만든 휘장을 치고 금은으로 꾸민 그릇을 사용하였으며 사치스러운 가구와 집기는 임금에게 비길 만하고 첩들의 사치한 복식은 대궐보다 지나쳤습니다."

윤원형은 중종의 계비 문정왕후의 동생으로 "위력과 권세가 높아지자 뇌물이 폭주해, 성안에 집이 열여섯 채요, 남의 노예와 논밭을 빼앗은 것은 이루 헤아릴 수 없었다. 살리고 죽이고 주고 빼앗는 것이 다 윤원형의 손에서 나왔다. 또 아내를 내쫓고 기생첩 정난정(鄭蘭貞. ?~1565)을 문·무 관리의 적처에게 내린 정1품의 정경부인(貞敬夫人)에 봉하니, 권력을 탐하는 조정의 대신들은 그 첩의 자녀와 혼인을 하였다"고 비판할 정도로 권력의 전횡이 극에 달했던 인물이다. 그리고 "하증이 수저 둘 데 없다고 탄식했다"는 말은 지나치게 사치스러운 식생활을 비판할 때 쓰는 말로, "진(晉)나라 하증이 사치를 좋아하여 휘장과 장막 그리고 수레와 의복을 몹시 화려하게 꾸몄을 뿐만 아니라 음식도 임금보다 더 사치스럽게 하여 밥상을 차리는데 하루에 만 전이나 되는 막대한 돈을 소비하면서도 밥상에서 수저가 갈 만한 곳이 없다'고 말한 것에서 유래했다. 팔진미 역시 중국에서 '성대하게 음식상을 갖춘다'고 할 때 진귀한 여덟 가지의 아주 맛 좋은 음식을 말하며, 타락죽은 쌀을 갈아서 우유를 넣고 끓인 죽으로 당시에는 대단히 귀한 음식이었고 조선 왕실의 대표적인 보양식 중 하나였다.

이처럼 윤원형은 "음식 장만에 돈을 물 쓰듯이 하면서 감히 사가에 궁궐 요리사를 두었고, 그릇과 장식까지 왕의 밥상보다 더 화려하게 치장했다"고 비판받을 정도로 사치와 낭비가 도를 넘었다. 대신들은 이런 윤원형에게 "중벌을 내리고 귀양을 보내야 한다"고 강력하게 주장했으나 명종이 허락하지 않았다. 대신들도 물러서지 않았고, 사헌부와 사간원이 앞장서서 매일같이 주청을 올리자 일주일 만에 명종은 "공론이 이 지경에 이르렀는데 어떻게 공신의 작위와 봉록을 보존할 수 있겠는가. 파직하라. 귀양 보내는 것은 윤허하지 않는다"라고 답했다. 그러나 이번에는 승정원까지 나서서 대간들의 말을 따라야 한다고 주청하여 결국 윤원형은 관직을 삭탈당하고 향리로 쫓겨나 강음(江陰, 황해도 금천)에 은거하다가 사망했다.

🐟 단지 요리를 했을 뿐입니다

왕과 왕실 음식을 담당하는 요리사들은 물론 궁궐 요리사들은 궁궐이 원활하게 돌아갈 수 있도록 제때에 필요한 양의 먹거리를 제공하기 위해 격무에 시달렸다. 그럼에도 관리들이 개인적으로 하는 부탁을 거절하기가 쉽지 않았다. 천민 출신인 요리사들이 궁궐에서 일하면서 관리들의 공적인 명령과 사적인 부탁을 명확하게 구별하여 일하는 것이 쉽지 않았고, 별도의 대가를 받거나 추후 어떤 방식으로든 편의를 봐주는 일도 있었기 때문이다. 요즘으로 말하면 일종의 보험을 들어 놓거나 아르바이트를 하는 일에 해당했다. 그러나 공식적인 거래가 아니었기 때문에 물의가 생기기도 했고, 때로는 목숨이 위태로울 정도로 위험에 빠지는 경우도 있었기에 점차 몸을 사리는 요리사들이 생겨났다.

광해군 10년(1618) 9월 16일 광해군은 "무릇 궐내의 하인에 대해서는 비록 사법부라 하더라도 반드시 왕에게 먼저 보고한 뒤에 가두어 다스리는 것이 관례이다"라며 경평군(慶平君) 이륵(李玏, 1600~1674)을 추고하라고 명했는데, 그 이유는 다음과 같다.

> "빈궁(嬪宮)의 반감 임백(林栢)이 무슨 일을 범했는지 모르겠지만, 궐내에서 나갈 때에 경평군이 사삿집으로 붙잡아가서는 마구 때려서 매우 상해를 입혔고, 때린 뒤에는 또 자기 집에 가두어두고 놀랄 만큼 잔혹한 짓을 해서 거의 죽을 지경에 이르렀다고 하는데, 이는 예전에 있지 않았던 일이다. 매우 놀랍고 괴이한 일이니, 추고하라."

경평군 이륵은 선조의 11남으로 광해군의 이복동생이다. 그리고 임백은 세자빈의 수라간에서 일하는 조리사였다. 그런데 이유를 알 수 없지만, 경평군이 임백을 무참하게 구타할 정도로 대단히 화가 난 이유는 아마도 개인적으로 요리를 부탁했으나 임백이 거절하여 경평군이 무척 자존심이 상했던 것으로 보인다.

이 일로 임백의 구타에 참여한 경평군의 노비들이 모두 잡혀 옥에 갇혔다. 그러나 경평군은 조사만 받았을 뿐 처벌받지는 않았다. 이 때문에 사헌부에서 경평군의 삭탈관직을 수차례 청했으나 광해군은 오히려 "경평군의 가노(家奴)를 모두 가두었다고 하는데, 나이 어린 왕자가 비록 잘못이 있다 하더라도 혹 추고하여 잘못을 뉘우치게 하면 된다. 그 가노까지 가두는 것은 온당하지 못한 일인 듯하다. 모두 석방하라"고 명했다. 그러나 사헌부에서는 계속해서 경평군의 삭탈관직을 청했고, 광해군은 "경평군은 나이가 어려서 이와 같은 것이니, 놔두는 것이 좋겠다. 어찌 삭탈까지 할 것이 있겠는가?"라며 끝내 허락하지 않았다.

명종 즉위년(1545) 9월 5일 홍언필(洪彦弼, 1476~1549) 등이 명종에게 역모 사건의 연루자들을 보고했는데, 여기에는 "반감 오순복(吳順福)과 각색장 오연개(吳連介)가 역모를 모의한 이유(李瑠, 1502~1545)의 집을 왕래했다"며 수라간에서 일하는 요리사들이 포함되어 있었다. 그러나 오순복은 "신은 숙수(熟手)가 직업이기 때문에 이유가 과자를 만들거나 음식을 만드는 일로 사람을 시켜 부르면 가끔 그의 집에 가기는 했습니다. 그러나 용렬한 천인이라서 그가 말한 것과 윤임(尹任, 1487~1545)과 동모(同謀)한 일은 전혀 모릅니다"라며 단지 요리를 하기 위해 이유의 집을 왕래했을 뿐이라고 주장했다. 조사 결과 오순복과 오연개는 혐의가 없어 석방되었지만, 이 사건은 궁궐 요리사들이 때로는 본인의 의지와 상관없이 정치적 사건에 휘말릴 수 있다는 예였다. 당시 역모 사건의 주모자로 지목된 이유는 성종의 형인 월산대군의 손자였고, 중종의 계비 장경왕후(章敬王后)의 오빠인 윤임의 조카였다. 이 사건은 "윤임이 이유를 왕으로 추대하려고 했다"는 고변에서 시작되었고, 명종 즉위년(1545)에 소윤을 대표하는 윤원형과 그 일파가 대윤 일파를 숙청하면서 대윤을 이끌던 윤임이 남해로 귀양 가다 충주에서 사사(賜死)된 을사사화(乙巳士禍)로, 많은 사람들이 처형된 초대형 사건이었다.

5부

왕의 밥상에서
권력이 나온다?

왕의 밥상으로
내시부가 부상하다

🐟 왕의 식생활과 권력의 관계는?

궁궐에서 왕을 비롯한 왕실의 요리를 담당한 공식 기구는 사옹원이며, 이조(吏曹)의 산하에 있었다. 사옹원에서는 전문성을 갖춘 요리사를 비롯해 많은 사람들이 일했다. 그러나 이들이 모두 한곳에서 음식을 만드는 일에 참여한 것은 아니었다. 왕은 물론 왕실 가족들은 겸상을 하지 않고 각자 수라상을 받았기 때문에 평상시 왕이 거처하는 대전을 비롯해 대비와 왕비가 머무는 대비전과 왕비전 그리고 세자와 세자빈이 머무는 세자궁과 빈궁에 각각 배치되어 수라상을 차렸다. 사옹원에서 옹(饔)은 '음식물을 잘 익힌다'는 뜻으로, 《주례》에서는 '할팽전화(割烹煎和)'라고 해서 '고기를 썰어서 삶고 간을 맞추는 일'을 말하는데 모두가 요리와 관련이 있었다. 그리고 사옹원에서는 식재료를 구하고 다듬는 일에서부터 쌀을 씻고 물을 끓이며 고기를 굽고 반찬을 만드는 등 수라상을 차리는 모든 과정이 철저하게 분업화되었고, 관련 부서들의 지원을 받는 등 진행 절차가 복잡했다.

수라상을 올리는 과정에서 내시부(內侍府)의 역할도 중요했다. 내시부는 환관들이 소속된 부서로, 공민왕 5년(1356)에 설치되었다. 이후 원나라 세력을 등에 업고 권력을 남용하는 내시들이 등장해서 비판을 받다가 결국 우왕 때 폐지되었으나 공양왕 때 다시 설치되었다. 조선이 개국한 후에는 태조가 "모든 환관을 없애거나 도태시킬 수는 없다"며 태조 1년(1392) 내시부를 설치했다. 하지만 당시 관리들 사이에서 "환관들에게 문(門)을 지키고 청소 임무만 전담시키게 하여 관직은 일절 주지 말자"는 여론이 강력하게 대두되었다. 이러한 여론이 대두된 가장 큰 이유는 고려 때 이미 환관들의 세력화를 경험했기 때문에 조선에서는 이러한 폐해가 다시 발생하지 않도록 환관들의 정치참여는 물론 권력과 가까워지는 것을 철저하게 통제했던 것이다.

《경국대전》에 따르면, 내시부의 정원은 140명이었고, 주요 역할은 궐내 음식물 감독·왕명 전달·궐문 수직·청소 등이었다. 그러나 실제로는 환관들이 궐내의 모든 잡무를 담당했고, 왕과 왕실의 식생활과 관련한 임무도 수행했다. 특히 사옹원에서 궁궐 내에 있는 주방 조직 체계를 전체적으로 관리 감독했다면, 내시부는 왕을 비롯해 왕실의 식사를 준비하는 과정을 관리 감독하게 된다. 그리고 환관들은 왕실에 필요한 채소와 과일을 재배하는 내농포에서도 일했고, 사옹원과는 별개로 궁궐에서 술을 빚는 일과 다과를 준비하는 일을 내시부에서 직접 운영하는 등 왕과 왕실의 식생활과 관련해서 내시부의 임무가 구체화되면서 점차 힘도 실리게 된다. 참고로 음식물과 관련해서 내시부 소속 환관들이 수행했던 주요 임무의 예는 다음과 같다.

상선(尙膳)	종2품	2명	내시부 총괄 및 왕실 음식에 관한 일의 책임자
상온(尙醞)	정3품	1명	왕에게 올리는 술 빚는 일 관장
상다(尙茶)	정3품	1명	다과를 준비하는 일 관장
상약(尙藥)	종3품	1명	내의원 일과 연계되어 왕에게 약을 처방하고 올리는 일 담당
상호(尙弧)	정5품	4명	왕비전 주방(酒房) 담당 환관이 포함됨
상세(尙洗)	정6품	4명	1명은 대전에서 쓰는 그릇과 사무를 담당 문소전의 진지·세자궁의 주방·빈궁의 주방 각 1명이 담당

🐟 사용원에도 환관들이 진출하다

성종 즉위년(1469)에 내시부 소속 환관은 4품을 넘지 않도록 제한했고, 4품 이하는 근무 기간에만 녹봉을 받는 체아직(遞兒職)이었다. 이들은 돌아가면서 관직을 제수받았으며, 문·무관의 근무 일수에 따라 품계를 올려 받았다. 환관들의 복무 태도는 승정원에서 감독했고, 3품 이상은 왕의 특지가 있어야 승진이 가능했다. 그러나 내시부에 최고 품계인 종2품 상선을 2명 둔 것 외에는 그 이상 승진할 수 없도록 법으로 규정해 놓았다. 이러한 조치들은 모두 환관들의 세력화를 차단하려는 의도와도 연관이 있었다.

내시부 상선 가운데 1명은 내시부사로 내시부 전체를 책임지고 관할

하는 우두머리였고, 다른 1명은 수라간을 지휘하여 왕과 왕실의 식사를 챙기는 일을 책임졌다. 2명의 상선은 번갈아가며 당직을 섰다. 궁궐에서 음식을 담당한 사옹원의 총책임자였던 제거(提擧)가 정 또는 종 3품으로, 종2품인 내시부 상선의 품계가 더 높았던 것은 왕과 왕실의 식사를 챙기는 내시부의 역할이 대단히 중요했음을 의미했다.

《경국대전》〈형전(刑典)〉에는 "궐내 각 차비(闕內各差備) 중 다인청(多人廳)에 소속된 인원이 있었다"는 기록도 보인다. 궐내 각 차비는 조선시대 궁궐에서 잡역에 종사하던 관노(官奴)로 차비노의 하나다. 차비(差備)는 채비라고도 하여 '일을 준비하거나 맡긴다'는 뜻으로 심부름하는 하인을 의미했다. 이들은 모두 남성으로, 담당자가 노비이면 차비노(差備奴), 관원(官員)이면 차비관(差備官)이라고 했다.

차비노는 궁궐에서 반찬을 담당하는 반감(飯監), 고기를 다루는 별사옹(別司饔), 물 끓이는 탕수색(湯水色) 등 수라간에서 일하는 15종이 있었고, 후에 24종으로 늘어났다. 그리고 문소전(태조와 신의왕후의 위폐를 모신 사당)·대전·왕비전·세자궁에 390명이 배치되어 잡역을 맡았던 것으로 전하며, 이들 중에는 다인청에 소속된 자들도 있었다.

다인청은 다인방(多人房)이라고도 하며, 조선시대 환관들의 처소를 말한다. 세종 때는 다인청이 내시부와 혼용되기도 했으나 다인청은 환관들의 처소이고, 내시부는 직제상의 명칭을 말한다. 따라서 다인청에 소속된 노비 역시 내시부에 소속된 환관이었다. 이들은 왕을 비롯해 왕실의 수라상을 준비하는 과정에서 다양한 임무를 수행했다. 참고로 차비노와 관련한 내용을 도표로 정리하면 다음과 같은데, 《경국대전》〈형전〉에 따르면 ( )에 있는 인원이 다인청 소속이고, 양궁(兩宮)은 각각 세자와 세자빈이 거처하는 궁을 말한다.

담당자	담당 업무	문소전	대전	왕비전	세자궁
반감(飯監)	조리 지휘	2	6(4)	4(2)	4(2), 요즘의 주방장
별사옹(別司饔)	고기 요리	4	14(8)	6(2)	4(2), 양궁이면 2명을 더 둠
상배색(牀排色)	음식상 차리기	4	10(8)	4(2)	4(2)
탕수색(湯水色)	물 끓이기	4	14(10)	4(2)	4(2), 양궁이면 2명을 더 둠
적색(炙色)	생선 요리	4	6(2)	4(2)	4(2)
반공(飯工)	밥 짓기	6	12(10)	6(4)	6(4)
포장(泡匠)	두부 제조	4	2	2	2
주색(酒色)	술 담당	4	4	2	2
다색(茶色)	차 담당	2	4	2	2
병공(餅工)	떡 제조	4	2	2	2, 양궁이면 2명을 더 둠
증색(蒸色)	찜 요리	4	10(8)	4(2)	4(2)
등촉색(燈燭色)	등불·촛불 관리	–	4	4	2
성상(城上)	그릇 관리	4	34(26)	8(4)	10(4)
수복(守僕)	소제	4	–	–	–
수공(水工)	물 긷기	2	18(12)	6(2)	2, 양궁이면 2명을 더 둠

내시부가 실질적으로 사옹원을 장악하다

사옹원 소속으로 실제로 요리를 담당하는 관원으로는 반감과 각 색
장 그리고 그 밑에 숙수들이 있었다. 반감은 잡직의 하나로 왕과 대비, 왕
비 등의 거처에 있는 수라간에서 음식을 조리하는 책임자를 말한다. 그
리고 반감 아래에는 위의 표처럼 별사옹·적색·반공·주색·병공 등 요리

과정에서 각각의 임무를 수행하는 조리사들이 있었다. 반감은 이들을 지휘하여 요리를 준비했다는 점에서 오늘날의 주방장에 해당했다. 이들은 궁중 차비노의 미천한 신분으로 비록 잡직이었지만, 궁중에서의 특수한 직무 때문에 품계와 직위가 주어졌다.

다인청에서 차출된 궐내 각 차비들 역시 비록 내시부에 소속된 천민 출신으로 궐내의 하급 잡무를 수행했지만, 대전을 비롯해 각 전의 수라간에서 음식 조리에도 참여했다. 예를 들면 고기 요리·물 끓이기·상차리기·생선 요리·밥 짓기·찜 요리·그릇 관리·물 긷기 등 담당 업무가 대단히 정밀하게 분업화되어 있었으며, 업무 분장에 따라 조직적으로 움직였다. 이외에도 연산군 10년(1504) 3월 9일에는 연산군이 "내관(內官) 임세무(林世茂) 등이 왕을 비롯해 왕비와 왕대비들이 거처하는 대내(大內)의 고양이로 사옹원에서 쥐를 잡다가 고양이를 놓쳤으니, 금부(禁府)에서 형장 심문하도록 하라"고 명했다는 기록이 보이는 등 내시부 소속 환관들은 사옹원에서 다양한 임무를 수행했다.

내시부 소속 환관들은 시간이 지나면서 음식을 조리하는 요리사 역할도 수행했고, "내시부가 사옹원을 실질적으로 관장하고 있었다"고 할 정도로 사옹원과 밀접한 관계를 유지했다. 사옹원에서는 내시부 소속으로 어선, 즉 왕을 비롯해 왕실에 올리는 음식을 담당하는 환관 설리(薛里)도 주목을 받았다. 설리는 '돕는다'는 뜻으로 몽골어에서 유래한 것으로 전한다. 설리는 사옹원과 함께 왕에게 계절에 맞는 음식과 입맛에 맞는 음식을 올려야 하는 임무를 수행했다. 설리는 다음 표와 같이 종4품에서 정7품까지 내시부에 소속된 환관들이 진출할 수 있었는데, 이들의 주요 임무를 감안하면 설리직의 능력과 중요성을 미루어 짐작할 수 있다.

상책(尙冊)	종4품	정원은 3명, 궁중에서 쓰이는 서적을 관리
상호(尙弧)	정5품	정원은 4명, 대전의 궁시(弓矢)를 관리
상탕(尙帑)	종5품	정원은 4명, 궁궐의 재화를 관리
상세(尙洗)	정6품	정원은 4명, 대전의 그릇을 관리
상훤(尙烜)	정7품	정원은 4명, 취화(取火)의 임무를 맡음

　또한 내시부 소속 환관으로 설리의 우두머리를 도설리(都薛里)라고 했는데, 사옹원에서 이들의 역할도 대단히 중요했다. 대표적인 예로 사옹원에서는 본래 궁궐에 진상되는 품목들의 수납과 지출을 도제조 감독 하에 관원 및 서리가 담당하는 제도가 있었으나 제대로 감독이 이루어지지 않자 내전의 도설리가 왕과 왕실의 식사 시중을 드는 과정에서 자연스럽게 관여하게 된다. 이후 도설리가 중심이 되어 사옹원의 진상 출납을 실질적으로 관장하게 되면서 "왕의 밥상에서 권력이 나온다"고 할 정도로 막강한 권세를 부리기도 했다. 왕실 종친이나 왕의 측근이 맡았던 사옹원 제조가 이들을 견제하는 역할을 했지만, 이들의 권력을 완전하게 견제하지는 못했다.

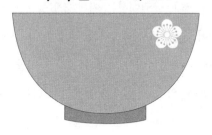

내시부 설리들이 주목받은 이유는?

🐟 업무의 확장은 권력과 비례했다?

조선시대에는 국경 안의 모든 땅과 그곳에서 생산되는 모든 것이 원칙적으로 왕의 소유였다. 따라서 전국에서 생산되어 진상된 물품들은 엄격한 법에 따라 집행되었고, 여기에는 국가에 내는 세금이면서 동시에 왕에게 진상하는 예물의 성격도 담겨 있었다. 《경국대전》에는 왕실 밥상을 차리기 위한 식재료 조달에서부터 관리와 감독에 관한 구체적인 규정들도 담겨 있다. 예를 들면 어느 지방에서 언제, 무엇을 얼마만큼 진상해야 하는지를 비롯한 진상품 관련 내용과 궁궐에서 진상된 물품을 누가 어떻게 검수하여 수납하는지 등 다양한 관련 업무와 담당자들에 대한 내용이 있으며, 또한 이상기후로 특정 물품을 확보하기 어렵게 되면 품목을 변경해 주거나 수량을 조정해 주고, 바뀐 특산물이 해당 지역에서 생산되지 않을 경우 다른 지역에서 구입하여 진상할 수 있는 등의 예외 규정도 보인다.

전국 각지에서 철마다 생산되는 물품을 시기에 맞춰 수납하여 신선하게 보관하다가 요리에 사용할 수 있도록 지원하는 진상품의 보관과 출납의 임무도 대단히 중요했다. 궁궐에서는 이러한 일을 원활하게 수행하기 위해 다양한 부서들이 운영되었는데, 왕실 밥상을 차리는 과정에 직접 관여했던 설리와 이들의 우두머리인 도설리 그리고 이들이 소속된 내시부의 역할도 주목받았다. 왕을 비롯해 왕실에서 일하는 설리들은 각 전(殿)의 입맛을 고려하여 특별한 식재료 확보를 위해 직접 현지에 파견되는 등 종종 특별한 임무를 수행하기도 했다. 사슴 꼬리와 혀를 즐겨 먹었던 연산군을 위해 특별히 설리 내관이 이를 사들였던 것도 그 예였다. 뿐만 아니라 이들이 소속된 내시부는 식재료의 품질과 조리한 음식 그리고 요리 도구의 청결 상태 등을 검사했고, 이 과정에서 내시부가 사용원의 식재료 출납과 조리 업무까지 대신하여 지휘 감독하게 되면서 부담이 가중되기도 했다. 식재료가 상하거나 요리 과정에서 이상이 생긴 음식을 먹고 탈이 나면 관계자들에게 엄하게 죄를 물었고, 심한 경우 목숨을 잃는 일도 있었기 때문이다.

이외에도 왕실 재정의 관리를 맡아보던 내수사(內需司)에서 왕실의 사유재산도 관리했는데, 왕실을 위해 일하는 내관이 겸직하기도 했다. 특히 이들이 소속된 내시부의 최고 책임자 상선은 단순히 물선을 감독하는 일로 끝나지 않고 공납에도 관여했다. 내시부 상선의 임무는 왕실의 일상생활에 필요한 물품을 공급하는 것이었으나 왕실의 사유재산을 따로 구별해서 사용하기가 말처럼 쉽지 않았기 때문이다. 뿐만 아니라 왕실 물선

출납을 담당했던 감찰과 봉상시 관원들이 제대로 물품을 관리하고 감찰하지 못해 대전 또는 문소전 설리가 출납을 관장하게 되는 등 내시부가 감독해야 할 실질적인 업무가 점차 확대되어 권한과 책임도 점차 증가되었다.

🐟 때로는 목숨이 달려 있기도…

중종 22년(1527) 4월 28일 대사헌 한효원(韓效元, 1468~1534)이 "전에 함경도 감사로 있을 때 진상하는 고기를 얇게 저며 나무 꼬챙이에 꿰어서 말린 쾌포(快脯)에 고을 이름을 새기게 한다는 말을 듣고 매우 놀랐으나 그 이유를 한양에 돌아와서야 알게 되었다"면서 중종 20년(1525) 10월에 동궁이 식사를 끝낸 밥상을 세자를 시위(侍衛)하던 익위사 관원(翊衛司官員)과 하인에게 내렸는데 이를 먹은 사람들이 모두 기절했다가 다시 살아났던 일을 다시 거론했다. 그러자 중종은 "바닷물에 이변(異變)이 있을 때 잡은 물고기를 백성들이 먹고서 해를 당한 일이 있었다. 어떤 사람이 이런 사실을 말하기에 바닷물에 이변이 있을 때는 그 이변이 없어진 뒤에 봉진(封進)하도록 하라는 유지(諭旨)를 내린 일이 있었다"고 예전에 들었던 이야기를 전하면서 "따라서 포육(脯肉) 역시 외방에서 삼가지 않은 탓으로 잡된 고기가 들어갈까 의심스러워 고을 이름을 새겨 봉진하도록 하유하였다"고 육포에 고을 이름을 새기게 된 이유를 설명했다. 그런데 육포만 문제가 있는 것이 아니었다.

이듬해인 중종 23년(1528) 2월 8일 세자가 식사를 하고 물린 상에서 남은 음식을 먹은 하인 6~7인이 구토를 하거나 복통을 일으키는 일이 발생했다. 중종은 "전에도 이런 일이 있었으나 당시에도 추고했어야 하는데 어느 도에서 봉진한 것인지 몰랐으므로 하지 못하였다"며 다음과 같이 엄명을 내렸다.

"이 물품은 오늘 아침 밖에서 들여다 쓴 것인가? 안에 들어온 지 오래된 것인가? 먹은 자는 이것만 먹었고 달리 아무것도 먹지 않았는가? 그리고 이 식해는 어느 도 어느 고을에서 봉진한 것인가? 즉시 설리를 불러 자세히 물어서 아뢰라. 이 같은 일이 동궁에서 늘상 발생하고 있는데, 만약 세자가 이를 먹었다가 이같이 되었다면 매우 경악할 일이다. 도설리와 설리 등을 금부에 내려 추고하라. 또 나머지 식해를 다른 사람에게 먹여서 시험하라."

조사 결과 식해에 이상이 있었던 것으로 밝혀지자 중종은 그 책임을 물어 "세자궁의 도설리를 비롯해 설리·반감·상배색을 추고하라"고 명했다. 이처럼 궁궐에 공납하는 물선의 경우 각별한 신경을 쓴다고 해도 변수가 많았다. 더구나 보관하고 관리하는 과정에서 서로 뒤섞여 예상치 못한 일들이 발생할 수 있었고, 모든 물선에 고을 이름을 새기는 것도 불가능했기에 사고 위험을 완전히 차단하는 것은 물론 사후에 책임자를 가려내는 것도 쉽지 않았다.

고종 40년(1903) 11월 15일 고종의 밥상에 생홍합을 올렸는데 꼼꼼하게 손질하지 않아 모래가 섞여 들어간 것을 고종이 먹고 이[齒]가 상한 일도 있었다. 대신들은《대명률(大明律)》에 의거해서 관련자들에게 죄를 물어야 한다며 "숙수 김원근(金元根)과 사환 김만춘(金萬春)은 태(笞) 100대와 징역 3년에 처하고, 요리사의 우두머리인 숙수 패장(熟手牌將) 김완성(金完成)과 규장각 잡직인 각감(閣監) 서윤택(徐潤宅)은 태 90대와 징역 2년 반에 처하는 것이 어떻겠습니까?"라고 아뢰었고, 고종은 "아뢴 대로 하되 모두 유배로 바꾸고 김완성은 면역(免役)시키도록 하라"고 명했다.

🐟 세조가 반찬 투정을 했다?

세조 12년(1466) 8월 21일 세조가 "사옹원 관리와 설리 등이 물선을 임금에게 바치는 것을 필요하게 않은 일로 여기고서 계절이 돌아왔음에도 김치와 젓갈을 한 번도 공진(供進)하지 않았으며, 또 모든 물선을 마음 내키는 대로 삶고 구워서 점차로 그전과 같지 못하여 불경함이 너무 심한데도, 본원(本院)의 제조(提調)는 소홀히 하여 단속하지 않았다"며 관련자들을 추핵(推劾)하라고 사헌부에 명한 일도 있었다. 여기서 공진이란 '왕에게 음식을 바치는 것'으로, 세조가 이어서 "경기 관찰사와 중앙과 지방에 두었던 종5품의 관직인 도사(都事) 그리고 해당 지역 수령 등은 서리가 내린 지도 이미 오래되었는데 지금까지 새로 난 게[蟹]를 올리지 않았으며, 청게[靑蟹]에 이르러서는 한 번도 공진하지 않았으니, 모두가 부당한 일이므로 추핵하여 아뢰라"고 명한 것으로 보아 세조는 '철이 되었는데 왕에게 올리는 밥상에 젓갈 등을 올리지 않는 등 성의를 보이지 않았다'고 반찬 투정을 한 것이 아니라 중앙과 지방의 관리들이 철 따라 정기적으로 바치는 공물에 대한 일을 제대로 수행하지 않았다는 공적인 문제를 지적한 것이었다. 달리 말하면 왕의 밥상은 단순히 왕 개인이 누리는 사적인 특권의 상징이 아니라 공납과 관련하여 중앙과 지방 관리들의 임무 수행 등 국정이 제대로 돌아가고 있는지를 점검할 수 있는 기회이기도 했다.

세조보다 앞서 세종 30년(1448) 2월 13일 세종이 왕실의 제사에 사용되는 제수용품과 관련해서 "철 따라 나는 물건을 먼저 신위(神位)에 올리는 것은 실로 중요한 일인데, 지금 여러 도에서 철에 따라 올리는 물건이 혹 신위에 올리기 적합하지 아니하거나, 혹 빠뜨리고 올리지 아니하거나 하여, 신하로서 임금을 봉양하는 의리에 어긋남이 있다"며 사옹방이 제대로 일을 하지 않는다고 지적하면서 다음과 같이 명한 일도 있었다.

> "금후로는 새로 난 과실이나 농산물을 신위에 올리는 계절에는 사옹
> 방에서 물품의 질을 살펴서 장부에 기록하여 두고, 철이 지난 뒤에 그 물
> 품 등급의 높고 낮은 것을 조사하여, 그 상품에 들지 못한 것과 올리는 것
> 을 빠뜨린 자는 승정원에 고하여 소관 관청에 내려 국문하게 하도록 이미
> 예조와 사옹방에 지시를 내렸노라. 대개 지역에서 생산되는 물품은 다르지
> 아니한데 좋고 나쁨이 같지 아니함은 사람이 마음을 쓰고 마음을 쓰지 않
> 기 때문이니, 경들은 그것을 더욱 삼가라."

사옹원에 진상되는 물선의 종류와 수량에 대한 구체적인 자료가 전하지 않아 자세한 내용은 알 수 없지만, 대부분 각 지역의 토산물을 현물로 받아들이는 세제(稅制)인 공납(貢納)에 포함되어 있었다. 그리고 곡물류·과실류·임산물류·조류(鳥類)·수류(獸類)·어물류·광물류·목재류·포

류·모피류 등 수백 종의 품목 가운데 식용이 가능한 물산은 모두가 사옹원의 식재료가 될 수 있었던 것으로 전한다. 그중에서도 기본적으로 사옹원이 공납으로 확보하는 식재료는 채소·과일·어물·육류 등 대부분 건물(乾物)이었고, 생물(生物)은 일정 기간 생존이 가능한 조류 또는 수류가 해당했다. 그런데 공납이 제때 이루어지지 않거나 상태가 좋지 않은 것을 올린다면 당연히 요리는 물론 밥상이 부실하거나 위생 문제가 발생할 수도 있었다. 더구나 제사를 중요한 의례로 받드는 유교 사회에서 제사상에 올리는 제물에 성의가 부족하다는 것은 국정이 제대로 돌아가고 있지 않다는 반증이기도 했다.

🐟 군사를 동원하고 말을 배정하는 특권까지

진상품의 신선도를 유지하는 것도 대단히 중요했다. 물품에 따라 관리하는 방식이 다양했고, 대단히 까다로웠기 때문이다. 예를 들면 육류는 수류의 고기이며, 날고기인 생물과 마른 고기인 건물로 구분했다. 생물은 생포한 짐승 또는 그 생육(生肉)을, 건물은 생육을 말려 가공한 포를 말한다. 그리고 전자는 개·노루·사슴 등과 그 생육을 가리키며, 후자는 사슴 꼬리·사슴 머리·사슴 혀·노루 고기 포·사슴 고기 포·소고기 포 등 가공한 육류를 말한다. 물론 육류는 마른 것보다 날고기를 진상할 경우 손이 많이 갔다. 그리고 신선한 상태로 궁궐까지 운반하여 보관해야 하는 어류는 더 많은 신경을 써야 했다. 강원도의 생어육, 삼남(三南) 지역의 은구어의 경우 얼음에 저장하여 수송했으나 함경도의 생문어는 얼음에 저장해도 한양에 도착하는 동안 부패했고, 강원도에서 진상한 송어가 전부 부패해 수송 책임자를 처벌한 일도 있었다. 이 때문에 진상품의 신선도를 유지하기 위해 석빙고를 축조하여 운영하는 지역들도 생겨났다. 경북 안동에서는 낙동강에서 많이 잡히는 은구어를 왕에게 진상하기 위해 영조 때 현감으로 부임한 이매신(李梅臣)이 1737년부터 1740년까지 3년 동안 자신의 녹봉으로 석빙고를 지었다는 기록도 보인다. 이후 석빙고는 안동댐 건설로 수몰되어 1976년 안동시 성곡동 안동민속박물관의 야외박물관으로 옮겨졌다. 그리고 궁궐에서도 왕실에서 사용하는 얼음을 보관하고 관리하는 내빙고라는 관청이 있었고, 사옹원에서는 신선한 해산물을 확보하기 위해 경기도 안산(安山)에 분원(分院)을 설치하여 운영하면서 내부에 조기를 잡아 보관하는 저장고를 두었다.

이외에도 궁궐에서 수납한 식재료는 기본적으로 보관할 수 있는 것과 없는 것을 분류했고, 보관할 수 있는 것들도 기간과 보관 방법이 각기 달랐다. 이 때문에 진상하는 시기와 보관기간 등을 고려해서 재료에 따라 시기를 정해 놓고 수납했고, 보관기간이 짧거나 곧바로 상하는 재료는 어떻게 사용할지를 신속하게 결정해야 했다. 특히 이러한 과정을 실질적으로 관리 감독하는 설리와 도설리 등이 소속되어 있는 내시부에서는 각별한 관심을 기울여야 했다.

또한 식재료의 운반에는 기본적으로 말이 이용되었다. 따라서 필요할 때마다 말을 지원하면서 무리하게 운영하지 않도록 관리하는 일도 중요했다. 왕실에 과일과 채소를 지원하는 내농포의 경우 무려 20필의 말을 지원했는가 하면, 태종 14년(1414) 9월 14일 "각 도 수군도절제사에게 명하여 월선(月膳)을 바치지 말게 하고, 또한 함길도 찰리사에게는 석 달에

한 번씩 진선(進膳)하게 하라"고 태종이 직접 명한 일도 있었다. 여기서 월선은 각 도에서 매달 1일과 15일에 진상하던 소선이나 육선으로 반찬거리를 말한다. 당시 전라도·경상도 양도 감사와 병마·수군 양 절제사가 모두 월선을 바쳤는데, 역마(驛馬)가 지쳤기 때문에 진선하는 기간을 조정해 준 것이다.

식재료 확보와 운반을 위해서 수라간은 물론 내시부 소속 환관들에게도 별도로 말을 배정해 주었는데, 영조 28년(1752) 1월 16일 영조가 그동안의 관련 기록을 열람하고 나서 "내시가 타는 말은 본래 그 숫자가 정해져 있으니 일체 그 숫자에 따르게 하라"며 입파(入把)하는 말의 숫자를 정하라고 명한 일도 있었다. 여기서 입파는 관청에서 긴급하게 필요할 일에 대비하여 말을 준비해 두는 것으로, 파(把)는 '말의 대기' 또는 '대기하는 말'이라는 뜻이고, 입마(立馬)는 각 역에서 역마를 길러 공용(公用)에 바치는 것을 말한다. 따라서 이날 영조가 직접 병조에 다음과 같이 명한이유는 이들에게 지원되는 말이 규정보다 과하게 운영되었던 것으로 판단했기 때문이다.

"내수사에서 제사에 쓰기 위해 만든 과자를 싣고 오는 말은 5필(匹)로 정하고 수라간에서 제물을 싣고 오는 말도 5필로 정하라. 왕을 비롯해 왕비와 왕대비들이 거처하는 대내에서 쓸 제물과 기타 역마의 지급을 규정한 마패(馬牌)에 따라 거행할 것은 정례적인 의식에 넣지 않는다 (……) 도설리가 타는 역마와 기타의 것은 모두 사복시로 하여금 입마하게 하라."

내관들을 대신들이 경계한 이유는?

🐟 세종은 왜 내관들의 교체를 검토했을까?

세종 14년(1432) 4월 15일 세종은 "궐내의 선반(宣飯)은 내가 본 것도 오히려 풍성하고 청결하지 못한데, 더군다나 내 눈으로 보지 않는 것이겠는가? 내 내관을 혁파(革罷)하고 조관(朝官)으로 사옹을 맡게 하려고 하는데 어떤가?"라며 궁궐에서 제공하는 식사에 문제가 있으니 담당 환관들을 일반 관리로 교체하는 것에 대한 대신들의 생각을 물었다. 그러나 지신사 안숭선(安崇善, 1392~1452) 등은 "비록 조관을 쓰더라도 준비를 소홀히 하는 폐단은 없앨 수 없을 것이니, 마땅히 예전대로 그냥 두고 만약 삼가지 않는 자가 있으면 법으로 엄중히 다스리는 것이 좋겠습니다"라며 반대했다. 반면 송인산(宋仁山, ?~1432)은 "조관을 쓰는 것이 좋겠습니다"라고 찬성했으나 세종은 안숭선 등의 의견을 따랐다.

이날 세종이 "신하에게 내리는 식사가 풍성하지도 청결하지도 않다"고 했을 뿐 구체적인 설명은 없지만, 천하의 세종이 개인의 교체가 아니라 혁파라는 단어를 쓰면서 환관들의 임무 자체를 박탈하려고 했다면 분명 밥상에서 무언가 문제를 발견했을 가능성이 충분했다. 그럼에도 교체보다는 철저한 관리와 통제를 하자는 의견을 따른 이유는 확신이 서지 않았거나 한 번 더 기회를 주려는 의도로 해석된다.

문종 즉위년(1450) 6월 23일에도 문종이 "도설리의 인(印)을 주조하여 주라"고 명해 논란이 벌어진 일이 있었다. 당시 장령 하위지(河緯地, 1412~1456)는 "옛날에 이런 제도가 없으니, 빌건대 내리신 명령을 거두소서"라며 전례가 없다는 이유로 반대했다. 하위지는 "어릴 때부터 남들이 얼굴을 모를 정도로 형 하강지(河綱地)와 함께 학문에만 정진했다"는 일화의 주인공으로, 관직 생활을 하면서 세종으로부터 능력을 인정받았고, 문종 즉위년에 감찰 업무를 담당하는 장령에 임명되었다. 장령은 소신을 굽히지 않고 직언할 수 있는 강직한 젊은 인재들이 임명되었던 관직으로, 품성이 강직했던 하위지는 "권세에 굴하지 않고 직언을 서슴지 않았으며, 대신들의 잘못을 적극적으로 공격하다가 왕과 대신들로부터 모두 반격을 받았다"는 이야기도 전한다.

문종은 하위지 등이 반대하자 "내가 인신(印信)을 주고자 하는 것은 권력을 주는 것이 아니고, 출납하는 물건에 인을 찍어서 신표(信標)를 삼으려고 하는 것이다. 여러 사람이 일을 맡기는 것으로 의심하고, 네가 지금 또 청하니, 나는 마땅히 네 말에 따르겠다"며 물러섰다. 그런데 '권력을 주려는 것이 아니라 책임을 분명하게 하려는 것이다'라는 문종의 말에는 무언가 도설리들의 문제를 발견하고 그들의 책임을 분명하게 하려는 의도도 읽힌다. 하지만 도장을 주조하여 준다는 것은 결재권을 준다는 의미로 받아들였던 대신들은 평소 환관들에게 관대했던 문종이 내시부 소속 도설리의 권한을 강화하려 한다고 우려했던 것이다. 사관들 역시 이날의 일을 기록하면서 다음과 같이 덧붙여 놓았다.

"세종께서는 환관을 억제하여 조금도 용서하지 않았다. 만일 법에 어긋남이 있으면 엄하게 징계하였는데, 이때(문종)에 이르러 환관으로 하여금 충호위·상림원·사복시 등 여러 아문(衙門)을 관장하여 감독하게 하고, 또 자주 내시부의 관원을 병기(兵器)의 제조를 맡아보는 군기감(軍器監)에 보내서 관리의 근무 태도를 규찰하여, 차츰 환관에게 일을 맡기는 조짐이 있어 그 세력이 자못 커지므로, 식자(識者)들이 걱정하였다."

🐟 집단으로 사직서까지 제출하며 반발하다

4개월 후인 10월 28일 문종이 안완경(安完慶)·어효첨(魚孝瞻)·신숙주·하위지·이영구(李英耇)·윤면(尹沔) 등을 왕이 평상시 머물며 정사를 돌보던 사정전(思政殿)으로 은밀하게 불러들였다. 전날 10월 27일 이들이 그동안 문종에게 쌓인 불만들을 조목조목 구체적으로 작성하여 상소문을 제출하면서 "이를 받아들이지 않는다면 관직에서 물러나겠다"며 최후의 통첩을 했기 때문이다. 상소문에는 "여러 날 동안 하늘에서 이상 징후들이 나타나고 있다"며 하늘의 이상 징후까지 거론하면서 다음과 같이 주장할 정도로 분위기가 대단히 심각했다.

"근래에 겨울 날씨가 따뜻하여 재해를 만들고 온전한 음기(陰氣)의 달에 기후가 봄철과 같아 땅속의 정기가 움직이어 만상(萬相)이 구별하기 어려워서 보관할 수가 없습니다. 밤에는 누런 안개가 끼고 별과 달이 빛을 잃으며, 낮에는 해가 엷어지고 구름이 없이도 어두워져 어두컴컴한 날이 열흘이나 계속되고, 잇달아서 비가 내리니, 변화가 하나같지 아니하므로 실로 작은 변고가 아닙니다."

그러면서 안완경 등은 "그동안 여러 차례 간언을 했으나 들어주지 않았다"고 문종에게 불만을 토로했다. 그러나 문종은 "나의 뜻으로서는 옛날에도 10월에 번개와 천둥의 변이 있었다고 생각하는데 이제 조금 겨울철이 따뜻해질 조짐은 있으나 아직도 번개와 천둥은 없었으니, 확실하게 그것이 재이가 되는지를 알지 못하겠다"라며 이상 징후를 인정하지 않았고, 대신들이 지적한 내용에 대해서도 조목조목 다시 거론하면서 구체적으로 무엇이 문제인지 물었다.

문종은 "상소문에서 '좌우의 세력이 커졌다'고 함은 무엇을 이름인가?"라며 환관들의 세력화를 우려한 내용에 대해서도 되물었다. 이에 안완경 등은 다음과 같이 대답했다.

"따로 정음청(正音廳)을 설치하여 환관으로 하여금 맡아보게 하고, 잠실(蠶室)의 별좌(別坐)를 혁파하여 환관으로 대신시키고, 군기감의 공작(工作)하는 근무 태도를 환관으로 하여금 규찰(糾察)하게 하고, 또 도설리의 인신(印信)을 만들어주고, 환관으로서 나라의 제사에 쓸 향(香)을 헌관(獻官)에게 전달하는 전향사(傳香使)로 삼으니, 이처럼 세력이 커진다면 임금을 가리울 조짐을 가히 알 수 있습니다."

안완경 등은 문종이 환관들에게 맡기는 일이 늘어나고 있다며 "이들의 세력이 커지면 왕의 눈과 귀를 가릴 수 있다"고 우려했지만, 문종은 다음과 같이 답하며 인정하지 않았다.

"중국 조정에서는 모두 환관에게 일을 맡기는데, 환관은 성질과 행동이 굳세고 곧아서 사무를 능히 잘 처리하므로 일을 맡겨서 부릴 수가 있기 때문이다. 그러므로 근일에 내가 궁내의 몇 가지 일을 주었더니, 그들이 굳세고 곧아서 능히 사무를 잘 처리할 수 있음을 알았기 때문에 환관 엄자치(嚴自治, ?~1455)에게 군기감의 일을 검핵(檢劾)하게 하였는데, 특히 이러한 감(監)뿐만 아니라, 봉상시에도 항상 이 무리들을 보내어 여러 가지 일을 검핵하고자 한다."

🐟 문종과 대신들이 설전(?)을 벌였지만…

문종은 국가의 제사를 맡아보는 관청인 봉상시에 대한 조사 등 다른 일까지 내시부의 환관들에게 맡기려고 한다면서 "성실하게 일을 처리하고, 별로 쓸데없는 비용이 드는 폐단은 없을 것이다"라고 그 이유를 설명했다. 그러나 대신들은 여전히 "근심거리를 가져왔다"며 환관들의 세력화를 우려했다. 당시 사관도 "세종은 환관을 심히 엄하게 규제하여 환관은 죄를 두려워하여 마지않았으므로 횡포를 감히 부리지 못하였다. 금상(今

上, 문종)은 너그럽고 어질어서 환관이 조금 교만하고 방자하여 조정의 관리들을 능멸하고 상당히 위력으로 억압하면서 한편으로는 자기들이 덕을 베푸는 아량을 보이며 권력을 펼치려는 조짐이 있었기 때문에 상소가 이에 미치었다"며 환관들이 이미 권세를 부리는 조짐이 보인다고 우려했다. 이날 문종과 대신들이 설전을 벌였다는 느낌이 들 정도로 오랜 시간 동안 질문과 답변이 이어졌다. 그러나 문종은 "너희들이 말한 바가 모두 족히 의논할 만한 것이 없는 일이다"라며 대부분 수긍하지 않았고, 안완경 등은 특별한 소득을 얻지 못했다.

　문종 이후에도 환관들이 왕을 가까이에서 모시는 것을 이용해서 권력을 전횡하는 조짐이 보일 때마다 대신들은 왕에게 환관들의 세력화 문제를 거론했다. 특히 대신들은 왕의 밥상과 관련한 환관들의 문제를 대단히 심각하게 받아들였다. 성종 11년(1480) 2월 14일에도 도승지 김승경(金升卿, 1430~1493)이 "지금 예조로 하여금 사옹원 도설리의 인신을 만들도록 하였으나, 공상·출납할 때에는 마땅히 사옹원의 인신을 쓰니, 도설리의 인신을 따로 만들 필요가 없습니다"라고 아뢰어 성종이 명을 철회한 일도 있었다.

　그리고 연산군 1년(1495) 4월 28일 정괄(鄭佸, 1435~1495)이 "왕실에서 쓰이는 각종 물자를 관장하는 내자시 소속의 노비가 '공진(供進)하는 물품의 질이 좋지 않다'고 설리 엄용선(嚴用善)에게 말한 것을 엄용선이 왕(연산군)에게 아뢰어 담당자가 국문을 받게 했다"며 환관 엄용선이 왕에게 고자질하여 담당 관리가 국문을 받았던 일을 문제 삼았다. 정괄은 "무릇 사람이 아뢸 일이 있으면 반드시 승정원을 경유하여 전달하는 것이 규례이온데, 엄용선이 함부로 왕에게 직접 아뢰었으니, 그 버릇을 그대로 두어서는 안 됩니다. 유사(攸司)로 하여금 국문하게 하소서"라며 엄용선이 왕을 가까이서 모시는 것을 이용하여 절차를 무시하고 조정의 질서를 어지럽힌 죄를 엄하게 물어야 한다고 주청했다. 정괄은 관직 생활 동안 "국정 전반에 걸친 활발한 언론 활동을 전개하였다", "맡은 일을 착실하게 수행하고 결단력이 있었으며, 기상이 엄준해 대신의 풍모가 있었다"는 등의 평가를 받을 만큼 그의 말에는 무게감이 있었고, 갓 즉위한 연산군도 그를 무시하기 힘들었는지 엄용선에게 죄를 물었지만 엄하게 처벌하지는 않았다.

이에 10여 일이 지난 5월 6일 지평 최부(崔溥, 1454~1504) 등이 다시 이 문제를 거론하고 나섰다. 이날 최부 등은 "누구든 왕에게 전할 말이 있으면 반드시 왕명의 출납을 맡아보는 정원(政院)을 경유하는 것인데, 전해 듣자오니, 내시 엄용선이 내자시 노비가 자기 일을 말한 것을 한쪽 말만을 듣고 위에 직접 보고하여 내자시의 관원을 국문한 것은 매우 부당하오니, 의금부에 내리어 국문하게 하소서"라며 환관 엄용선을 의금부에 내려 철저하게 조사하고 궁궐 안에 거처할 수 없게 해야 한다고 주장했다.

🐟 공경대부도 이러지는 않습니다!

정언 이자견(李自堅)도 "공경대부라도 모두 정원을 거쳐 일을 아뢰는데, 내시 엄용선이 직계하여 내자시 관원을 추국하게 하니, 그의 마음 씀이 제멋대로 행동하여 거리낌이 없습니다"라며 엄용선이 절차를 거치지 않고 아무 거리낌 없이 제멋대로 왕에게 말을 옮겼다고 비판하면서 "무릇 환관이 앞뒤를 돌보지 않고 조금만 마음에 맞지 않는 일이 있으면 그만 마음대로 직계하니, 그 장래를 무어라 말할 수 없습니다. 의금부에 내리어서 그 죄를 통렬하게 다스리소서"라며 환관들이 왕을 가까이에서 모시는 기회를 이용해서 자기 마음대로 행동하며 조정의 질서를 어지럽힌 죄를 엄하게 물어야 한다고 주장했다. 연산군은 엄용선이 직접 왕에게 아뢴 것은 잘못한 일이라는 점은 인정했지만, "이미 죄를 받았다. 다시 죄를 묻는다면 공진하는 물품의 좋고 나쁜 것을 다시 말하는 자가 있지 않을까 염려된다"며 허락하지 않았다. 그러나 최부 등 대신들은 물러서지 않고 다음과 같이 주장했다.

"환관의 소임이란 청소를 지휘하고 명령을 전하는 것뿐인데, 지금 엄용선의 행위가 이러하여도 징계가 없다면, 주변 사람들도 모르게 남을 헐뜯고 죄가 있는 것처럼 왕에게 직접 고해바치는 일이 끊이지 않을 것입니다. 위에 물선을 바치는 일에 관할지라도 사옹원의 제조와 더불어 정원에 고하여 아뢰어야 할 것인데, 내자시 노비의 말을 듣고 경솔하게 직계하니, 그 조짐이 장차 제어하기 어렵게 될 것입니다."

최부 등은 "엄용선에게 엄하게 죄를 물어 궁궐에서 내쫓아야 한다"고 주장하면서 환관들이 궁궐에서 본래 임무에 충실하도록 엄격하게 통제하지 않으면 앞으로도 왕에게 사사로이 고해바치는 일이 끊이지 않는 등 조정의 질서를 문란하게 할 것이라고 주장했다. 그러나 연산군이 여전히 허락하지 않자 최부 등은 "엄용선은 여느 환관과는 다릅니다. 전하께서 동궁에 계실 때에 가까이 모셔서 옛 인연이 있으니, 그 마음에 반드시 믿는 것이 있을 것입니다"라고 엄용선과 연산군의 세자 시절 인연까지 거론하면서 "내자시에서 바친 것이 애당초 지나치게 나쁜 것이 아닌데도 엄용선이 내자시 노비의 하소연만을 듣고 경솔하게 바로 아뢰었으니, 이것은 정원을 업신여기는 것이오, 국법을 두려워하지 않은 일입니다"라며 내자시 노비에게도 문제가 있다고 지적하면서 엄용선의 잘못을 바로잡아야 여러 환관들도 모두 주의하게 될 것이라면서 다음과 같이 주장했다.

"이런데도 통렬하게 징계하지 않는다면 참소가 장차 구원할 수 없게까지 될 것입니다. 또 내자시 노비의 호소가 개인적인 분함에서 나왔으며, 엄용선이 절차를 따르지 않고 곧바로 왕에게 일러바친 일 역시 내자시 노비의 호소에 의한 것인데, 만일 그 내용을 캐지 않고 속죄하게만 한다면, 그 정상이 밝혀지지 않고 그 죄가 드러나지 않아서 그의 믿는 데가 있는 마음을 징계할 수 없고, 중외의 신민 또한 전하께서 공정히 법을 시행함을 알지 못할 것입니다."

최부 등 대신들은 "앞으로 법을 공평하게 집행하기 위해서라도 엄용선을 철저하게 조사하여 엄하게 처벌해야 한다"고 계속해서 주장했지만, 연산군은 끝내 허락하지 않았다.

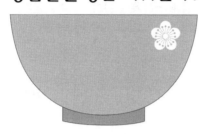

왕의 밥상은
황금알을 낳는 거위인가?

🐟 책임과 의무를 권력으로 남용하다

사옹원 도설리를 비롯해 공납·진상 등과 관련한 일에 종사하는 내시부 소속 환관들은 물품의 수납과 관리를 제대로 하지 못할 경우 혹독한 조사를 받았고, 잘못이 밝혀지면 곤장을 맞고 궁궐에서 쫓겨나기도 했다. 이 때문에 그들은 "막강한 권한을 행사했다"는 지적을 받을 정도로 진상품을 구입하거나 수납하는 과정에서부터 관리에 이르기까지 지나칠 정도로 꼼꼼하게 챙겼다는 이야기도 전한다. 그리고 업무의 특성상 특전이 부여되기도 했는데, 때로는 횡포나 부정 비리로 이어지기도 했다.

예를 들면 진상품을 수납하는 과정에서 의도적으로 물품 수납을 거부하여 뇌물을 요구하는 것은 기본이었고, 쌀이나 고기 등 수라상에 올리는 어선을 빼돌리거나 진상된 물품의 수를 조작하고 수납 횟수를 늘려 착복하기도 했다. 심지어 진상품을 바꿔치기하고 왕실 창고에서 훔쳐 낸 물품을 되팔아서 다시 진상품으로 수납하는 일도 있었다. 특히 환관 들이 부정 비리를 주도하거나 연루된 사건의 정점에는 "사옹원 도설리가 8도의 진상을 관장한다"는 말이 나올 정도로 막강한 권한을 행사했던 내 시부 소속 도설리와 그 밑에 설리가 있었다.

세조 10년(1464) 1월 23일 내시부 소속 핵심 요직인 승전색(承傳色)을 비롯해 설리 등 수라간에서 일하는 환관들이 궁궐에서 술을 빚는 내주 방(內酒房)의 술을 함부로 꺼내 개인적으로 주고받았다가 발각되어 처벌 받은 일도 있었다. 그리고 성종 25년(1494) 8월 21일 유자광이 "근일에 문 소전의 제사에 사용하는 고기를 훔쳐 쓴 일을 사헌부 감찰이 아뢰어서 추핵했다"며 다음과 같이 성종에게 보고한 일도 있었다.

"6위(六位)의 제사에 쓰는 물건인 노루 6구(口), 생선 40미(尾), 생치 13 수(首)를 다른 물건으로 이것이라고 일컫기도 하고, 혹 염소를 가지고 노루 를 대신하기도 하였습니다. 신이 듣건대 부유하게 사는 자가 미리 면포를 반감 등에게 주고 몰래 제육을 사서 썼으며, 관원인 설리 등도 나누어 쓰는 폐단을 면치 못하였다고 하니, 청컨대 끝까지 추핵하여 죄주소서."

심지어 이 자리에 있던 채수(蔡壽, 1449~1515)는 "지난번에 반감 윤석을 동(尹石乙同)이 제사 때 쓰는 물선을 훔쳐 써서 의금부에서 심문을 받았는 데, 이것은 상사(常事)입니다"라며 물선을 훔쳐서 쓰는 일이 이미 보통 일 이 되었다고 보고할 정도였다. 그럼에도 이들에 의한 폐해를 완전히 차단 하지 못했고, 조선 말기까지 각종 사건 사고가 이어졌다.

부정 비리의 정점에 도설리가 있었다

중종 때 도설리를 지낸 박경례(朴敬禮)도 부정 비리의 대표적인 인물이었다. 중종 5년(1510) 9월 29일 〈중종실록〉에는 "도설리 박경례를 금부에 내리라고 명하니, 그가 진상 생물(進上生物)을 감시하여 받아들일 때 어부(漁夫)를 침탈하여 폐단을 일으켰기 때문이다"라는 기록이 보이며, 중종 7년(1512) 1월 6일 대간에서 "도설리 박경례는 바람직하지 못한 짓을 마구 하므로 전일에 삼공(三公)이 아뢰어 교체하였는데, 얼마 안 되어 다시 사용원 도설리가 되어 팔도의 진상과 어부들을 관장하고 있으니, 맡은 소임이 역시 중합니다. 체직하기 바랍니다"라며 도설리 박경례의 교체를 요청한 일도 있었다. 그러나 중종이 허락하지 않자 대신들이 계속해서 처벌을 주장하여 박경례가 벌을 받기는 했으나 중종이 다시 등용하여 궁궐에서 계속 일할 수 있었다. 10개월 후인 10월 23일에도 대간 방윤(方輪) 등 사헌부에서 "박경례는 설리로서 자격도 없으며 계속 임용하여 쓰는 것은 옳지 않고, 또한 환관으로서도 죄가 가볍지 않으니 용서할 수 없다"며 지속적으로 잘못을 저지른 박경례에게 직임을 맡겨서는 안 된다고 반대하면서 법에 따라 엄하게 처벌할 것을 주장했다. 하지만 중종은 박경례 등은 내관이므로 따로 사용할 데가 없기 때문에, 낮추어 녹(祿)을 주는 체아직(遞兒職)을 제수하여 궁궐에 머물게 했고, 나머지는 모두 허락하지 않았다.

환관은 궁궐 안에서 갈 수 있는 부서가 한정되어 있었고, 궁궐 밖에서는 생계를 유지하기 위해 할 수 있는 일이 거의 없었다. 따라서 궁궐 밖으로 쫓겨난 환관들은 먹고사는 일이 막막했기 때문에 체직은 대단한 중형에 해당했다. 중종 역시 이러한 점을 고려해 직급을 낮추는 벌로 마무리했던 것이다. 하지만 이러한 조치는 문제의 재발을 막기보다는 오히려 환관들의 부정 비리가 궁궐 밖으로 이어지는 데도 영향을 미쳤다.

왕이 궁궐 밖으로 외출하게 되면 현지에서 식재료를 확보하기 위해 해당 지역 관찰사나 수령들에게 서찰을 보내 물품 지원을 요청하는 일도 있었다. 이러한 일이 관례화되었기 때문에 요청받은 사람들이 의심하거나 거부하는 경우는 거의 없었다. 오히려 승정원과 내시부 등 왕을 모시는 관련 부서나 책임자에게 알아서 물품을 보내는 지방관들도 있었다. 그러나 개인적으로 서찰을 보내 협조를 요청하거나 구체적으로 요구하는 품목이나 수량을 기록으로 남긴 수령증을 교환하지 않는 등 비공개적으로 이루어지는 경향이 있었다. 이러한 맹점을 이용해서 중간에서 착복하는 등 부정 비리가 발생하기도 했고, 특히 환관들이 주도하거나 연루된 사건들이 적지 않았다.

🐟 누구의 의심도 받지 않을 정도로 관례화되다

세종 25년(1443) 3월 25일 세종이 충청도에 행차하였을 때 "모든 절차를 생략하고 절약하려고 했는데 따라온 자들이 착취를 하고 관찰사가 그 청을 다 들어주었으니, 내 문초하려고 하는데 그 서찰을 찾아올 수 있는가?"라며 승정원에 조사를 명한 일도 있었다. 당시 승정원에서는 서찰을 찾아내기는 했으나 구체적인 증거를 밝혀내지 못했다. 보고를 받은 세종은 "그 서찰의 사연이 모두 상(喪)을 당하거나 제사 같은 일에 부조(扶助)를 청한 것인데, 어찌 달리 준 물건이 없을 것이며, 또 물건을 받은 사람이 어찌 이뿐이겠느냐? 내 친히 환관에게 물은즉, 물건을 받은 자가 꽤 많다 하는데, 만일 불문에 부치면 진실로 불가하다"라며 상을 당했거나 제사에 쓸 물품이라고 거짓말까지 한 것으로 보아 관련된 자들이 분명히 있으니 철저하게 조사하여 찾아내라고 명했다. 승정원에서는 "어디어디에 주었는지 증거가 없어 억지로 물을 수가 없습니다"라며 여전히 구체적인 물증을 밝혀내기 어렵다고 보고하자 세종은 서찰을 다시 조사하라고 엄명을 내렸다.

그러나 구체적인 증거를 찾아내기가 쉽지 않았다. 오히려 승정원 등 관련 부서 중에는 지역에서 감사가 보낸 쌀과 콩 등을 관례로 여겨 받아서 쓰기도 했고, 개인적으로 집안 친척에게 부탁하여 말에게 먹일 콩이나 소금 등을 받아서 사용한 경우도 있었다. 이 때문에 "저희도 감사가 보낸 쌀과 콩 등을 사용했으니 이 일을 의논하기 난처하옵니다"라며 사건을 조사할 자격이 없다고 아뢰는 등 정상적인 업무와 부정행위를 구별하기 힘들었다. 이에 세종은 "너희들이 오기 전에 보내온 것은 뇌물이 아니니 염려하지 말라"며 다시 조사를 명했고, 관련자들이 밝혀지기 시작했다. 보고를 받은 세종은 화를 내며 "너희들은 내 마음을 알면서도 이와 같이 하였으니, 그 밖의 환관 김충(金忠)과 전균(田畇, 1409~1470) 따위가 물건 받은 것은 족히 따질 것도 없다"며 모두 의금부에 내려 국문하라고 명했다.

전균의 경우 어려서 궁궐에 들어와 내시부에 소속되어 환관으로 일하면서 승진을 거듭했고, 특히 "단종 1년(1453) 수양대군이 황보인과 김종서 등 원로대신을 제거한 계유정난 때 수양대군을 적극 도와 환관이 공신이 되고 품계가 1품에 오른 것은 전균이 처음이었다"고 하며 사망한 후에는

"시호를 의논하여 올리는 일을 관장하는 봉상시에서 환관인 그에게 양경 (襄敬)이라는 시호까지 올렸으나 사헌부의 반대로 시호를 받지는 못했다" 는 기록으로 보아 전균을 비롯해 사건에 연루되었던 환관들이 궁궐에서 쫓겨나지 않고 계속 일했음을 알 수 있다.

그럼에도 사관은 이 사건을 기록으로 남기면서 "승지가 임금의 입 노 릇을 하므로 임금의 뜻을 잘 알면서도 물건 받기를 이같이 하였기 때문 이다"라고 세종이 크게 화를 낸 이유를 설명하면서 "이번 행차에 따라온 신하들과 환관들로부터 음식조리 책임자인 반감·각 문(門)의 열쇠를 보 관하는 정6품 잡직인 사약(司鑰)·궁중의 각종 행사 때 어가 옆에서 왕을 시위하는 별감(別監)에 이르기까지 관여되지 않은 자가 없으되, 그중에도 승지가 물건 받은 일이 더욱 많았다"고 할 정도로 왕을 가까이에서 보필 하는 측근들이 대거 연루된 충격적인 일이었고, 특히 왕에게 부정 비리 를 저지른 환관의 처리 문제는 뜨거운 감자였다.

🐟 환관들에게 의도적으로 접근하여 아부하기도…

왕의 가장 가까운 거리에서 대부분의 시간을 보내는 환관들은 왕과 말이 통하지 않으면 버틸 수 없었다. 또한 한곳에서 오래 일하면서 공과 사를 구별하기 힘들 정도로 다양한 왕명을 받들어 수행했기 때문에 왕 과 친밀해질 수 있는 기회가 많았고, 업무의 특성상 주변에서 함부로 할 수 없는 존재이기도 했다. 이러한 여건이 때로는 비공식적으로 영향력을 행사할 수 있는 권력으로 이용되기도 했다. 이에 대신들은 기회가 있을 때마다 왕에게 "우리나라에서는 환관에게 권한을 주지 않기 때문에 중국과 같은 폐해가 없으나, 임금은 어진 선비를 접하는 때가 적고, 환관을 가까이하는 때가 많으니, 만약 처음부터 막지 않는다면 그 술책에 빠지지 않는 이가 드물 것입니다. 의당 엄히 대하여 조그마한 허물도 용서하지 말아야 합니다"라며 환관들을 처음부터 엄격하게 통제할 필요가 있다고 강조했다. 그러나 편차가 있기는 했지만 환관들에게 관대한 왕들이 많았고, 공과 사를 구별하지 못하는 환관들도 생겨났다. 심지어 길가에 행차할 때 마치 재상과 같이하는 등 거리낌 없이 세도가의 흉내를 내는 환관들도 있었고, 이런 환관들에게 접근해서 출세의 기회를 만들려는 관리들도 있었다. 특히 왕의 먹거리는 건강이나 생명과도 직접적인 연관이 있었기 때문에 이와 관련한 임무를 수행하는 환관을 함부로 대할 수 없었다. 따라서 이들이 먹거리를 구하기 위해 직접 지방으로 파견되면 지방관들 중에는 이 기회를 놓치지 않고 의도적으로 접근하여 온갖 아부를 하는 일도 발생했다.

중종 9년(1514) 1월 27일 사간 한효원(韓效元, 1468~1534)은 "신(臣)이 들으니, 소위 설리·승전색이라는 자가 말미를 받아 시골로 내려가면 그곳 감사와 수령은 더없이 관대하다 하는데, 이는 내시로서 권세가 있기 때문입니다. 지금 높고 밝은 덕을 지닌 임금께서 위에 계셔 환관이 권세를 부리지 못하는데도 오히려 세력에 붙는 것이니, 그 조짐을 예방하지 않아서는 안 됩니다"라고 보고한 일도 있었다. 그리고 정광필(鄭光弼, 1462~1538)은 왕이 환관들을 가까이하게 된 이유에 대해 "들으니, 세조 때는 승지로 하여금 명을 전하게 하고 또한 조정의 관리가 사신으로 나갔다가 복명할 적에는 반드시 친히 보고 들은 일을 묻기 때문에 신하가 임금에게 의견을 아뢰기 쉬웠는데, 그 뒤 정희왕후가 조정에 임하면서부터 비로소 환관으로 내외의 말을 출납하게 하였기 때문입니다"라며 어린 성종이 즉위하여 정희왕후가 수렴청정하게 되면서 내명부의 아녀자가 대신들과 마주앉아 정사를 논하는 것이 부담스러웠기 때문에 환관들이 중간에서 심부름하게 되었다고 지적했다.

또한 정광필은 "전에 이숭원(李崇元)이 평안도 감사가 되었을 때, 내관 이효지(李孝智)가 그 도에 내려가서 요구하는 것이 매우 많았으며, 심지어 기생을 태워서 다니기까지 했는데도 각 관 수령들이 서로 초청하여 맞아들이니, 이숭원이 노하여 이르기를 '나는 현석규(玄碩圭)가 아니거니와 어찌 너에게 아부하랴'라고 하였다 합니다"라고 평안도에서 있었던 일을 보고하면서 "신이 들으니 '그 당시 현석규가 이효지를 위해 교외에서 잔치를 베풀고, 또 관아로 맞아들여 의복을 주고 울면서 작별했기 때문에 이숭원이 이와 같이 말했다'고 합니다. 환관이 지방에 내려가면 반드시 이러한 폐가 많을 것입니다"라며 지방에서까지 환관들의 폐해가 심각해지고 있다고 우려했다.

임금이 사대부를 접촉하는 날이 적기 때문입니다

정광필은 연산군의 사치와 낭비가 극에 달했던 연산군 10년(1504) "임금의 사냥이 너무 잦다"고 연산군에게 간했다가 아산으로 유배될 정도로 강직한 관리였다. 따라서 그의 말에는 무게감이 있었고, 보고를 받은 중종 역시 "전일에 민번(閔蕃)이 성윤(成允)에게 아부하여 선전관(宣傳官)이

되었으니, 이와 같이 용렬한 사람들이 환관에게 아부하는 자가 많을 것이다"라며 이러한 문제를 이미 알고 있다고 말하면서 "시중드는 자가 명령을 전하는 것을 조종조로부터 혁파하고자 한 지 오래되었는데, 심지어는 상소하여 논란하는 자까지 있었다. 성종조에서 큰일은 승지가 직접 보고하고, 작은 일은 문서를 작성하여 환관에게 주어 보고하게 하였다. 우리나라는 중원(中原, 중국)과 달라 사소한 일이 많으니 어찌 〔대신들이〕 일일이 왕에게 보고할 수 있겠는가?"라며 현실적인 문제점을 지적하면서 해결책을 물었다. 그러자 한효원은 "사소한 일을 다 직접 왕을 만나뵙고 보고할수는 없거니와 큰일만이라도 가려 직접 왕에게 보고하여 점차 이 폐단을 없애는 것이 마땅합니다. 또 하루 세 번의 경연 때에는 승지로 하여금 각자 아뢰게 함이 좋을 것입니다"라고 건의하여 중종이 허락했다. 또한 한효원은 관리들이 왕 앞에서 실수하는 등 혹시 무슨 문제가 생기지 않을까 두려워서 왕 앞에 나서는 것을 꺼리는 것도 문제라고 지적하면서 "근간에는 임금이 사대부를 접촉하는 날이 적기 때문에 소원하고 친근하지 못함이 이와 같습니다"라고 그 이유를 설명했다.

반면 환관들 중에는 왕을 가까이에서 모시면서 엄격하게 절차를 지키지 않거나 심지어 버릇이 없다는 지적을 받는 자들도 생겨났다. 특히 먹거리와 관련한 일에 종사하는 환관들의 경우 함부로 물선에 손을 대고 거짓 보고를 하는 자들도 있었다. 중종 31년(1536) 10월 18일 중종이 늦은 밤중에 당직하는 관리를 불러서 "도설리 서후갑(徐後甲)과 박간(朴幹) 등을 의금부에 가두라"고 명하고, 다시 조금 있다가 "한·당 시대에 환관들의 해(害)가 심했다고 흔히들 말한다. 무릇 환관들은 외간(外間)의 말을 가지고 임금을 놀라게 하고 내간(內間)의 위세를 빙자하여 외간 사람들을 협박하므로 현명한 임금이 아니면 참으로 분변하기가 어려운 것이다. 지금 조정에서 늘 환관을 가지고 말하는 것도 이 때문이다"라며 환관들이 왕과 대신들 사이에 말을 전달하면서 중간에서 농간을 부리고 아무렇지도 않게 부정 비리까지 저지르는 등의 폐해를 지적하면서 "임금이 신하에게 내리는 물건을 몰래 훔쳐 쓰려는 생각을 품고 '물품이 떨어졌다'고 하니, 그 정상이 매우 간사하고 악독하다. 봉진(封進)하는 물선은 예나 지금이나 똑같은데, 지금에만 어째서 떨어졌다는 말인가? 이러한 환관들의 소행을 대신들이 알면 반드시 경악할 것이다. 그래서 지금 밤이 깊었지만 가두게 하는 것이다"라며 도설리 서후갑과 박간 등이 왕의 물건을 빼돌리고 거짓말을 했다고 설명했다. 그런데 중종은 이들을 다시 용서해 주었고, 대신들이 매일같이 이들을 중벌로 다스릴 것을 청했으나 끝내 허락하지 않았다.

🐟 폐해를 끼치는 환관 하나도 처리하지 못하니…

경종 1년(1721) 8월 16일 호조판서로 사옹원 감선 제조를 겸했던 민진원이 "내관 설리가 공물을 바치는 사람에게 뇌물을 요구했으나 뜻대로 되지 않자 어공(御供)의 생선을 규격 검사에서 불합격시켜 수납하지 않았다"며 이미 왕에게 공물로 바친 생선을 가지고 뇌물을 요구하는 부정 비리를 저질렀다고 경종에게 보고하면서 "설리 내관의 죄를 다스리고 이제부터는 규정으로 삼아서 사옹원에서 받아들인 물건을 설리가 감히 다시 물리치지 못하도록 해야 한다"고 아뢰었다. 그러나 경종이 허락하지 않자

9월 5일 민진원이 다시 다음과 같이 아뢰었다.

> "신이 사옹원의 직을 맡고 있으면서 끝내 간사한 꾀를 부리고 폐해를 끼치는 환관 하나도 처리하지 못하고 있으니, 이는 신이 사옹원에서 소임을 다하지 못하고 있는 것이며, 선혜청의 당상관도 겸하고 있지만, 공물인(貢物人)이 환관의 뇌물 요구에 시달려 공역(公役)에 응할 수 없는데도 앉아서 보고만 있으니, 이는 신이 선혜청에서 소임을 못다 하고 있는 것입니다. 신의 두 소임을 체직시켜 줄 것을 원합니다."

호조판서로 사옹원과 선혜청 당상관을 겸하고 있었던 민진원이 환관 설리의 부정 비리를 발견하고도 처벌하지 못할 바에는 차라리 물러나게 해달라고 청할 정도로 이들의 비리는 일상화된 듯했다. 그러나 당상관이라고 해도 왕의 밥상과 관련한 일을 하는 자들을 함부로 할 수 없었기 때문에 민진원이 경종에게 보고했던 것이다. 하지만 경종이 환관의 처벌과 민진원의 사직을 모두 허락하지 않자 민진원은 "신이 어떻게 이러한 설리와 함께 일할 수가 있습니까? 죄의 가벼움과 무거움을 논할 것도 없이 처벌이 있는 연후에라야 신은 공무(公務)를 집행하겠습니다"라며 물러서지 않았다. 이건명(李健命, 1663~1722)도 먼저 설리를 바꾸고 이어서 책벌(責罰)을 시행할 것을 청하자 경종이 "그렇게 하겠다"고 대답했다. 이에 민진원과 이건명이 잇따라 "이미 책벌을 윤허하셨으니, 마땅히 파직시켜야 합니다"라며 경종이 설리의 처벌을 허락한 것으로 받아들였으나 경종은 끝내 답하지 않았다.

이처럼 환관을 비롯해 왕의 밥상과 관련한 임무를 수행하는 자들이 부정 비리를 저지르고도 무사할 수 있었던 것은 기본적으로 왕의 비호가 있었기에 가능했다. 이러한 현상은 왕이 이들을 남달리 총애해서만은 아니었다. 명백히 죄를 입증할 만한 증거나 어떤 죄를 어떻게 처리하는 것이 적절한 조치인지 판단하기 힘든 경우도 있었고, 한편으로 왕을 가장 가까이에서 보필하는 이들의 처벌은 왕의 권위와도 무관하지 않았다. 따라서 왕의 입장에서는 이들을 엄격하게 처벌해야 한다는 대신들의 주장을 모두 받아들일 수 없는 면도 있었다. 그런 점에서 이들의 처벌은 왕권과도 연관이 있었다. 다만 이들의 부정 비리는 왕권이 약할 경우 자주 발생했으며 처벌도 미약했다.

6부

왕의 밥상이
무기가 되기도…

정적 제거에 이용된 왕의 밥상

🐟 기미상궁은 왜 인기가 있었나?

예로부터 왕을 살해하는 방법으로 '삼종(三種)의 수법(手法)'이라고 해서 대급수(大急手)·소급수(小急手)·평지수(平地手)의 삼수(三手)가 전한다. 대급수는 용맹한 군사를 시켜 칼을 들고 궁중으로 들어가 왕을 시해하는 방법이고, 소급수는 독약을 궁녀에게 주어 음식물에 타서 왕을 독살하는 방법이다. 그리고 평지수는 선왕의 전교를 위조하여 왕을 폐출시키는 방법이다. 이외에도 조선시대에는 굿을 하고 부적이나 저주 등 주술을 병행했다는 이야기도 전한다.

독약을 사용하는 경우 왕의 밥상을 주로 이용하였고, 비상(砒霜)이 자주 거론되었다. 그리고 고독(蠱毒)이라고 해서 뱀·지네·두꺼비 등의 독기를 몰래 음식에 타서 먹게 하여 복통·가슴앓이·토혈·하혈 등의 증세를 일으켜 죽게 하는 방법도 전한다. 현대 영화나 드라마에서는 왕의 독살과 관련해서 은수저와 기미상궁(氣味尚宮)이 자주 등장한다. 은수저는 독이 있는 음식이 닿으면 색이 변하는 것으로 잘 알려져 있다. 그리고 기미상궁에서 기미(氣味)는 '냄새와 맛'을 아울러 이르는 말로, 기미상궁은 왕이 수저를 들기 전에 먼저 음식을 먹어보았고, 녹용이나 인삼과 같은 탕제를 올릴 때도 먼저 맛을 보았다. 이를 '기미를 본다'고 했다. 왕의 밥상이나 탕약에 먼저 손을 대는 것은 불경죄에 해당했지만, 기미를 보는 일은 혹시 음식이 상했거나 독이 있는지를 검사하는 목적이 있었기에 왕을 생명의 위협으로부터 보호하는 일이었다. 따라서 왕조 사회에서는 대단히 중요한 임무였으나 기미상궁에게는 목숨이 위태로울 수도 있었다. 그러나 조선시대에는 이러한 행위가 의례적인 절차가 되었고, 기미상궁은 왕의 식사를 시중드는 역할이 주가 되었기 때문에 상궁들 사이에서 대단히 인기가 있었던 것으로 전한다.

감선(監膳)이라고 해서 수라상에 올리는 식기와 음식을 미리 검사하는 임무를 맡은 제조도 있었다. 감선의 대상은 왕을 비롯해서 대비와 왕비 등 왕실의 밥상이었고, 여기에는 예기치 못한 불상사를 사전에 차단하려는 의도가 담겨 있었으나 시간이 지나면서 왕과 왕실에 대한 존엄성 상징 등 의례적인 절차의 성격이 더 강해졌다. 따라서 감선은 누구나 할 수 있는 일은 아니었다. 성종 4년(1473) 8월 17일 사옹원 도제조 김질은 "근일(近日)에 본원 제조(本院提調)로 하여금 감선하지 말라고 하였는데, 신의 생각으로는, 감선은 중대한 일인데 어찌 가히 낭청(郎廳)에게 맡길 수 있겠습니까? 만약 감선을 못 하면 제조는 모두 필요 없는 관원입니다"라고 감선의 중요성을 강조하며 당상관인 제조에서 당하관인 종6품직으로 교체하는 것에 반대한 일도 있었다.

당시 김질은 "세종조에 제조가 감선하지 않은 것은 문종이 세자가 되어 항시 감선하고 일찍이 하루에 두 번 이상 찬소(饌所)에 이르지 아니함이 없었기 때문입니다"라고 세종 때의 사례를 아뢰면서 "하루는 문종이 문소전에 있을 때 홀연히 놀라면서 말하기를, '오늘은 감선하지 못했다'고 하였으니, 그 마음속에 있는 공근(恭謹, 공손하고 조심성 있음)함이 이와 같았습니다. 지금은 세자가 감선하는 일이 없고, 또 대왕대비를 비롯해 각 전에서 감선이 있으니, 또한 중요한 것이 아니겠습니까? 청컨대 예전대로 제조가 감선하도록 하소서"라며 세종 때는 세자가 하루에 두 번씩 왕의 밥상을 직접 챙겼을 만큼 감선은 대단히 중요한 일이라고 강조하면서 각 전에 올리는 밥상의 감선을 당상관이 하루에 세 번씩 해야 한다고 아뢰었다. 그러나 이날 성종은 "지금 경(卿)의 뜻을 가지고 아뢰었더니 대비께서 '낭청도 역시 조관(朝官)이니, 감선하게 해도 무방하지만, 제조가 하루에 세 번 감선하니, 마음이 편안하지 않다'고 하니, 대비의 뜻이 이와 같기 때문에 윤허할 수 없다"고 대비전의 의견을 전하며 허락하지 않았다.

🐟 조선에서 처음으로 독살을 우려했던 왕은?

왕 또는 왕의 측근들이 정적(政敵)을 제거할 때 왕의 밥상을 이용하기도 했다. 《조선왕조실록》에 따르면 이와 관련한 발언을 처음으로 한 왕은 세조였다. 세조가 수양대군 시절 단종 즉위년(1452) 10월 5일에 신숙주에게 다음과 같이 물었다.

"지금 김연(金衍)과 최습(崔濕) 등 집사 환관(執事宦官)이 모두 이용(李瑢)에게 아부하고, 이용은 또 한숭(韓崧)을 도섭리로 삼아 어선(御膳)을 맡게 하였으니, 그 뜻을 헤아릴 수 없고 독을 넣을 계략이 있을까 염려된다. 권자공(權自恭)은 외척으로서 승지가 되었는데, 내가 그에게 말을 하고 싶다. 권자공의 사람됨이 어떠한가?"

당시는 수양대군이 왕위에 오르기 위해 노심초사하던 시기였고, 이용(1418~1453)은 수양대군의 동생으로 단종을 지원했던 안평대군이다. 그리고 최습(1402~?)은 어린 나이에 궁궐에 들어와 내시로 생활했던 환관으로, 세종 31년(1449) 장관직인 판내시부사에 오르는 등 오랜 기간 세종을 모시며 능력을 인정받았고, 문종이 즉위한 후에는 왕의 최측근에서 내시부를 지휘하여 기민하고 영민한 자질로 총애를 받았다. 그리고 수양대군이 거론한 환관 김연 등도 모두 문종 대의 사람들이었다.

반면 권자공의 아우 권자성(權自誠, ?~1477)은 무인 출신으로 후에 수양대군의 즉위를 도운 공을 인정받아 좌익 원종공신 3등에 오르기는 했지만, 당시 권자공이 누구의 편이었는지는 확실하지 않다. 따라서 단종의 수라상을 담당한 도섭리를 비롯한 환관들을 가리켜 "독을 넣는 계략이 있을까 염려된다"는 수양대군의 말은 단종의 독살을 우려했다기보다는 그들이 자신을 독살하거나 단종의 독살 혐의를 만들어 공격할 것을 걱정한 뜻으로 해석된다. 이에 신숙주는 "권자공의 사람됨을 보면, 크게 착하거나 악한 것이 없는데, 다만 침착하고 신중하지 못한 자이니, 그 연고를 다 말하지 말고 넌지시 빗대어 말하여 스스로 알게 하는 것이 미리 막는 방법입니다"라고 조언했다. 세조는 신숙주의 말을 따랐고, 덕분인지 무사히(?) 넘어갔다.

'왕의 밥상에 독을 타서 왕을 독살하려고 했다'는 발언을 공개적으로 처음 했던 왕은 성종이었다. 성종 8년(1477) 성종이 직접 대신들 앞에서 "중전(폐비 윤씨, ?~1482)이 왕을 비롯해 후궁들까지 독살하려고 했다"고 말했고, 2년이 지난 성종 10년(1479) "질투가 심한 중전이 성종의 얼굴을 할퀴었다"는 이유로 결국 폐출시켰다. 그리고 같은 해 6월 5일 성종이 대신들에게 말하기를 "정유년(성종 8년, 1477)에 (폐비) 윤씨가 몰래 독약을 품고 사람을 해치고자 하여, 곶감과 비상을 주머니에 같이 넣어두었으니, 이것이 나에게 먹이고자 한 것인지도 알 수 없지 않는가?"라며 왕을 독살하려고 했다는 의심을 거두지 않았다. 이후 폐비에게 사약이 내려졌고, 이를 '윤비폐출사건'이라고 한다. 그러나 폐비 윤씨가 성종을 독살하려고 했는지는 확신할 수 없다. 아무리 왕비라고 해도 혼자서 왕이 먹는 음식에 독을 타는 행위는 불가능에 가까웠기 때문이다.

독살을 혼자 실행에 옮기는 것은 불가능했다

왕의 밥상에 독을 타기 위해서는 기본적으로 필요한 절차가 있었다. 첫 번째로, 궁궐 안에서는 비밀리에 독약을 구할 수 없었기에 밖에서 믿을 만한 사람에게 은밀하게 부탁해야 했다. 그리고 독약을 궁궐 안으로 들여와 보관하는 것도 문제였고, 까다로운 절차에 걸리지 않게 궁궐 요리사나 환관과 나인 등 수라간에서 일하는 누군가의 도움이 반드시 필요했다. 그러나 이들은 모두 엄격한 통제를 받았기 때문에 비밀리에 접촉하는 것이 쉽지 않았다. 그럼에도 실제로 왕의 밥상에서 독이 발견되어 수라간 사람들이 고초를 겪었고, 목숨을 잃는 사건이 발생하여 사관이 의심의 눈초리를 거두지 않은 일도 있었다.

인조 24년(1646) 1월 3일 〈인조실록〉에는 "수라상에 올린 전복구이에서 독이 발견되자 인조가 세자빈을 의심하여 세자빈 처소에서 일하는 나인 5명과 수라를 짓던 주방 나인 3명을 옥에 가두고 국문했으나 자복하지 않았다"고 사건을 기록하면서 "인조가 세자빈 강씨를 미워해 오다가 드디어 여러 강씨(세자빈의 친정 식구들)를 귀양 보내니 안팎이 의심하고 두려워하였다"며 인조가 의도적으로 이 사건을 일으켰다는 의혹을 덧붙여놓았다. 여기서 세자빈은 인조의 장남 소현세자(昭顯世子, 1612~1645)의 빈으로, 후에 민회빈(愍懷嬪)이라는 시호를 받은 강빈(姜嬪, 1611~1646)을 말한다. 소현세자는 청나라에 볼모로 끌려갔다가 8년 만에 귀국했으나 두 달 만에 사망하여 당시에는 세상에 없었다. 이때가 1년 전의 일로 소현세자 역시 인조의 미움을 받다가 독살되었다는 의심을 받았고, 당시에도 인조의 후궁 소의 조씨(昭儀趙氏, ?~1652)의 무고로 세자빈이 저주 사건의 배후자로 지목되어 고초를 겪었다.

소의 조씨는 인조의 수라상에서 독이 발견되었을 때도 세자빈의 소행이라고 무고하여 세자빈이 후원(後苑)의 별당에 유폐당했다. 이후 인조는 문에 구멍을 뚫어 세자빈에게 음식과 물을 넣어주게 했고, 유배를 보내면서 시녀는 한 사람도 따라가지 못하게 했다. 당시 세자였던 봉림대군(효종)이 나서서 "세자빈이 비록 불측한 죄를 짊어졌다 하더라도 간호하는 사람이 있어야 할 것입니다. 더구나 지금 죄지은 흔적이 분명하지도 않은데, 성급하게 이런 조치를 내리고 또 한 사람도 따라가지 못하게 한단 말입니까?"라고 변호해 주어서 인조가 시녀 한 명이 따라가게 허락했다는 이야기도 전한다. 그러나 이 사건으로 세자빈은 물론 그녀의 주변에 있었던 사람들까지 혹독한 고초를 겪었다.

🐟 누가 인조의 밥상에 독을 넣었을까?

인조의 명으로 신속하게 조사가 이루어졌고, 세자빈의 궁녀 5명이 잡혀와 국문을 받았다. 이들은 죄인을 기둥에 묶어 사금파리를 깔아놓은 자리에 무릎을 꿇게 하고 그 위에 압슬기나 무거운 돌을 얹어서 자백을 받아내는 압슬형(壓膝刑)과 불에 달군 쇠붙이로 피부를 지져 고문을 가하는 낙형(烙刑)이 가해지는 등 혹독한 고문을 받았고, 이 과정에서 2명이 사망하고 말았다. 그러나 한 사람도 죄를 자백하지 않았고, 구체적인 물증도 찾아내지 못했다. 결국 국청이 끝나고 나머지 3명은 석방되었으나 세자빈에게는 사약이 내려졌다. 사관은 이 일을 기록하면서 다음과 같은 평을 남겨 놓았다.

> "대개 이때에 강빈이 죄를 얻은 지 이미 오래되었으므로 조 소원(趙昭媛)이 더욱 참소를 자행하였다. 상(인조)이 궁중의 사람들에게 '감히 강씨와 말하는 자는 죄를 주겠다'고 경계하였기 때문에 양궁(兩宮, 대전과 세자빈궁)의 왕래가 끊겼으므로 어선에 독을 넣는 것은 형세상 할 수 없는 일이다. 그런데도 상이 이와 같이 생각하므로, 사람들이 다 (소의) 조씨가 모함한 데에서 연유한 것으로 의심하였다."

이 사건으로 소현세자와 강빈 사이에서 태어난 경선군(慶善君) 이석철(李石鐵, 1636~1648), 경완군(慶完君) 이석린(李石磷, 1640~1648), 경안군(慶安君) 이석견(李石堅, 1644~1665) 등 3형제도 모두 유배되었다. 당시 12세와 8세였던 장남과 차남은 제주도로 귀양 갔다가 이듬해 사망하고 말았다. 그리고 세자빈의 친정어머니도 처형되었고, 오빠 강문성(姜文星)과 강문명(姜文明)은 정강이를 때리며 심문하는 형신(刑訊)을 받다가 죽거나 귀양을 갔다.

그런데 〈인조실록〉을 비롯해 이 사건과 관련해서 전하는 기록에 따르면 정황상 세자빈이 수라상에 올린 전복에 독약을 발랐을 가능성은 희박했다. 오히려 인조가 평소 미워하며 경계하던 세자빈을 제거하는 데 이 방법을 활용했고, 소용 조씨가 거들고 나섰던 것으로 보는 견해가 더 우세하다. 대표적인 예로 조선시대의 정치·사회·문화를 서술한 역사서 《연려실기술(燃藜室記述)》에서도 "소용 조씨가 세자빈을 저주하였고, '세자빈이 어선에 독약을 넣었다'고 무고하여 사사되었다"고 기록하고 있다.

수라간 출입을
철저하게 통제하라

🐟 외부 음식을 엄격하게 통제했지만…

수라간에서 왕을 비롯해 왕실의 밥상을 준비하는 과정은 승정원에서 관리했고, 관계자 외에는 허락을 받아야 출입이 가능할 정도로 엄격하게 통제했다. 물론 그 이유는 왕과 왕실을 위해 요리하는 데 사용되는 각종 식재료와 다양한 요리 도구들이 있는 수라간의 특수성과 고유성을 보호하고, 한편으로는 음식이 정치적 수단으로 이용되는 것을 방지하기 위함이었다. 그럼에도 수라간에서는 뜻하지 않은 사건·사고들이 종종 발생할 정도로 통제가 쉽지 않았다.

중종 17년(1522) 7월 9일 연은전(延恩殿) 수라간에 벼락이 쳐서 사람이 사망한 일도 있었다. 연은전은 경복궁 안에 있는 덕종(德宗, 1438~1457)의 위패봉안소(位牌奉安所)로, 덕종은 세조의 장남이자 성종의 아버지였다. 그는 세자에 책봉되었으나 왕위에 오르지 못하고 20세에 사망하여 성종이 즉위한 후 덕종으로 추존되었다. 당시 삼전 제조(三殿提調) 익양군(益陽君) 이회(李懷, 1488~1552)가 "연은전에 올릴 수라상을 차리는 동안 벼락이 쳤습니다. 각 색장 두 사람이 막 저녁 수라를 차리다가 갑자기 벼락을 맞아 한 사람은 즉사하고 한 사람은 약간 숨이 붙어 있습니다"라고 보고했다. 중종은 "이 일은 매우 놀라운 일이다. 일찍이 보건대 조종조에서는 궐내에 벼락이 친 일이 있어도 오히려 놀라움을 금하지 못했는데, 하물며 제향소(祭享所)에 벼락이 쳤음에랴? 더욱 공구 수성(恐懼修省)해야 할 일이다"라며 예전에 없었던 일이 발생하자 당황해서 즉시 승지와 사관에게 가서 살펴보라고 명했다. 명종 16년(1561) 4월 8일 왕이 출입하는 돈례문(敦禮門)과 왕을 호위하는 의장(儀仗)인 기둑(旗纛)에 벼락이 치자 명종이 이제까지 궁궐에 벼락이 친 일을 조사하여 신속하게 보고하라고 명하면서 중종 17년(1522) 연은전 수라간의 각 색장 처소에 벼락이 친 일에 대해 다시 거론하는 등 사람의 힘으로는 어떻게 할 수 없는 일들이 종종 발생했다.

수라간에는 궁궐 밖에서 만든 음식을 들여오는 것도 엄격하게 규제했고, 왕의 밥상에는 수라간에서 만든 음식이 아니면 올리지 않았다. 단종 즉위년(1452) 12월 26일 허후(許詡, ?~1453)가 단종에게 "수라간은 모름지기 엄해야 합니다. 법으로 금지하는 항목에 외부인이 수라간에 함부로 들어가면 그 죄가 사형에 해당합니다. 하물며 외인이 몰래 익힌 음식을 사사로이 올리는 것이겠습니까? 바라건대 지금부터는 외인이 익힌 음식을 갖추어 사사로이 올릴 수 없게 하소서"라고 아뢰면서 "세종조에 가끔 종친들 가운데 사사로이 음식물을 올리는 자가 있었으나 세종께서는 재위한 지가 오래고, 또한 사리에 밝아 마땅히 형편을 살피지 않음이 없었습니다"라며 세종 때 왕실 종친 등이 외부에서 만든 음식을 올리면 세종은 현명하고 연륜도 갖추었기 때문에 상황을 판단해서 허용한 사례가 있기는 하지만, 단종은 아직 어리기 때문에 외부에서 사사로이 올리는 음식은 금해야 한다면서 "만약 주상께서 다른 날 고금(古今)의 천재(天災)와 같은 사람의 힘으로는 피할 수 없는 큰 사건들을 널리 알게 되면, 신 등이 오늘 계청한 뜻을 알게 될 것입니다"라고 덧붙였다.

🐟 궁인의 출입은 반드시 승정원이 알게 하라

허후는 궁인들의 궁궐 밖 출입에 대해서도 "옛부터 궁궐 출입은 모름지기 엄하였습니다. 세종조에는 만약 시녀가 장차 그의 집에 나가게 되면 반드시 유사(有司)에게 명하여 의식(儀式)을 갖추어 나가게 하였고, 자고 들어오는 일이 없게 하였습니다. 이것은 다름이 아니라 궁궐 안의 일이 새어나가는 것을 염려하여서입니다"라고 아뢰었다. 허후는 끝까지 단종을 지키다 결국 거제도에 안치된 후 교살된 충신으로, 그가 수라간 음식과 궁궐 출입을 강력하게 통제해야 한다고 주장한 이유는 궁극적으로 어린 단종의 안전을 지키기 위해서였다. 당시 단종은 허후의 말을 따랐고 이후 지방의 물선을 진공하던 대궐 안의 진선문(進膳門)에도 "모든 사람은 사사로이 물선을 올리지 못하며, 또 궁인의 출입은 반드시 승정원으로 하여금 알게 하라"는 방(榜)이 붙었다.

수라간 통제는 조선 말기까지 지속되었지만, 외부 음식과 관계자가 아닌 사람들의 출입을 완벽하게 통제하지는 못했다. 특히 국가 기강이 해이

해질수록 수라간에서 다양한 사건·사고가 발생했다. 고종 35년(1898) 9월 24일 중추원 소속의 의관(議官) 서상우(徐相雨, 1831~1903)가 올린 상소문에 따르면 "지금부터 함부로 사람들을 독대하는 것을 허락하지 마시고, 외람되게 아무나 출입하지 못하게 하소서. 무릇 음식을 진어(進御)하는 데 있어서는 어주(御廚)에서 일상적으로 진공하는 것을 제외한 외국의 색다른 맛의 음식이라든가 사가의 음식은 절대로 궁궐 안에 들이지 못하게 하소서"라며 고종의 신변 안전을 위해 외부 음식의 반입과 관계자 외의 출입을 엄격하게 통제할 것을 건의한 것도 그 예였다.

또한 아무리 법이 엄격하고 철저했다고 해도 늘 예외는 있었고, 일률적으로 법을 적용하여 처벌하기에는 사연들이 너무나 다양했다. 이 때문에 규정을 어기고 수라간에 들어간 사람들이 모두 엄격하게 처벌받은 것은 아니었고, 때로는 이들의 처리를 놓고 조정에서 오래도록 논란이 이어지기도 했다. 수라간에 들어온 것이 의도적이었는지, 아니면 모르고 들어온 것인지에 따라 법 적용이 달라 논란이 발생한 것이 대표적인 예였다.

중종 20년(1525) 7월 1일 중종이 "어떤 사람이 함부로 차비문(差備門, 왕이 평상시에 머무는 편전의 앞문) 안의 수라간에 들어와서 징을 쳤다. 이는 지극히 외람된 짓이니 금부에 내려 추국하도록 하라. 파직 군사도 금부로 하여금 추국하도록 하고, 수직(守直) 별감(別監)은 형조에 내려 추국하도록 하라"며 수라간에 외부인이 함부로 들어간 책임을 물어 당직 관리와 경계를 섰던 병사까지 처벌하라고 명했다. 그러나 수라간에 들어간 외부인의 처리를 놓고 의견 차이를 좁히지 못해 오랫동안 논의가 이루어진 일도 있었다.

조선시대에는 백성들이 억울한 일을 호소하기 위해 궁궐 주변에서 징을 치는 일이 있었다. 특히 조선 후기에는 억울한 일을 하소연하기 위해 궁궐의 차비문 밖에 매달아둔 징을 친 후 하문을 기다리던 격쟁(擊錚)이라는 말도 생겨났다. 그런데 때때로 궁궐 안까지 들어와 징을 치는 일이 발생했고, 심지어 수라간까지 들어가기도 했다. 그런데 이들이 어떻게 궁궐에 들어왔고, 넓은 궁궐 안에서 왜 수라간을 선택했는지 그 이유에 따라 처벌 수위가 달랐다.

🐟 사형을 당하기도…

예전에도 일반인이 억울한 일을 호소하기 위해 궁궐 안으로 들어가 모르고 수라간까지 들어갔다 붙잡힌 적이 있었다. 그런데 조사 결과 '의도적으로 수라간에 들어간 것이 아니라 단지 억울함을 호소하려고 했다'는 정상이 참작되어 죄를 경감해준 사례가 있는 것으로 보아 일반인들이 궁궐 안으로 들어가는 것이 대단히 힘든 일은 아니었고, 다양한 방법이 있었던 것으로 보인다. 예를 들면 매일 수라간에 물품을 납품하기 위해 사람들이 궁궐 안으로 들어갈 때 몰래 무리에 끼어 수라간까지 무작정 따라갔거나 아니면 왕의 밥상을 준비하는 수라간에서 격쟁을 하면 더 빨리 주목받을 것으로 판단하고 의도적으로 수라간을 선택했을 가능성도 있었다. 그런데 〈중종실록〉에 따르면 이날 수라간에 들어간 "오계보(吳繼甫)는 사복시에 소속되어 왕과 왕실의 말을 끄는 종7품 잡직의 견마배(牽馬陪)로, '궁궐 지리를 잘 알고 있었던 그가 의도적으로 수라간에 들어갔다'는 죄로 사형을 당했다"고 한다. 그리고 사관은 이 사건을 기록하면서 오계보의 처형에 대해 다음과 같은 평을 남겨 놓았다.

"사신은 논한다 (……) 금부에 내려 추국하여 죄를 정하게 했으므로 마침내 이로 인해 죽었다. 궁문(宮門)은 엄숙하고 어주(御廚)는 깊숙하여 원래 제한이 있는 법이다. 그런데 외부 사람이 제한을 무시하고 들어갔으니 죄가 의당 죽어야 한다. 그러나 그가 들어간 것은 뜻이 원통한 일을 펴려는 데에 있었던 것으로 실정이 오히려 용서할 만했다. 한데도 마침내 중한 형벌을 받아 원한을 안은 채 죽었으니, 어찌 지나치게 무거운 일이 아니겠는가?"

과거에도 정상이 참작되어 죄를 경감해 준 사례가 있었고, 단지 궁궐 안의 지리를 안다는 이유로 사형에 처하는 것은 지나친 면이 있었다. 하지만 오계보의 처벌이 간단하게 결정된 것은 아니었다. 〈중종실록〉에는 오계보의 처리에 대해 두 차례에 걸친 논의를 기록으로 남겨 놓았는데, 첫 번째 논의는 사건이 발생하고 두 달이 더 지난 9월 16일에 있었다. 중종이 대신들에게 "어떻게 할 것인가?"라고 묻자 영사 남곤(南袞, 1471~1527)이 "이 사람도 원통함을 펴고 싶어 한 짓이니 정상을 참작하여 감형을 해 준 선례가 있기는 하지만, 이 사람은 평소 대궐 안에서 일을 보았으므로 차비문이 왕이 근무하는 대전에 지극히 가까운 곳임을 잘 알면서도 감히 함부로 들어갔으니, 마땅히 법대로 해야 합니다"라고 아뢰었다. 그러자 중종은 "그의 진정은 원통함을 펴고 싶어 한 것뿐이니, 모두들 의견이 어떤가?"라며 다른 대신들의 의견을 물었다. 참판 황맹헌(黃孟獻, 1472~?) 등이 "감히 어주(御廚, 왕의 식사를 준비하는 주방)에 들어갔으니, 정상을 참작한 선례를 적용할 수 없습니다"라고 아뢰자 중종 역시 "그의 진정은 원통함을 펴보려고 한 것이다. 그러나 후에 폐단이 있게 될 것이니 법대로 해야한다'라며 오계보를 처형하는 쪽으로 기우는 듯했지만, 반대하는 대신들도 물러서지 않았다.

🐟 궁궐에서 길을 잃다

지평 정언호(鄭彦浩)는 "오계보는 원통함을 펴려 했을 뿐이고 다른 뜻은 없었습니다. 이는 정상을 참작하여 감형한 사례도 있으니 처형하는 것은 신의 생각에 과다하다 싶어 다시 의논하기 바랍니다'라며 반대했다. 그러자 이번에는 남곤이 다음과 같은 이유로 오계보의 처형에 찬성하고 나섰다.

"외부인이 대궐 안인 줄을 모르고 잘못 들어온 것과는 같지 않습니다. 이 사람은 대궐 안임을 잘 알면서도 함부로 들어왔으니, 반드시 법대로 하여, 사람들이 대궐 안에 함부로 들어가서는 안 되는 것임을 알게 하는 것이 합당합니다. 요사이 왕이 거처하는 궁궐의 통제가 엄중하지 않아, 길 가는 사람들이 앞질러 가고 싶으면 더러 대궐 안으로 해서 다니니, 매우 불가합니다."

남곤은 왕의 신변을 보호하는 문제 외에도 왕이 거처하는 궁궐의 존엄성과 법의 기강을 세우기 위해서라도 원칙대로 처리할 것을 주장했다. 그런데 그가 '사람들이 지름길로 가기 위해 궁궐 안을 통해 다니는 일까지 있다'고 지적한 말도 주목된다.

조선시대의 역사와 문화를 대표하는 특징으로는 왕을 최고 정점으로 하여 중앙집권화된 통치 구조를 갖춘 왕조 사회를 꼽을 수 있으며, 궁궐은 이런 왕이 거처하며 통치하는 공간이었다. 따라서 조선시대의 궁궐은 왕조 사회를 대표적으로 상징하는 공간이면서 동시에 정치의 중심 무대였다. 그런데 사람들이 지름길로 활용하기 위해 궁궐로 들어와서 가로질러 갔다는 것은 당시 사람들의 궁궐에 대한 인식을 보여주는 예였다. 이 때문에 대신들 사이에서는 이러한 분위기를 바로잡기 위해서라도 "의도적으로 왕의 거처와 가까운 곳에 있는 수라간까지 들어와서 징을 친 행위는 엄하게 다스려야 한다"는 의견에 힘이 실렸다. 그러나 정상을 참작해야 한다는 반대 의견도 적지 않아 이날 결론을 내리지 못했다.

두 번째 논의는 20여 일이 지난 10월 7일에 있었다. 이날도 대신들의 의견이 찬반으로 나뉘자 중종은 "비록 오계보가 억울함을 알리려고 했지만, 대궐 안에 드나들기를 두려워하지 않는다면 후에 폐단이 있게 될 것이며, 들어가면 안 되는 줄 알면서도 함부로 들어왔으니, 반드시 율(律)대로 한 다음에야 뒷날의 폐단을 막을 수 있을 것이다"라며 법대로 처리하라고 명했다. 그런데 오계보의 일이 아직 마무리되지 않았던 같은 해 9월 5일 선비 이효종(李孝終)이 병조에 용무가 있어서 궁궐에 들어왔다가 길을 몰라 수라간으로 들어간 일도 있었다. 보고를 받은 중종은 "잡인(雜人)이 대궐 안에 들어오면 마땅히 금지해야 하는 데도 금지하지 않았으니, 내관을 추고하라"며 수라간 출입을 통제하지 못한 내관에게 죄를 물었으나 조사 결과 이효원이 수라간에 들어간 것은 길을 몰랐기 때문이라며 정상을 참작하여 죄를 묻지 않았다.

김씨 성의
수라간 나인을 찾아라

🐟 수라간에서 일하는 자들을 선별할 것을 건의하다

경종 2년(1722) 8월 18일 영의정 조태구(趙泰耈, 1660~1723)는 "경종이 즉위한 해 12월 김씨 성의 궁인이 수라상에 올린 음식에 독을 타서 경종의 독살을 시도했다"고 주장하면서 "지금 궁궐에는 집사(執事)와 나인 외에 아무 관계도 없는 사람들 또한 반드시 많을 것이니, 말이나 행동을 삼가고 조심하는 자를 가려서 수라의 임무를 다스리도록 하고, 그 나머지 긴요하지 않은 자는 점차로 가려 내보낸다면 그 숨어 있는 근심을 방비하는 데에 도움이 없지 않을 것입니다"라며 수라간 사람들을 선별하여 일하게 하고 나머지는 궁궐 밖으로 쫓아내 다시 왕의 독살 시도를 차단해야 한다고 건의했다. 당시 조태구는 "2년 전 모종의 사건에 연루되어 조사받았던 김성절(金盛節)의 진술서로 이 사실을 알게 되었다"고 했다.

왕의 독살을 시도했다는 사실이 뒤늦게 밝혀졌다고 해도 철저하게 조사하는 것이 원칙이었다. 따라서 2년이 지난 사건이었지만, 조태구의 발언이 이상할 것은 없었다. 더구나 조태구는 영의정이었고, "당시 전하께서 식사를 한 직후 갑자기 크게 담수(痰水)를 토하시었는데, 거의 반 대야에 이르렀으며, 색깔이 몹시 좋지 않았다"고 당시 상황까지 구체적으로 파악하고 있었다. 그리고 "의서(醫書)에 이르기를, '독을 마신 경우 비록 3년이나 지났다고 하더라도 다시 발생하는 근심이 있다'고 하였으니, 해독하는 약제를 복용하지 않을 수 없습니다"라며 의서까지 인용해 여전히 위험성이 남아 있다며 사건의 심각성을 강조했다.

그러나 조사는 쉽지 않았다. 경종이 즉위한 후 소론의 거두 김일경(金一鏡, 1662~1724) 등이 정권을 잡고 노론 탄압에 앞장섰는데, 당시 소론이 노론의 구신(舊臣)들을 몰아낼 때 조태구가 이름을 거론한 김성절도 연좌되어 파직되었다. 그리고 경종 2년(1722) 역모 사건과 관련한 조사를 받는 과정에서 지관(地官) 목호룡(睦虎龍, 1684~1724)의 고변으로 관련자들이 체포되었을 때 김성절도 다시 체포되어 문초를 받았다. 이 사건은 김창집(金昌集)·이이명(李頤命)·이건명(李健命)·조태채(趙泰采) 등 이른바 노론 사대신들이 "경종이 병약하고, 세자가 없으니 경종의 이복동생 영조를 세제(世弟)로 삼아야 한다"고 주장하고 나서자 김일경 등이 비밀리에 환관과 궁녀까지 끌어들여 숙종 때의 군신들을 제거하기 위해 모의를 하다가 발각되어 관련자들이 처형된 일을 말한다. 그리고 이 과정에서 김일경은 다시 목호룡을 시켜 큰 사건을 조작하여 왕에게 모함을 아뢰게 했다. 당시 김성절이 고문에 못 이겨 허위자백을 했다는 이야기도 전한다.

영의정 조태구는 "성격이 온아하고 위풍이 있었으며, 평소 검소한 생활을 하여 여러 번 외직에 나갔어도 재물을 쌓아두지 않았다. 다만 강인한 성격이 못 되어 남의 부탁을 잘 받아들였으므로 관직에 있을 때 잘 다스리지는 못했다"고 평가받는 인물로, 신임사화(辛壬士禍)로 노론 사대신이 처형당한 뒤 영의정에 오른 후 소론의 영수로 최석항(崔錫恒, 1654~1724)·김일경 등과 국론을 주도했다. 이후 소론이 과격파와 온건파로 나뉘어 정책 결정을 놓고 논쟁을 벌이게 되자 윤순(尹淳, 1680~1741)과 함께 온건파를 이끌며 노론과 대립하던 중 경종 1년(1721) 노론 사대신의 주청에 의해 연잉군(延礽君, 영조)이 세제로 책봉되자, 유봉휘(柳鳳輝, 1659~1727)에게 반대의 소를 올리게 했다. 그리고 세제(영조)의 대리청정이 실시되자 최석항 등과 함께 반대하여 대리청정의 환수를 청하여 실현했고, 이때부터 소론 세력은 세제의 대리청정을 지지한 노론 측의 행동을 역(逆)이라 규정하여 정치적 공세를 폈다. 따라서 조태구의 발언은 사실 여부와 관계없이 왕권을 둘러싼 정파 간의 대립이라는 정치적 성격도 담겨 있었다.

김씨 성의 수라간 나인은 어디에…

이 사건은 경종이 허락하여 국청이 열렸고, "독약을 사용했다는 김씨 성의 수라간 나인을 조사해야 한다"는 주장이 나왔다. 그러나 경종은 "이미 조사했으나 그런 사람은 없었다"며 받아들이지 않았고, 다시 조사해야 한다는 주장이 거듭되었지만, 경종은 "원래 없었다"고 답하면서 "나인을 조사해 내는 것은 원래 어려운 일이 아니나, 노론을 타도하려는 계책은 더욱 지극히 근거가 없으니, 이 뒤로 이와 같은 문자는 써서 들이지 말라"고 명하여 이 문제가 당쟁과도 연관이 있다는 암시를 남겨 놓았다. 그러나 〈경종실록〉에는 "이때에 여러 적(賊)들이 차례로 납득하여 따랐는데, 김성절의 진술서에 이르러서는 더욱 음침하고 참혹하니, 인정이 바야흐로 독약을 쓴 궁인을 알아내지 못하였다 하여 분하게 여기었다. 그런데 왕명을 받들어 대신들이 논의하여 보고한 것에 대한 왕의 비답이 뜻밖에서 나왔으므로, 많은 사람들이 모두 의혹해하였으나, 그 단서를 알지 못하였다"라며 경종의 태도에 대한 의문을 남겨 놓았다.

해를 넘긴 경종 3년(1723) 2월 4일에도 사간원에서 "김씨 성을 가진 궁인이 비록 한두 사람이 아니라 하더라도 직무상 맡은 임무와 관직을 상고할 수 있을 것입니다"라며 김씨 성의 나인을 찾는 것이 불가능하지 않다고 주장했고, "이 역적을 끝까지 조사하여 죄를 밝혀내지 못한다면 신은 종사의 안위가 안정되지 못함이 있지 않을까 두렵습니다. 청컨대 김씨 성을 가진 궁인 중에서 의심스럽고 유사한 자는 모조리 국청에 회부하고 그 범인을 분명히 조사하여 쾌히 왕법(王法)을 바로잡도록 하소서"라며 반드시 김씨 성의 나인을 찾아내 처벌할 것을 주장했다. 그러나 이때도 경종은 허락하지 않았고, 10여 개월이 지난 12월 18일 "흉악한 짓을 한 정황이 김성절의 진술서에서 죄다 드러났다"며 삼사에서 함께 복합(伏閤)하여 다시 다음과 같이 주청했다.

"[경종이] 누런 물을 토해 내셨음이 내의원의 비답(批答)에 상세히 실려 있으니, 착착 서로 들어맞아 그 달과 날짜를 상고할 수 있으며, 그때 어선을 맡았던 여관(女官) 또한 많은 사람이 아닙니다. 혹자는 성명(聖明, 왕)께서 죄가 없는 자가 섞여 들어갈까 염려하신다 합니다만, 지금 만약 출부(出付, 공문을 보냄)하신다면, 국청에서도 또한 성상께서 죄수를 신중하게 처리하시는 어진 덕을 깊이 생각하여 밝게 사실을 조사해 낼 것입니다."

여기서 복합은 '나라에 큰일이 있을 때 조신 또는 유생들이 대궐의 문밖에 이르러 상소하고, 왕의 재가(裁可)가 날 때까지 엎드려 청하던 것'을 말한다. 당시 복합의 규모와 기간 등 구체적인 내용은 알 수 없지만, 경종이 얼마나 압박을 받았는지는 짐작할 수 있다. 그러나 경종은 여전히 "찾아봤지만 없었다. 어선을 관장하는 궁인이 그 얼마인지 알 수가 없는데, 어떻게 터무니없는 말로써 조사해 낼 수 있겠는가? 번거롭게 말라"며 허락하지 않았다. 4일 후인 12월 22일에도 좌의정 최석항과 우의정 이광좌 등이 2품 이상 관원들을 거느리고 빈청에 모여 "행약(行藥)한 궁비(宮婢)에 대하여 빨리 명백한 조사를 명하시고 출부하시어 쾌히 법을 바로잡으소서"라고 주장했지만, 경종은 "이번의 임금에게 올리는 글은 실로 종묘사직을 위하는 뜻에서 나왔으나 조사해 보았더니 어선을 맡은 궁인 중에는 비슷한 자가 없었다"며 대신들의 마음은 충분히 알겠으나 조사 결과 그런 사람은 없다고 답했다.

🐟 안 찾는 건지, 못 찾는 건지…

해를 넘겨 경종 4년(1724) 윤 4월 7일 삼사에서 김씨 성을 가진 궁인의 일을 다시 거론했다. 이 자리에서 정언 구명규(具命奎, 1693~1754)는 "명나라 홍무(洪武) 연간에 궁궐에서 저주한 변고가 있었는데, 이때 고황제(高皇帝)가 온 궁중의 궁인을 다 죽였습니다. 청컨대 어선을 맡았던 궁인을 모두 찾아내어 외옥(外獄)에 넘기소서"라며 명나라 사례까지 들면서 어떤 희생을 치르더라도 반드시 김씨 성의 나인을 찾아내 처벌해야 한다고 주장했다. 그러나 〈경종실록〉에는 "삼가 살펴보건대 예로부터 인주(人主)로서 잔인하게 학살을 감행함이 명나라 고황제 같은 이가 없는데, 남의 신하가 되어 당시 임금에게 진언(進言)을 하면서 정작 이것으로 경계는 하지 못할망정 도리어 이것으로 법을 삼으라고 권하였으니, 무식함이 심하도다"라며 구명규의 발언을 혹평했으나 이후에도 "독약을 쓴 한 가지 일은 터무니없는 말이 아니고, 사건의 맥락과 지름길이 분명합니다"라며 독약을 사용한 김씨 성의 수라간 나인이 분명히 존재한다는 주장이 이어졌고, 경종이 사망하고 영조가 즉위한 후에는 김씨 성의 수라간 나인이 김상궁이라는 말까지 돌았다.

영조 즉위년(1724) 9월 11일 대사헌 이명언(李明彦, 1692~1724) 등이 "대행왕(大行王, 경종) 때 처음에는 출부하도록 허락하였다가 나중에는 '사실이 없다느니', '마침내 없었다느니' 하는 하교가 있었으므로, 조정은 물론 민간에서도 의혹스럽게 여겼던 것입니다"라며 경종이 김씨 성의 나인을 의도적으로 찾지 않았다는 의혹까지 제기하면서 "역비(逆婢)의 정황은 적의 진술과 내의원의 일기에서 죄다 드러났으므로 조사해 낼 길이 있습니다. 성상께서 그 의심이 가는 사람을 생각하셔서 유사(有司)에 회부시켜 한 차례 엄중하게 조사하게 하면 다시 유감이 없겠습니다"라며 왕이 마음만 먹으면 범인을 찾아낼 수 있으니 한 번만 더 조사할 수 있도록 허락해 달라고 청했다.

그러나 영조는 "거룩하신 임금(경종)의 말씀이 어찌 있는 것을 가지고 없다고 하였겠는가? 죄인들이 조사받을 때 죽음을 면하려고 없는 말을 지어냈을 수 있고, 이미 선조(경종)가 조사하여 근거를 찾지 못했다고 명했으니 왕명을 무시할 수는 없다"며 허락하지 않았다. 하지만 박윤동(朴胤東)은 "범인을 찾기 어렵다면, 당시 수라상을 담당했던 궁인을 조사하는 것은 어렵지 않다"고 주장했다. 그런데 박윤동이 '우리들(吾輩)'이라는 표현을 쓰자 승지 유수(柳綏)가 '망발(妄發)을 했다'며 문제를 삼았고, 박윤동은 물러나겠다고 맞섰다. 영조가 "사퇴(辭退)하지 말라"고 명해 일단락되기는 했지만, 논란은 여전히 가라앉지 않았다.

소론의 거두 김일경의 구원에 힘쓰다 파직되기도 했던 이거원(李巨源, 1685~1755)은 "독약을 쓴 한 가지 일은 터무니없는 말이 아니고, 사건의 맥락과 지름길이 분명합니다. (……) 전하께서는 '번거롭게 하지 말라'고 비답하시니, 신은 매우 의혹스럽게 여깁니다"라고 주장하는 등 계속해서 의혹을 제기하자 영조는 "일찍이 선왕조(先王朝) 때에 역비에 대해서는 다만 그 성만을 알고 그 이름은 없었다. 그래서 이름을 물어보는 하교가 있었는데, 만약 과연 이름이 있었다면 선왕께서 반드시 조처하셨을 것이다. 그러나 선왕께서 '본래 그런 일이 없었다'고 하교하셨다"며 김씨 성의 나인이 있었다면 조사 과정에서 이름이 밝혀졌을 것이고 경종이 반드시 처벌했을 것이라고 잘라 말하면서 "이미 본래 그런 일이 없었다는 것을 분명히 알고서도 아직까지 의심을 품고 있어야 하겠는가? 선왕께서 본래 그런 일이 없었다고 한 것을 가지고 지금 만약에 의심을 그대로 품고 있다면, 이는 도리상 옳지 못하다. 대신들도 이미 임금에게 올리는 보고서에서 죄인의 이름을 빼버렸는데, 그 사람이 죽었는지 살아 있는지를 지금 와서 어찌 다시 논할 수 있겠는가?"라며 이미 경종이 현명하게 처리한 사건을 다시 거론하는 것은 불경하다는 이유까지 내세우며 허락하지 않았다.

🐟 경종과 영조는 왜 소극적이었을까?

〈영조실록〉에는 "이보다 앞서 신치운(申致雲, 1700~1755) 등이 박필몽(朴弼夢, 1668~1728)과 김일경의 풍지(風旨)에 생각이 미쳐 복합(伏閤)하여 김씨 성을 가진 궁인의 일을 거론한 적이 있었다"는 기록이 보인다. 여기서 풍지는 '분명하게 표현되지는 않았으나 분위기나 암시 또는 소문으로 나타나는 특정인의 의도나 속마음'을 뜻하고, 신치운은 소론의 신예(新銳)로 노론의 거두 권상하(權尙夏, 1641~1721)와 이희조(李喜朝, 1655~1724) 등의 축출에 앞장섰던 인물이다. 따라서 소론에서도 김씨 성의 나인이 존재하지 않는다는 사실을 알고 있었음을 암시하고 있다. 그리고 "대왕대비 역시 김씨 성의 나인이 존재하지 않는다"고 말했다며 다음과 같이 기록으로 남겨 놓았다.

"대왕대비가 일찍이 숙명공주(淑明公主, 효종 3녀)의 아들 심정보(沈廷輔)의 아내인 이씨에게 말하기를, '궁중에 진실로 의심스러운 일이 있으면 주상이 어찌 윤허하지 아니하였겠으며, 나도 어찌 분명하게 조사해서 출부하지 아니하였겠는가? 그러나 궁중에 진실로 그런 사람이 없는데 왕이 정사를 보는 곳에서 고집하여 그치지 않고 있으니, 무엇 때문인가?'라고 했다."

뿐만 아니라 〈영조실록〉에는 "이진유가 그 말을 듣고는 다시 그 논의를 주장하지 아니하였다"며 김씨 성의 나인은 존재하지 않는데 무언가 의도가 있다며 다음과 같이 덧붙였다.

> "이명언은 곧 이진유와 생사를 같이하는 무리이므로 그 말을 듣지 않았을 리가 없을 것인데, 지금 거짓으로 모르는 척하며 또다시 그 일을 확대시켜 국상(國喪)을 당하여 조의를 표하는 뜻으로 일정 기간 동안 공무(公務)를 정지하는 옛 관례를 무시하고 혹은 아뢰며, 혹은 대답하면서 생사를 가리지 아니하고 맹렬하게 싸우는 계책을 삼고 있으니, 상식이 있는 사람들은 이를 걱정하였다."

여기서 심정보의 아내 이씨는 이진유(李眞儒, 1669~1730)의 고모였고, 이진유는 소론 출신이었다. 이진유는 경종 2년(1722) 사간(司諫)으로 재직할 때 세제(영조)의 대리청정을 건의한 노론 사대신을 탄핵하여 제거에 앞장섰고, 김일경 등과 함께 신임사화를 일으켜 노론의 숙청에 참여했던 인물이다. 그러나 그는 영조 1년(1725) 노론이 등용되자 아주 먼 외딴 지역으로 유배되었다가 다시 중앙으로 압송되어 문초를 받던 중 옥사했다.

이처럼 〈영조실록〉에서 소론이었던 이진유도 김씨 성 나인의 존재에 대해 거론하지 않았다고 강조한 이유는 '김씨 성의 나인이 실체가 있으니 반드시 찾아내 조사해야 한다'고 주장한 쪽이 소론이었기 때문이다. 반면, 경종을 인정하지 않았던 노론은 세제(영조)의 대리청정을 지지했고, 소론은 이런 노론을 적극적으로 공격했다. 따라서 노론과 소론은 사실 여부와 관계없이 김씨 성을 가진 나인의 존재를 두고 상대를 공격할 기회를 만들기 위해 대립한 것으로 해석된다.

누가 그 책임을 담당해야 하겠는가?

김씨 성을 가진 나인의 존재를 두고 보인 경종과 영조의 태도도 주목된다. 경종의 경우 자신을 독살하려고 했던 사건이었음에도 배후를 밝혀야 한다는 대신들의 주장에 소극적이었던 구체적인 이유는 알 수 없다. 다만 심약했던 경종이 정쟁에 휘말려 영조를 포함해 또 다른 희생자(?)가 발생하는 것을 우려했던 것으로 추정할 뿐이다. 그리고 세제였던 영조는 이 사건의 배후로 의심받았고, 즉위한 후에는 경종에게 게장과 곶감을 먹여 사망하게 했다는 의혹까지 받았다. 이 때문에 운신의 폭이 좁았던 영조는 자신의 목소리를 내기보다는 경종의 유지를 내세워 끝까지 허락하지 않고 소극적으로 대응했다. 영조가 "김씨 성을 가진 자로 인하여 어선을 담당했던 사람을 다 내쫓는다면 일이 명백하지 못하고 명분도 올바르지 못하다. 만약에 그 사람이 있었다면 선왕께서 어찌 조사하여 내쫓지 아니하였겠는가? 내쫓는 것이 비록 아름다운 일이기는 하나 그것은 명분이 없는 데에 가까운 것이다"라고 선왕인 경종의 결정을 존중해야 한다면서 '실체도 명분도 없다'고 강조한 것이 그 예였다.

결국 김씨 성의 수라간 나인은 찾지 못했고, 〈영조실록〉에는 "김씨 성의 궁인 일은 김일경·박필몽 등이 김창집과 대단히 가까운 사이인 영빈 김씨를 은연중에 가리킨 것이며, 이로써 모든 김씨를 일망타진하려 하고 상소를 연명해서 올린 여러 신하들에게 언급한 것이었다"라며 숙종의 후궁 영빈 김씨(寧嬪 金氏, 1669~1735)를 거론하면서, "그래서 감히 선왕의 하교를 가리켜 사실이 없는 것이라고 일컬으면서 새 임금에게 따진 것이다. 아! 이거원이 말한 '윤리와 기강이 멸망하여 아주 없어졌다'고 한 것은 누가 그 책임을 담당해야 하겠는가?"라는 기록을 남겨 놓았다.

영빈 김씨는 공조참판 등을 지낸 김수증(金壽增, 1624~1701)의 손녀로, 그의 친동생 김수흥(金壽興, 1626~1690)과 김수항(金壽恒, 1629~1689) 형제도 모두 영의정을 지냈다. 특히 김수항은 서인 출신으로 노론의 영수를 지내는 등 그녀의 집안은 당시 최고의 권세가로 꼽혔다. 그녀는 숙종의 계비 인현왕후의 추천으로 숙의에 간택되어 숙종의 후궁이 된 것으로 전한다. 명문가 출신도 정식 간택 절차를 밟아 후궁이 되는 경우가 있었지만, 최고의 명문가로 노론 집안 출신인 그녀가 숙종의 후궁이 된 이유는 당시 숙종의 총애를 받던 희빈 장씨를 견제하기 위해서였다.

그러나 그녀는 숙종의 총애를 받지 못했고, 숙종 15년(1689) 희빈 장씨가 출산한 아들(경종)을 원자로 정하는 것에 반대한 서인이 축출되고 남인이 권력을 장악한 기사환국(己巳換局) 때 인현왕후와 함께 그녀도 궁궐에서 쫓겨났다가 숙종 20년(1694) 남인이 몰락하고 서인이 다시 집권한 갑술환국(甲戌換局)으로 인현왕후와 함께 작호(爵號)를 회복하고 귀인(貴人)으로 복위되어 궁궐로 돌아왔다. 인현왕후가 사망한 뒤 인원왕후(仁元王后, 1687~1757)가 숙종의 두 번째 계비로 책봉되었을 때 영빈에 봉해졌고, 1720년 숙종이 사망하고 희빈 장씨의 아들 경종이 즉위한 후 관례에 따라 궐 밖으로 나와 생활하게 된다.

그러나 경종이 즉위한 후 "노론이 숙종 말년부터 경종을 제거하려는 음모를 꾸며왔다"는 목호룡의 고변으로 소론이 노론의 숙청에 나섰고, 영빈 김씨는 경종 독살 사건의 배후로 지목되어 소론의 탄핵을 받았다. 심지어 경종 1년 신임사화(辛壬士禍) 때는 그녀를 처형해야 한다는 주장까지 나왔으나 당시 대비의 자리에 있던 인원왕후의 비호로 무사할 수 있었다. 그리고 1724년 경종이 즉위 4년 만에 사망하고 노론과 가까웠던 영조가 즉위한 후 각별한 예우를 받으며 살다가 영조 11년(1735) 67세로 세상을 떠났다. 그녀는 사망할 때까지 경종의 독살이나 김씨 성의 나인에 대해 한마디도 남기지 않았기 때문에 더 이상 이 사건에 대해 구체적으로 밝혀진 사실은 없었다.

수라간이 역모 사건으로 주목받은 이유는?

🐟 수라간에서 역모의 주모자까지 나오다

인조 6년(1628) 1월 3일 신서희(申瑞禧)가 김진성(金振聲) 등과 함께 "허유(許逌)·허정(許珽)·이우명(李友明) 등이 반역을 모의했다"고 고변했다. 이 사건은 민간에서도 역모의 주모자와 군사의 동원, 왕의 시해 방법 등에 대해서 다양한 이야기가 돌아다닐 정도로 사람들의 주목을 받았다. 이 때문에 이날 이미 50여 명이나 체포되어 "그들의 공초 내용은 대략 서로 같았는데 그 흉참스런 이야기는 모두 다 기록할 수가 없다"는 조사 결과를 발표할 정도로 신속하게 사건 처리가 이루어졌고, 이들의 목적은 쫓겨난 광해군의 옹립으로 밝혀졌다. 그리고 역모를 자복한 이들은 모두 처형당했는데, 이들 중에는 수라간에서 일하던 반감 이효일(李孝一)도 포함되어 있었다.

정조 1년(1777) 8월 11일 은전군(恩全君) 이찬(李襸)을 추대하여 반정을 꾀하려다 붙잡힌 일당이 조사를 받고 처형된 일도 있었다. 이찬은 사도세자의 서자로 정조에게는 이복동생이었다. 이 사건을 포함해 정조 즉위 초에 일어났던 정조 저주 사건과 암살 미수 사건 등 3대 사건을 '정유역변(丁酉逆變)'이라고도 한다. 특히 이 사건은 "노론에서 정조에게 이복동생을 죽이라고 압박하여 정조를 궁지에 몰아세워 정치적 입지를 강화하려는 의도에서 벌였다"는 이야기가 나올 정도로 정치적으로 커다란 파장을 일으켰고, 갓 즉위한 정조로서는 부담이 클 수밖에 없었다.

이 사건은 조사 과정에서 "이찬을 왕으로 추대하려고 했다"는 진술이 나오자 관련자들만 100여 명이 넘게 처벌되었고, 죽은 자만 수십 명이었다. 심지어 죄가 명확하게 밝혀지기도 전에 고문으로 사망한 자가 더 많았고, 위로는 대궐의 가장 웃어른으로 영조의 계비이자 당시 대왕대비의 자리에 있었던 정순왕후를 비롯해 왕의 호위군관부터 아래로는 나인과 내시 그리고 청소를 담당했던 조라치 등 궁궐에서 잡일을 하던 말단 궁인들까지 다양한 부류의 사람들이 연루되었거나 의심을 받았다. 또한 조사 과정에서 "김흥복(金興福)이 바야흐로 반감으로 있었기에 궁인들에게 연줄을 대고 환관들과 결탁하여 최세복(崔世福)을 통해 대궐에서 차일(遮日)과 휘장 따위를 치는 일을 맡아보던 배설방(排設房)과 관아의 창고를 보살피고 지키던 고직(庫直)으로 차출되기를 도모하여 오래 대궐 안에 있으며 기회를 엿보아 흉계를 부리는 계획을 했었습니다"라는 진술이 나왔고, 스스로 반감이라고 밝힌 김흥복이 주모자로 지목되어 주목을 받았다.

🐟 역모 사건에서 수라간 관원들이 주목받은 이유는?

왕실이나 궁궐 요리사는 물론 수라간에서 일하는 관원들은 역모를 모의하는 과정에서 우선적 포섭 대상이었고, 때로는 주모자급으로 적극 가담하는 경우도 있었다. 기본적으로 이들은 왕의 밥상에 독을 타는 등 직접 왕을 제거할 수 있는 기회를 만들 수 있었고, 업무 특성상 왕이 어디에 머물고 있는지를 빠르고 정확하게 알아내는 데 유리했다. 그리고 왕이 머무는 곳에 대한 지리에 밝아서 궁궐에 들어온 반란군들을 왕이 있는 곳으로 신속하게 이동할 수 있도록 길 안내를 할 수 있었다. 뿐만 아니라 왕을 가까이에서 모시며 일하는 사람들과의 인간관계를 활용하여 왕을 비롯해 궁궐 안의 돌아가는 사정을 살피는 등 다양한 정보를 확보하고, 이들의 협조를 얻어 집안 식구나 지인의 자녀를 궁궐에 들여보내 수라간 등에서 일할 수 있도록 주선한 후 함께 역모의 기회를 엿보기도 했다. 특히 조선 후기로 갈수록 역모 사건이 발생하면 수라간에서 일하는 관원들의 이름이 자주 거론되었고, 조사 과정에서 이들의 진술이 결정적인 영향을 미쳤기 때문에 특별히 주목을 받았다. 당시 사건에서도 왕이 거처하는 대전의 수라간 궁녀 묵세(墨世)가 주목을 받았다. 그녀의 진술에 따라 왕을 비롯해 반대파를 궁지에 몰아넣을 수도 있었다.

묵세는 불과 16세의 어린 나이에 역모 사건에 연루되어 체포되었고, 조사를 받는 과정에서 모진 고문을 받았다. 하지만 특별한 혐의를 찾아내지 못해 다행히 사형을 면했고, 육지에서 아주 멀리 떨어진 외딴섬으로 유배되었다. 그러나 사간원에서 다시 조사하기 위해 묵세를 궁궐로 불러들였고, 엄하게 심문을 받는 과정에서 곤장을 맞다가 그만 사망하고 말았다. 당시 묵세는 혹여라도 정조에게 불리한 영향을 미칠 것을 우려하여 입을 다물고 단 한마디도 하지 않았던 것으로 전한다. 정조는 이때의 일을 가상하게 여겼고, 정조 3년(1779) 나라에서 묵세의 충성과 절의를 인정하여 그가 살았던 집터를 찾아 특별히 효자나 열녀 등 착한 행실을 널리 알리기 위해 세워주었던 홍살문을 내렸다.

서양 요리사는 왜 고종의 독살을 시도했나?

고종 35년(1898) 9월 12일 궁내부 대신 이재순(李載純, 1851~1904)이 고종이 독살당할 뻔했던 사건이 발생하자 "방금 삼가 듣건대, 전하와 태자가 동시에 건강을 상하였다고 하는데 수라를 진공할 때 애당초 신중히 살피지 못하여 몸이 편치 않게 되었으니, 너무나 놀랍고 송구합니다. 거행한 사람들을 모두 법무행정을 관장하는 관청으로 하여금 철저히 조사하여 범죄 사실을 밝혀내게 하고 근본 원인을 조사하여 나라의 형률을 바로잡게 하는 것이 어떻겠습니까?"라고 아뢰었다. 이에 고종은 "경무청(警務廳)으로 하여금 근본 원인을 엄히 밝혀내게 하겠다"고 답하여 조사가 시작되었다.

이 사건은 김홍륙(金鴻陸, ?~1898)이 고종의 독살을 시도하여 황태자였던 순종까지 목숨을 잃을 뻔했으나 다행히 목숨을 구했던 '김홍륙 독차 사건'이었다. 김홍륙이 고종의 독살을 시도한 원인은 2년 전인 고종 33년(1896) 2월 아관파천으로부터 시작된다. 함경도 출신으로 천민이었던 김홍륙은 블라디보스토크를 내왕하면서 러시아어를 배워 역관(譯官)으로 특채되었다. 이후 조선에서 유일한 러시아어 통역관으로 활동한 그는 이완용 등 친러파와 결탁하여 아관파천에 협조했다. 이후 친러파가 득세하자 김홍륙도 주목을 받았다. 특히 그는 고종과 웨베르(Weaber) 사이의 통역을 맡아 고종의 총애를 받게 되면서 권력에 더욱 가까워졌다. 그러나 그는 권세를 부리고 뇌물을 탐하여 주변으로부터 비난을 받았고, 안하무인으로 행동하다가 결국 고종의 눈 밖에 나고 말았다. 이듬해인 고종 34년(1897) 2월, 1년 만에 환궁하게 된 고종은 규장각 학사 이재순에게 "김홍륙을 몰래 처단하라"고 명했다. 이재순은 자객들을 동원해 백주 대로에서 김홍륙을 덮쳤으나 실패했고, 목숨을 건진 김홍륙은 범인을 찾아내기 위해 광분했다. 결국 자객들 가운데 한 명인 유진구가 붙잡혀 재판에 넘겨졌고, 유진구에게 태형 100대에 종신 유배형이 내려졌다. 그리고 경무사 이충구(李忠求)는 업무태만의 책임을 물어 파면되는 것으로 사건이 종결되는 듯했다. 그러나 '가렴주구 김홍륙을 처벌하라'는 상소가 연일 올라왔고, 친러파가 몰락하면서 결국 김홍륙도 관직에서 물러나게 된다. 그리고 같은 해 8월 러시아와의 교섭 과정에서 거액을 착복한 사실이 드러나 흑산도 유배형이 선고되었다.

김홍륙은 자신을 유배형에 처한 고종에게 앙심을 품었고, 유배지로 떠나기 직전에 심복 공홍식(孔洪植)에게 고종을 독살하라고 지시했다. 공홍식은 김홍륙의 추천을 받아 궁궐 주방에서 외국 요리를 전담하던 요리사로 전한다. 당시 김홍륙은 공홍식에게 아편 한 냥을 주면서 어선에 섞어 올릴 것을 은밀하게 사주했고, 공홍식은 다시 김종화(金鍾和)를 만나 김홍륙에게 사주받은 내용을 자세히 말하면서 "이 약물을 고종이 마실 차에 섞어서 올리면 마땅히 1천 원(元)의 은(銀)으로 수고에 보답하겠다"고 약속

했다. 김종화는 일찍이 궁궐 내 보현당(寶賢堂)의 창고지기로 일했고, 고종에게 식사를 올리는 서양 요리사를 보조한 것으로 전한다.

🐟 수라간 관계자들이 줄줄이 처벌받다

김종화는 기회를 엿보다가 주방으로 들어가 커피 주전자에 약을 넣어 고종에게 올렸다. 개항 이후인 1880년대 중반에 이미 커피를 마시기 시작한 고종은 이후 커피 맛에 대단히 익숙할 정도로 커피를 즐겼다. 이날 고종은 커피 냄새를 맡아보고는 이상하다며 마시지 않았다. 그러나 아무것도 모르는 태자는 커피를 마셨고, 토를 하며 쓰러졌으나 다행히 생명에는 지장이 없었다. 이때가 고종 35년(1898)년 9월 12일이었다.

이후 "순종이 독을 탄 커피를 마시고 젊은 나이에 이빨이 빠져서 틀니에 의지하게 되었다"거나 "순종의 건강이 크게 나빠졌다"는 이야기가 돌았고, 심지어 "순종이 바보가 되었다"는 등 전국적으로 흉흉한 소문들이 사람들의 입에 오르내렸다. 그리고 자료에 따라 이 사건의 처리 과정에 대해서 각기 다른 내용이 전할 정도로 다양한 이야기들이 꼬리를 물고 이어졌다. 이 자료들의 내용을 종합해서 요약하면 대략 다음과 같다.

공홍식이 체포되어 조사 과정에서 김홍륙의 범행을 자백했고, 유배지로 내려가던 김홍륙은 다시 한양으로 소환되었다. 이 사실이 알려지자 "대역죄인 김홍륙과 공홍식, 김종화를 사형에 처하라"는 상소가 빗발쳤고, 많은 사람들이 이 사건과 관련해 조사를 받은 후 재판에 넘겨졌다. 이들 중에는 궁궐 요리사와 이들의 보조자 그리고 음식을 점검하고 운반하는 등 왕의 밥상과 관련된 자들도 포함되어 있었다. 예를 들면 궁궐 요리사였던 김영기(金永基)·엄순석(嚴順石)·김연홍(金連興)·김홍길(金興吉)·강홍근(姜興根) 등이 조사를 받고 재판에 넘겨졌다. 재판 기록에 따르면 "이들은 모두 전문적으로 음식을 만드는 사람들이며, 사건이 발생하기 전인 음력으로 같은 해 7월 26일 보현당에 들어가 왕에게 서양 요리를 만들어 올리는 일을 했다"고 한다. 그리고 김재택(金在澤)·조한규(趙漢奎) 등은 "모두 보현당의 서기(書記)로, 살피고 조사하는 일을 하였다"고 하며 김재순(金在順)은 "보현당에 대령하는 무예별감(武藝別監)으로 살피고 검사하는 일을 했는데 차 속에 탈이 있을 줄은 깨닫지 못했다"고 진술했다. 이외에도 박대복(朴大福) 등은 "모두 보현당의 군사로서 단지 운반을 맡고서 왔다 갔다 했을 뿐 애초에 음식을 만드는 데 간섭한 일이 없다"며 무혐의를 주장했다.

재판 결과, 《대명률》에 따라 김홍륙·공홍식·김종화 등은 "무릇 반역 음모를 함께 꾀한 자에 대해서는 주모자와 공범자를 분간하지 않는다"며 교수형이 선고되었고, 김영기·엄순석·김연홍·김홍길·강홍근·김재택·조한규·김재순 등은 "떡과 같은 음식물을 맛을 보지 않은 것에 대한 법조문에 의해서 모두 태형 50대에 처해야 한다"고 선고했다. 그리고 김홍륙의 부인 김조이도 공범으로 체포되어 조사를 받고 재판에 넘겨졌다. 김조이는 재판에서 "나는 남편의 범행에 대해 전혀 아는 바가 없다"고 진술했다. 그러나 "피고 김조이는 이미 남편의 부탁을 들은 만큼 음모를 꾸민 속내를 필시 몰랐을 리가 없는데 줄곧 뻗대며 사실대로 실토하지 않았으니, 교활하고 악독하기 그지없습니다"라며 '속이고 사실대로 쓰지 않은 법조문'이 적용되어 태형 100대와 징역 3년이 선고되었으나 임신 중이었기 때문에 징역 대신 유배형이 선고되었고 태형 100대는 면했다.

7부

왕의 밥상과
남성 요리사

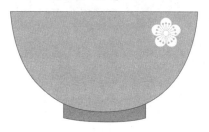

다양한 의미가 담긴
왕의 밥상 읽기

밥은 모든 것의 시작이다

왕에게 올리는 밥은 수라(水剌), 밥상은 수라상(水剌床), 주방은 수라간
(水剌間)이라고 한다. 수라는 고려 24대 원종(元宗, 재위 1260~1294) 이후 몽
골 문물이 들어오면서 몽골어로 음식을 뜻하는 슐라 또는 탕미(邊味)가
궁중 용어로 정착된 것으로 전한다. 그리고 수라간에서 간은 우리말 '칸'
으로, 건물 안의 어떤 공간을 말한다. 조선시대에는 수라간 외에도 요리
와 관련해서 다음과 같이 다양한 용어들이 사용되었다.

수라간(水剌間)	주간(廚間)	궁궐 안에서 음식을 만드는 곳	
	주방(廚房)	궁궐 안에서 음식을 만드는 곳	
	법주(法廚)	수라를 만드는 주방, 왕에게 올리는 음식	
	어주(御廚)	수라를 짓던 주방, 즉 수라간	
	천주(天廚)	수라를 짓는 주방으로, 어주(御廚)를 더 높여서 부르는 말	

또한 왕에게 올리는 밥과 반찬은 특별히 왕 한 사람만을 위한 별도의 극존칭이 사용되었는데, 다음과 같은 용어들이 그 예다.

상선(常膳)	평상시의 수라
어선(御膳)	왕에게 올리는 음식
주선(廚膳)	주방에서 왕을 위해 마련한 식사, 즉 수라상
주선(晝膳)	왕에게 올리는 점심
진선(進膳)	왕에게 수라상을 올리다
선수(膳羞)	수라상에 차려 놓은 밥과 반찬
어반미(御飯米)	왕의 수라를 지을 쌀
육선(肉膳)	수라상에 올리는 고기 반찬
소선(素膳)	생선과 고기를 쓰지 않고 나물 반찬만 올리는 수라상
소식(素食)	왕이 고기가 들지 않은 음식만 먹다
개소(開素)	왕이 소식(素食)을 그만두고 고기를 먹다

이외에도 다과상이나 크고 작은 잔칫상 그리고 식재료와 주방 기구 등과 관련해서도 다양한 용어들이 전한다. 이러한 용어들은 일반인들에게는 생소하고 이해하기 어려웠을 뿐만 아니라 함부로 거론할 수도 없었지만, 모두 왕과 왕실의 존엄성을 상징하는 의미들이 담겨 있었다.

조선시대 왕실은 사적으로는 왕과 왕비를 중심으로 하는 가정(家庭)이지만, 모든 것은 왕을 중심으로 이루어졌으며, 조선의 국권과 정통성을 상징하는 등 공적인 의미들이 강조되었다. 궁궐에서 제공되는 식사가 가장 기본적인 예였다. 궁궐에서는 왕과 왕실 외에도 원로대신에서 노비에 이르기까지 차등을 두어 식사 등 먹거리가 제공되었는데, 모두 왕의

허락이 있어야 가능했다. 그리고 여기에는 왕의 배려와 은혜 등 왕이 베
푼다는 특별한 의미가 담겨 있었다. 예를 들면 궁궐에서 제공되는 밥상은
왕에 대한 감사와 충성을 강조하기도 하지만, 한편으로는 '백성을 위해서
나랏일을 제대로 하라'는 책임감과 격려 등 공적인 의미를 강조했다. 달리
말해 모든 정치의 시작은 밥이었다.

일을 하려면 밥은 먹여야 하지 않겠는가!

　성종 16년(1485) 9월 5일 사헌부 집의(執義) 강거효(姜居孝)가 성종에
게 금주령을 더욱 강화할 것을 건의하면서 "궁궐에서 재상들이 술 마시
는 것도 금해야 한다"고 아뢰었다. 그러나 성종은 "날이 점점 한랭(寒冷)해
지는데, 늙은 재상들이 대궐에 들어오면 약주(藥酒)가 있어야 한다"며 허
락하지 않았다. 이처럼 궁궐에서 제공되는 밥과 술은 일을 하기 위한 음
식이자 약이었고, 한편으로는 왕이 허락하는 절차를 밟아 시행되었기 때
문에 특별한 의미가 담긴 용어들이 사용되었다. 예를 들면 왕이 신하에
게 내리는 술을 내온(內醞) 또는 궁온(宮醞)이라 했고, 궁궐에서 관리에게
제공되는 식사를 선반(宣飯)이라고 했다. 그리고 군역(軍役)이나 부역(賦役)
등 공역(公役)을 보던 하급 관원이나 노비들이 순서를 정하여 돌아가면서
식사하는 것을 식대(食代)라고 했고, 나라에서 관리에게 식량으로 지급하
는 쌀은 반미(飯米)라고 했다.
　조선시대에는 궁궐에서 제공하는 식사의 대상자를 선정할 때 왕을 비
롯한 왕실의 존엄성에도 관심을 기울였다. 예를 들면 세종 2년(1420) 1월

9일 세종이 대신들에게 "인덕궁(仁德宮) 시녀들의 생활을 어떻게 할 것이냐?"라고 묻자 유정현(柳廷顯, 1355~1426)과 박은(朴블, 1370~1422)이 "마땅히 급료를 주어 생활하도록 해야 할 것입니다"라고 대답했다. 그러자 세종은 "이같이 박대하여서는 안 된다. 마땅히 선반과 방자(房子)와 밥을 짓고 물 긷는 사람들을 주고, 또 환관을 정하여 고찰케 해야 한다"라고 명했다. 여기서 방자란 조선시대 궁궐에서 잔일을 하는 궁녀의 하녀를 말한다. 그리고 인덕궁은 왕위에서 물러난 태종이 상왕이 되어 머물던 왕궁으로, 나라에서 필요한 물자와 인원을 지원했다. 이날 세종이 직접 상왕의 처소에 신경을 썼던 이유는 시녀들이 끼니때가 되어도 식사를 해결하지 못해 상왕을 모시는 일에 지장을 초래하지 않을까 우려했기 때문이다. 물론 나라에서 이처럼 상왕의 처소를 지원한 이유는 부모에 대한 효성이자 전임 왕에 대한 예우였고, 여기에는 왕실의 존엄성 유지와 강화라는 의미가 담겨 있었다.

그리고 예종 즉위년 12월 6일 호조에서 어린 시절의 왕을 돌봐준 유모(乳母)의 예우에 대해 아뢰면서 "선반은 빈(嬪)·귀인(貴人)의 예에 의하소서"라며 궁궐에서 유모에게 제공하는 식사를 빈과 귀인의 수준으로 하자고 아뢰어 예종의 허락을 받았고, 성종 즉위년(1469) 12월 3일 "왕자의 보모와 곁에서 시중들었던 계집종에게 주는 물품을 대군(大君)의 예에 의거해서 시행하라"고 명했는데, 여기에는 궁궐에서 제공하는 식사도 포함되어 있었다. 어린 시절의 왕을 보살폈던 유모와 보모 그리고 이들을 시중들었던 계집종은 모두 천민이었지만, 이들을 왕실 가족에 준하는 예우를 했던 이유 역시 왕과 왕실의 존엄성과 연관이 있었다.

예종 즉위년(1468) 10월 25일 "궐문은 모두 표신(標信)을 상고하여 출입하게 하고, 위졸(衛卒)은 사옹원으로 하여금 밥을 먹게 하였다"고 하며, 예종 1년(1469) 10월 14일에도 "사옹원에 명하여 네 곳의 군사와 대궐 안의 각 사에서 관리가 1명씩 서로 바꾸어 낮 동안 서던 당직자에게도 식사를 제공했다"며 궁궐 출입의 통제를 강화하기 위해 경계를 서던 말단 병사들과 당직자에게 사옹원에서 식사를 제공했다는 기록도 보인다. 그리고 성종 1년(1470) 2월 6일 대전을 비롯해서 중궁전과 대비전 등의 시녀, 청소나 세숫물 등의 심부름을 하던 여종 무수리, 청소를 맡은 사내종 파지, 궁중 연회나 의식에서 춤을 추고 노래를 하는 여령(女伶)과 방자 등 왕실에서 일하는 말단 관원과 노비 등 정해진 인원들에게 지급되는 봄과 가을 의복, 봉급 등을 규정으로 정하면서 식사도 제공하라고 명했다.

🐟 궁궐에서는 누가 식사했나?

궁궐에는 기본적으로 매일 출퇴근하는 사람들과 궁궐에서 숙식하며 일하는 사람들이 있었고, 인사 발령으로 왕에게 하직 인사를 하거나 지방에서 출장 온 관리, 각종 물품 등을 궁궐에 납품하는 사람 등 다양한 업무를 보기 위해 많은 사람들이 출입했다. 그리고 궁궐 밖에서 거주하는 왕자나 공주, 왕의 형제·자매 등 왕실 인척과 대비나 왕비의 친정 식구 등 왕실 외척들, 왕이나 왕실의 초대를 받은 손님 등 다양한 목적으로 궁궐을 방문하는 사람들도 있었다. 궁궐에서는 이들에게 차와 다과 또는 식사나 잔칫상 등 다양한 형태의 먹거리를 제공했는데, 상황에 따라 대접이 달랐다.

특히 왕실과 관련한 사람들은 왕실 식사를 준비하는 수라간에서 대접했고, 왕명에 따라 다양한 이유로 한시적인 식수 인원이 늘어나기도 했다. 예를 들면 중종 21년(1526) 6월 9일 "약을 보살피는 당상(堂上) 의원 2명, 당하(堂下) 의원 1명, 의녀(醫女) 1명에게 내리는 세끼 식사는 사옹원으로 하여금 제공하게 하라. 약을 달이는 심부름꾼도 그 숫자를 물어서 사옹원에서 식사를 제공하게 하라"며 대비의 진료에 전념할 수 있도록 담당 의원과 심부름꾼 등 관계자들의 인원을 파악하여 하루 세끼 식사를 사옹원에서 제공하라고 명한 일도 있었다.

왕실 제사나 생일 등 특별한 일이 있을 때는 격식에 맞는 제사상이나 잔칫상 등을 마련하여 많은 사람들을 초청했다. 대표적인 예로 조선 전 시기 동안 신분에 관계없이 장수한 노인들을 궁궐로 초청해서 '나라에서 노인들을 공경하여 받들고 잘 보살핀다'는 뜻으로 매년 왕을 비롯해서 대비 또는 왕비가 궁궐에서 상당히 큰 규모의 양로연(養老宴)을 베풀었는데, 세조 4년(1458) 9월 15일 "세조가 경회루에 나아가 양로연을 베풀었는데, 왕세자와 종친·의정부·육조 판서 이상이 참석하였다"고 하며, 영조 49년(1773) 윤 3월 3일에는 영조가 금상문(金商門)에 나아가 양로연을 베풀었는데, "이날 나라에 큰 공을 세운 문무 대신과 사대부 그리고 늙은 백성에 이르기까지 연회에 참석한 사람이 수백 인이었다"고 한다. 조선 말기인 고종 30년(1893) 3월 22일 고종이 "듣건대, 한양과 지방의 나이 든 부녀자들이 대궐 밖에 이르렀다고 하니, 대궐 뜰에 불러들여 술을 내려주도록 사옹원에 분부하라"고 명해 나이 든 부녀자들에게 술과 음식을 제공했다는 기록도 보인다.

이외에도 왕이 늙은 신하를 공경하는 뜻으로 베푸는 기영연(耆英宴)을 비롯해 왕이 수시로 대신들을 격려하거나 축하할 일 등 특별한 일이 있을 때 크고 작은 잔치를 베풀었다. 중종 3년(1508) 1월 28일 중종이 홍문관 관리들을 대접하는 것에 대해 대신들의 의견을 묻자 승정원에서 "자주 궁궐에서 관리를 파견하여 술을 내리기도 하고, 혹은 사옹원에 명하여 밥을 지어 대접하기도 하였으니, 이것이 그 후하게 대접한 대개입니다"라고 아뢴 것도 그 예였다.

　궁궐에서 연회가 끝나면 차렸던 음식을 참석자들에게 골고루 나누어 주기도 했다. 이때 음식을 싸는 종이인 과격지(裹隔紙)는 궁궐에서 사용하는 물품을 조달하고 관리하던 장흥고(長興庫)에서 납품하도록 했고, 음식을 편하게 들고 갈 수 있도록 썼던 푸른 보자기와 노끈은 왕실에 필요한 의복이나 식품 등을 관장하던 제용감(濟用監)과 토목·건축·수리를 관장하던 선공감(繕工監)에서 각각 납품하도록 했다. 여기에는 연회에 참석한 사람들의 가족과 친지 등 궁궐 밖에서 사는 백성들과 연회 음식을 나누어 먹고 행사의 의미를 함께 나눌 수 있도록 배려하는 왕의 마음이 담겨 있었으며, 궁궐 음식이 사가에 알려지는 기회가 되기도 했다.

잔칫상에
왕의 존재감을 담다

🐟 세분화·분업화·전문화되다

궁궐 요리사들의 평상시 역할은 기본적으로 왕을 중심으로 하는 왕
실 식사 담당과 궁궐 내 식사 담당으로 나뉘었고, 정월·단오·추석·동지
등 각종 명절과 사냥·사신 접대·군사훈련 등 국가 행사, 왕과 왕실의 생
일·회갑·왕실 혼인·원자 탄생·왕세자 책봉·병상에서 회복·제사 등 매년
궁궐 안팎에서 열리는 크고 작은 국가와 왕실 행사에도 동원되었다.

궁궐에서의 요리 과정은 음식을 먹는 주체와 조리 목적에 따라 조리
공간이 구별되었고, 이에 따른 인적 구성도 체계적인 직제를 갖추어 운영
되는 등 철저하게 세분화·분업화·전문화되었다. 예를 들면 궁궐 안에서
왕실 밥상을 준비하는 주방인 수라간은 소주방(燒廚房)이라고도 하지만,
《조선왕조실록》이나 《승정원일기》 등에 따르면 소주방은 음식을 조리하

는 기능이 컸고, 수라간은 왕을 위한 주방의 성격이 강했다. 그리고 《경국대전》에는 요리를 하는 궁궐의 주방에 대해 다음과 같이 각 공간의 명칭과 구체적인 역할이 기록되어 있다.

수라간	왕의 수라 담당 진설(陳設) 기능	내주방	대비와 중전의 수라 담당
		외주방	아침·저녁 수라와 찬품 담당 및 조리 기능
소주방	아침·저녁 수라와 찬품 담당 조리 기능	내소주방	왕·왕비의 아침·저녁 수라 및 점심 찬품 담당
		외소주방	궁궐 내 크고 작은 잔치·차례·고사 음식 담당
생과방	후식 담당·소주방의 업무 협력·작은 규모의 잔치 음식 담당		
퇴선간	약식 부엌, 수라상의 진설과 퇴선 담당, 지밀에 부속되어 있는 중간 부엌인 퇴선간에서 수라를 지으며, 내소주방에서 운반한 음식을 다시 데워서 수라상에 올리고 수라상 물림을 하는 공간		

여기서 진설은 '제사나 잔치 등 연회나 의식 때 음식을 법식에 따라 상 위에 차리는 것'을 말한다. 그리고 외소주방에서 궁궐의 다례나 대소 잔치는 물론 왕실 어른의 생일 등 잔칫상을 차렸고, 생과방에서도 잔치 음식을 담당했지만, 큰 잔치의 경우 평소에 사용하던 소주방과 생과방만으로는 공간이 부족했기 때문에 잔치가 열리는 전각(殿閣)과 가까운 곳에 임시로 가건물을 설치하여 음식을 준비했다.

제사나 잔치 음식 준비를 숙설(熟設)이라고 했고, 임시로 설치한 주방은 숙설소(熟設所) 또는 행주방(行廚房)이라고도 했다. 숙설소는 짧게는 일주일, 길게는 수개월 전에 설치되었다. 숙설소의 규모는 일정하지 않았고, 헌종 14년(1848)에는 190칸, 고종 29년(1892)에는 141칸의 임시 건물을 지었다고 한다. 나라의 잔치는 숙설청에서 모든 준비를 맡았고, 숙설소에 감독관이 파견되었다. 음식은 요리사인 숙수가 담당했으며, 다양한 임무를 수행하는 인원들이 지원되었다. 예를 들면 관아에서 심부름하는 일꾼과 대궐에서 차일(遮日)과 휘장 등을 치는 배설방(排設房)에는 조라치 또는 하례(下隸)라는 하급 관리가 음식을 나르고 배선하는 일을 지원했다. 그리고 큰 규모의 잔치에서 음식상을 나르는 일에 군사들이 동원되었고, 중궁전의 내연(內宴)에는 상궁들이 상을 날랐다.

🐟 왕과 왕실에서 주기적으로 잔치를 베푼 이유는?

왕이 대신이나 백성들에게 베푸는 잔치는 축하와 격려의 의미도 있지만, 왕의 존재감과 통치력을 보여주려는 의도가 담겨 있었고, 이를 통해 복종과 충성심을 강화하는 기회로 삼기도 했다. 영조 20년(1744) 9월 9일 영조가 51세로 기로소(耆老所)에 들어간 것을 축하하기 위해 베푼 잔치도 그 예였다.

기로소는 정2품 이상의 벼슬을 지낸 70세 이상의 고령자들이 들어갈 수 있는 친목 단체였다. 정2품은 소수의 관리만이 오를 수 있는 고위직이었고, 당시 70세의 나이는 대단한 장수(長壽)에 해당했다. 따라서 그 의미가 남달랐고, 사회적 위상과 정치적 영향력도 지니고 있었기 때문에 기로소에 들어가는 것은 최고의 영예였다. 기로소에는 왕도 들어갈 수 있었다. 다만 왕의 경우 60세가 되면 참여할 수 있었고, 여기에는 특별한 의미가 있었다. 60세까지 생존한 왕이 드물었고, 왕의 장수는 태평성대로도 받아들였기 때문에 대신들의 축하는 물론 나라의 경사로 여겼던 것이다. 심지어 영조는 51세였으나 "60세를 바라보는 나이에도 기로소에 들어갈 수 있다"는 신하들의 주청에 따라 입소가 이루어졌다. 이 때문에 왕실에서는 이를 기념하는 잔치를 준비하면서 세심하게 관심을 기울였다.

영조의 기로소 가입이 결정된 지 불과 한 달도 채 되지 않은 10월 4일 대왕대비전과 중궁전이 나서서 경희궁 내전인 광명전(光明殿)에서 내빈을 초청하여 큰 잔치를 베풀었다. 이를 내연(內宴)이라고 하는데, 왕실에 경사가 있을 때 관례적으로 대비를 비롯해 왕비와 공주 등 내빈과 내명부(內命婦) 그리고 외명부(外命婦)의 부인들을 궁궐에 초청해 베푸는 잔치를 말한다. 따라서 내연 참석자들은 모두 여성들이었고, 잔치에서 노래와 춤을 추는 사람들도 모두 여성들인 내악(內樂)으로 구성되었다. 그리고 잔치는 한 번으로 끝나지 않았다. 3일 후인 10월 7일 왕이 직접 주관하여 경희궁 외전인 숭정전(崇政殿)에서 외빈(外賓)을 초청해 외연(外宴)을 베풀었다. 이날 영조는 "병으로 연회에 참석하지 못한 봉조하(奉朝賀) 이의현(李宜顯, 1669~1745)의 집에 음식 한 쟁반을 보내고, 입직(入直)한 군사들에게도 음식을 나누어주도록 하고, 한양과 외방의 서민들 가운데 나이 80세 이상인 사람들에게 차등 있게 미곡(米穀)과 고기를 내려주라"며 잔치에 참석하지 못한 대신과 일반인들까지 챙기는 등 성대하게 잔치를 베풀었다.

이날 잔치는 한 달 전인 9월 3일부터 관련기관에 공문을 보내는 것을 시작으로 준비에 들어갔고, 잔칫상 준비는 왕과 왕실의 식사를 담당하는 사옹원 외에도 참석하는 손님에 따라 전담하는 부서가 달랐다. 예를 들면 내선상(內宣床)과 외선상(外宣床)은 내자시에서 마련했다. 여기서 내선상은 내연에 참석한 내외빈에게 차려주는 상을 말하며, 외선상은 2품 이상 고위 관리 및 종친과 외빈 등에게 차려주는 상을 말한다. 이외에도 잔치 준비를 위해 관원들은 내섬시, 군병(軍兵)은 사축서, 귀한 손님들은 예빈시에서 담당하여 잔칫상을 차리는 등 관련 부서들이 역할을 분담했다. 참고로 이 부서들의 평상시 업무는 다음과 같다.

내자시(內資寺)	쌀·밀가루와 국수·술·장·기름·꿀·채소·과실 담당
예빈시(禮賓寺)	빈객의 연향(燕享)과 종실 및 재신(宰臣)들의 음식물 공급 등을 관장
내섬시(內贍寺)	각 궁(宮)과 전(殿)에 대한 공상(供上)과 2품 이상 관리에게 주는 술 및 왜인과 야인에 대한 음식물 공급, 직조(織造) 등에 관한 일을 담당
사축서(司畜署)	집짐승(가축)을 기르는 사육 담당

🐟 왕권과 잔치 분위기는 비례했다

이날 준비한 잔칫상도 규모가 대단히 컸다. 내연의 경우 대왕대비·왕비·세자·세자빈·현빈(영조의 장남 효장세자의 부인 현빈 조씨)을 위한 상차림 외에 잔치에 참여한 내빈을 위해 내선상 50상과 예비상 5상이 마련되었다. 외연에서는 왕과 세자를 위한 상차림 외에 외선상으로 235상, 관원들을 위한 시위 별선상 33상, 지차상 37상을 마련했다. 그리고 군병 1210명에게 술과 안주를 내렸고, 잔치 준비를 위해 수고한 사람들에게 내린 시상 내역 중 '숙수 홍차길 등 50명'이라는 기록으로 보아 동원된 요리사의 규모도 짐작할 수 있다. 뿐만 아니라 당시 잔치 비용은 쌀 800섬으로, 숙종 36년(1710) 잔치 물품 마련을 위한 경비로 진휼청의 쌀 1000섬을 쓴 것과도 비교된다. 행사의 성격과 영조 대의 재정 상태 그리고 경비 절감에 신경 썼다는 점 등을 감안하면 대단히 큰 규모의 잔치였기 때문이다.

이날 잔치와 관련한 모든 것은 영조의 왕권과도 직접적인 연관이 있었다. 왕권이 강할 경우 어느 것 하나 소홀함이 없도록 신경을 썼지만, 왕권이 약할 경우 잔치를 준비하는 단계에서부터 원활하지 못해 어려움이 많았다. 예를 들면 광해군 2년(1610) 1월 3일 국가의 제사 및 시호를 의논하여 정하는 일을 관장하던 봉상시에서 "각 제사에 쓸 곡식을 방아 찧는 일과 기름을 짜고 술을 빚고 과자를 만드는 등의 일을 일시에 아울러 한다면 소용되는 노자(奴子)는 88명이나 되며, 또한 목릉(穆陵)의 영모전(永慕殿) 등을 추가하면 숙수가 21명으로, 합하면 1백여 명이 넘는데, 현재 있는 50여 명으로는 도저히 융통하여 일을 시킬 길이 없습니다"라며 행사 준비에 필요한 요리사가 턱없이 부족하다고 보고한 일이 있었다. 여기서 목릉은 선조와 의인왕후 박씨, 인목왕후 김씨의 능을 말한다. 따라서 목릉은 왕릉이었고, 특히 현직 왕인 광해군의 부모가 묻힌 능이었기에 더욱 중요한 의미가 있었다. 조선시대에는 왕에 대한 제사가 국가의 중요한 의례였고, 부모에 대한 제사는 더욱 각별했기 때문이다.

그럼에도 "어쩔 수 없이 5부(五部)의 사숙수(私熟手)를 차출해 보충하여 쓰고 있으나 여기저기서 끌어모은 무리인지라 제향 때가 되면 갖은 방법으로 모면하려고 들어 모양이 말이 아니니, 어렵고 군색한 형편은 이루 말할 수 없습니다"라며 봉상시에서는 "숙수를 다시 보충할 방법이 없으므로 숙수를 강제로 데려다 써야 하는 폐단을 끝내 고칠 수 없을 것이니 매우 염려됩니다"라고 어려움을 호소했고, 이런 분위기에서 준비한 제사상이 어떠했을지 충분히 짐작할 수 있다. 실제로 5개월이 지난 5월 13일에는 광해군이 "행사 준비를 소홀히 한 사옹원의 해당 관원과 설리·반감 등을 모두 추고하여 죄를 다스리도록 하라"고 명하면서 다음과 같이 그 이유를 설명했다.

"어제 명부(命婦)가 모였을 때 비단 차린 음식이 너무 소략(疏略)하여 모양을 갖추지 못하였을 뿐만 아니라, 내전의 잔칫상도 준비하지 않았다가 때에 임박하여 차리느라 뒤죽박죽이 되었으니, 소홀함이 비할 데가 없었다. 심지어 나무 소반과 사기그릇까지도 모두 깨지고 남루한 물건을 구차하게 충당하여 진설하였으니 불결하고 불경하기가 이보다 더할 수 없었다."

여기서 명부란 국가로부터 작위를 받은 부인들을 통틀어 일컫는 말이다. 따라서 대신들의 부인들까지 초청할 정도로 큰 행사였음에도 이날의 잔칫상과 분위기는 왕실에서 준비했다고 보기 힘들 정도였다.

🐟 나라 안의 잔치는 모두 왕이 주관했다

왕권은 대신들의 태도에도 직접적인 영향을 미쳤다. 광해군 12년(1620) 3월 12일 광해군이 "노주연(勞酒宴) 날에 종친과 2품 이상의 고위 관리들이 탈이 있다고 핑계 대지 않도록 하고, 설혹 탈이 있더라도 일찍 처리하여 밤늦게까지 있게 하지 말라"고 명한 것도 그 예였다. 노주연은 왕이 직접 농사에 참여하여 모범을 보이고, 풍년을 기원하는 의식이 끝난 후 함께 참여한 신하들을 격려하기 위해 술을 내려 행사의 의미를 강조하는 등 왕이 주관하는 중요한 행사였다. 그런데 이런 행사에 탈이 있다는 핑계로 참석하지 않는 대신들도 있었다고 한다. 뿐만 아니라 왕이 사전에 직접 챙겼음에도 한 달 후인 4월 14일 광해군이 "어제 내연(內宴)에 예조판서가 오지 않았다. 다음 노주연을 실제 행하는 날에 예조판서가 들어와서 단속하고 살피도록 하라"며 행사와 연관이 있는 부서의 장관인 예조판서가 내연에 불참한 것을 지적하면서 노주연에는 반드시 참석해서 행사를 살피라고 다시 명하기까지 했다. 따라서 이런 상황에서 행사가 치러졌다면 그 분위기를 미루어 짐작할 수 있다.

왕명에 따라 궁궐 밖에서도 각종 행사를 베풀었다. 물론 왕이 모든 행사에 직접 참석할 수는 없었으나 행사마다 왕의 존재감을 강조하는 등 왕이 주관하는 행사라는 특별한 의미가 담겨 있었다. 효종 8년(1657) 12월 23일에도 비록 왕이 참석하지는 않았지만, 효종이 "80세 이상의 백성들에게 술과 음식을 내리게 하라"며 다음과 같이 잔치를 직접 챙겨 그 의미를 만천하에 알리게 했다.

"다만 생각하건대 사방의 우리 백성들의 부모로서 나이 60세가 넘었으면서도 봉양을 받을 수 없는 사람들이 얼마나 많겠는가? 이는 내가 임금이 되었으면서 노인을 잘 봉양하지 못했기 때문이니, 마음속으로 개탄을 금치 못하겠다. 안팎에 영을 내려 위로 사대부로부터 아래로 일반 백성에 이르기까지 나이 80세 이상인 자에게 각각 쌀과 반찬과 술과 음식을 내려 내 마음을 미루어 남의 마음에 미치는 나의 뜻을 체득토록 하라."

때로는 왕이 단 한 사람을 위로하고 격려하기 위해 특별히 궁궐 밖으로 잔칫상을 보내주는 경우도 있었다. 성종 16년(1485) 5월 14일 성종이 중전을 통해 "도승지 권건(權健, 1458~1501)이 어머니의 장수를 비는 잔치를 한다"는 말을 전해 듣고 권건에게 음식을 보내면서 "경의 어미는 다른 공신의 아내에 비교할 것이 아니고, 중궁에게도 가까운 친족이며, 경이 또한 도승지이기 때문에 특별히 사옹원으로 하여금 찬구(饌具)를 갖추어 주는 것이니, 경이 받아서 어미에게 음식을 대접하라"고 명하기도 했다. 권건은 증조할아버지가 권근(權近), 할아버지가 권제(權踶), 아버지는 권남(權擥)으로, 조선 초기부터 뛰어난 문장과 글씨로 문명(文名)이 높은 가문이었다. 그리고 찬구는 '밥상을 차린다'는 의미로, 단순히 음식을 보내준 것이 아니라 잔칫상을 차릴 수 있도록 성대하게 준비해서 보내준 것을 말한다. 따라서 여기에는 각별한 의미가 담겨 있었다.

🐟 다양한 용어들이 생겨나고 체계가 갖추어지다

이날의 잔치 역시 비록 성종이 참석하지 않았지만, 이 잔치를 주관했음을 의미했다. 그리고 여기에는 백성들을 향한 특별한 메시지도 담겨 있었다. 성종이 내린 잔칫상은 한 사람을 위한 것이었지만, 여기에는 왕이 어머니의 장수를 비는 권건의 효심(孝心)을 격려함으로써 당시 사회에서 가장 중요한 가치로 여겼던 부모를 공경하는 마음을 백성들에게 장려하는 모범을 스스로 보여준 것이었다.

또한 왕명으로 궁궐 안팎에서 베푸는 각종 행사는 잔치의 성격과 참석자 그리고 규모 등에 따라 다양한 용어들도 생겨났다. 물론 이러한 용어들은 일반 잔치와 구별하여 왕이 베푸는 행사라는 특별한 의미를 담아 궁극적으로 왕과 왕실의 존엄성을 강조하는 의미가 포함되어 있었다. 예를 들어 왕이 궁궐에서 베푸는 작은 규모의 잔치는 소연(小宴)이라 했고, 왕이 궁궐 안에서 가까운 사람들만 초청해서 베푸는 작은 규모의 잔치를 곡연(曲宴)이라고 했다. 그리고 대궐 안에서 진연(進宴)보다 규모가 크고 의식이 정중한 진풍정(進豊呈)은 내전에서 열리는 궁중 잔치의 일종이며, 우리 풍속에서 왕에게 술과 음식을 올리는 예를 풍정(豊呈)이라고 했다. 그러나 조선 후기에 이르면 진풍정 대신에 진연(進宴)·진작(進爵)·진찬(進饌)이라는 용어가 많이 사용되었다. 이외에도 앞에서 살펴본 기영연이나 노주연 등 매년 궁궐 안팎에서 특정한 날에 술과 음식을 내리고 연회를 베푸는 크고 작은 행사들과 관련한 다양한 용어들도 전한다. 그리고 행사의 성격과 규모에 따라 다양한 관련 부서의 관원들이 다음의 표와 같이 업무를 분장하여 지원하는 체계도 갖추어지게 된다.

전향사(典享司)	연향·제사·제물·음선(飮膳) 담당
전객사(典客司)	외국 사신 영접과 연회 담당
봉상시(奉常寺)	제사와 시호를 짓는 일을 관장
예빈시(禮賓寺)	중국 사신과 빈객의 연회, 종친인 재상들에게 대접하는 음식 담당
소격서(昭格署)	담제(禫祭) 담당
전사청(典祀廳)	제사 음식 담당 및 기구 보관

남성 요리사들이
궁궐 주방을 장악(?)한 이유는?

수라간의 남녀 비율은 14 대 1

　현재 전하는 조선시대 수라상 차림은 조선 말기 궁중에서 일했던 상궁들과 왕손들의 구전(口傳)에 의한 것으로, 조선시대 전반에 걸친 수라상 차림으로는 보기 힘들다. 조선시대 궁궐의 일상식에 대한 문헌자료는 《원행을묘정리의궤(園幸乙卯整理儀軌)》가 유일하게 남아 있을 뿐 구체적인 내용을 확인할 수 없기 때문이다. 잔칫상의 경우 일상식보다 전하는 문헌자료가 많기는 하지만, 역시 구체적으로 파악하기에는 한계가 있다. 다만 《경국대전》에는 궁궐에서 요리에 종사하는 인원이 780명으로 기록되어 있으며, 요리 과정을 대단히 세부적으로 나누어서 철저한 분업이 이루졌다는 사실을 확인할 수 있다. 예를 들어 궁궐에서 음식 장만은 사옹원 반감과 각 색장이 맡았는데, 요즘으로 말하면 각각 주방장과 요리사에 해당했다. 그리고 각 색장 밑에는 요리를 담당한 숙수들이 있었다. 《경국대전》〈형전〉에 의하면 이들이 담당한 고유 업무는 다음 표와 같다.

담당자	담당 업무	담당자	담당 업무	담당자	담당 업무
반감(飯監)	조리 지휘	포장(泡匠)	두부 제조	상배색(牀排色)	음식상 차리기
별사옹(別司饔)	고기 요리	주색(酒色)	술 담당	등촉색(燈燭色)	등불·촛불 관리
적색(炙色)	생선 요리	다색(茶色)	차 담당	성상(城上)	그릇 관리
반공(飯工)	밥 짓기	병공(餠工)	떡 제조	수복(守僕)	소제
증색(蒸色)	찜 요리	탕수색(湯水色)	물 끓이기	수공(水工)	물 긷기

이처럼 분업화가 세부적으로 이루어진 이유는 왕과 왕실의 존엄성 그리고 신변 보호 등과도 연관이 있었지만, 일반 요리와 달리 궁중 요리는 대단히 섬세해서 손이 많이 갔고, 여러 단계를 거쳐서 완성될 정도로 절차가 까다로웠기 때문이다.

요리에 직접 참여하지는 않았지만 수라상을 차리는 과정에는 다양한 임무를 수행하는 관원들도 있었다. 특히 여성들은 요리에 직접 참여하지 않았고, 상을 차리거나 수라를 나르는 등 주로 수라간을 지원하는 임무를 수행했다. 반면 요리와 관련한 임무는 남성들이 주로 맡았고, 수라간에서는 대부분 남성들이 일했다. 〈세종실록〉에 따르면 출퇴근하는 수라간 관원들에게 출입증을 발급했는데, 남성 376명 여성 12명이었다고 하며, 《경국대전》에서도 수라간에서 일하는 남녀의 비율은 14 대 1로 명시하고 있다. 또한 선조 38년(1605) 선조가 마련한 연회를 그린 〈선묘조제재경수연도(宣廟朝諸宰慶壽宴圖)〉에서도 부엌일을 하고 있는 사람이 모두 남성이며, 18세기에 편찬된 조리서 《소문사설(謏聞事說)》에서도 남성들이 요리하는 모습을 기록하고 있다.

한편, 남녀가 수시로 드나들었던 각 전의 수라간에서 불미스러운(?) 일도 종종 발생했다. 세종 5년(1423) 4월 28일 형조에서 "별사옹 막동(莫同)이 신녕궁주(信寧宮主, 태종의 후궁)의 전비(殿婢) 고미(古未)와 궐내에서 서로 간통한 죄는 내부(內府)의 재물을 도적질한 죄와 같으니, 모두 참형에 처하되 부인으로 죽을죄를 범한 자는 해산한 지 1백 일이 지난 뒤에 형을 집행하소서"라고 세종에게 보고하여 "막동과 고미는 각각 장 1백에 도(徒, 죄인을 중노동에 종사시키던 형벌) 3년에 처했으나 임산부였던 고미는 율문에 따라 아이를 낳은 뒤에 시행하게 하였다"고 한다.

🐟 궁궐 주방을 장악(?)한 남성 요리사들

사옹원에 소속된 숙수는 현재의 조리사에 해당하며, 궁궐의 큰 잔치 때 음식을 대량으로 만드는 일은 대령숙수(待令熟手)가 담당했다. 대령숙수는 요즘 말로 하면 출장 요리사로 전문 요리사였고, 숙수 역시 모두 남성으로 궁궐 밖에 살면서 출퇴근했다. 이들은 조선 후기로 가면서 집안 대대로 세습되었으나 조선 말기 궁내부가 폐지되자 숙수들이 궁궐에서 나와 요릿집으로 진출하면서 궁중 연회 음식이 일반인들에게도 소개되었다. 이들은 공노비로 천민의 신분에 잡직이었지만, 궁궐에서 음식을 만드는 전문직에 해당했고, 품계와 직위도 주었다. 다음 도표는 각 전에 배치된 이들의 관직명과 품계 그리고 임무의 예이다.

제거(提擧)	정3품	1명	사옹원 총책임자
재부(宰夫)	종6품	1명	대전과 왕비전의 주방장과 같은 임무를 맡음 대전 수라간 반감과 왕비전 수라간 반감을 겸직함
선부(膳夫)	종7품	1명	문소전과 대전의 식사 감독 문소전 수라간과 대전 다인방 반감이 겸직함
조부(調夫)	종8품	2명	조는 음식물 조리를 뜻하며, 조부는 일종의 조리사 대전·왕비전·세자궁·빈궁의 수라간 반감이 겸직
임부(飪夫)	정9품	2명	불의 열을 이용하여 조리하는 식관(食官)을 뜻하는 일종의 주방장 별사옹(別司饔)·적색(炙色)·반공(飯工)·주색(酒色)·병공(餠工) 등 지휘
팽부(烹夫)	종9품	7명	팽(烹)은 음식을 삶는다는 뜻으로, 그러한 일을 담당

여기서 재부는 오늘날의 주방장, 선부는 부주방장에 해당한다. 그리고 조·임·팽(調·飪·烹)은 음식을 조리하고, 삶고, 끓이는 일을 맡은 책임자로 모두 요리와 관련이 있는 글자들이다.

또한 솜씨가 좋은 숙수들은 왕의 총애를 받았고, 고위직 관리들과 인연을 맺기도 했다. 그리고 나라의 중요한 행사를 치르고 나면 노고를 인정받아 왕으로부터 다양한 보상도 받았다. 성종 1년(1470) 5월 17일 명나라 사신이 임무를 마치고 무사히 귀국하자 성종이 숙수 9명에게 명나라 왕들이 진귀한 보배로 여겼다는 흑마포(黑麻布)를 각각 4필씩 주었고, 노비 신분에서 벗어날 수 있도록 면천해 준 일도 있었다.

궁궐에서 요리에 종사하는 관원들이 남성이었던 이유는 남성 중심의 봉건사회와 유교를 신봉하던 조선시대의 특수성과도 연관이 있다. 즉 여성의 사회 진출이 허용되지 않았던 조선시대에는 국가의 공적 업무에 여성들이 진출하여 공식적인 직책을 맡는 기회가 주어지지 않았다. 여기에 평상시에도 하루에 장만해야 할 음식의 양이 엄청났고, 잔치와 제사·사냥과 군사훈련·손님과 사신 접대 등 각종 행사에도 동원되는 등 육체적으로 대단히 힘든 노동 강도 그리고 남성들을 주로 상대했던 업무의 성격도 영향을 미쳤다. 이외에도 단순히 요리뿐만 아니라 각종 절차와 의식도 알아야 했고, 때로는 특별한 임무가 부여되었다. 예를 들면 예종 1년(1469) 1월 14일 사옹원의 관리들을 불사(佛事)에 참여하게 했는데, 당시 이들은 요리 외에도 불교 행사에서 요구되는 절차와 의식에 따라야 했다. 또한 필요한 식재료를 얻으려고 직접 사냥이나 물고기를 잡기 위해 파견되기도 했고, 중종 30년(1535) 11월 8일 "겸사복(兼司僕) 조천손(趙千孫)이 인왕산에서 표범을 잡아 바치자 사옹원으로 보내라"고 중종이 명했는데, 그 이유는 귀했던 표범 가죽을 벗겨내기 위해서였다.

격무에 시달려 도망가고 도둑이 되기도…

궁궐 요리사들은 격무에 시달렸고, 자연재해 등으로 지출을 줄여야 할 정도로 어려운 상황이 닥치면 우선적인 감원 대상에 포함되었다. 이 때문에 기피하는 현상까지 나타났고, 심지어 중종 20년(1525) 10월 23일 "사옹원의 각 색장들이 고역(苦役)을 싫어하여 피하기 때문에 자주 변방의 관노(官奴)를 삼는데, 곧 도망하여 더러는 도둑이 되어버리므로 공천(公賤)이 날로 줄어들기에 감히 품합니다"라고 보고한 일도 있었다.

또한 궁궐에서 사용되는 다양한 식재료들을 특성에 따라 구분하여 보관하고, 필요할 때마다 적정한 물량을 신선한 상태로 보급하는 일도 대단히 중요했다. 따라서 궁궐에는 식재료와 관련한 업무를 담당하는 다양한 관청들이 있었지만, 식재료를 직접 다루는 궁궐 요리사들도 관심을 기울여야 했다. 기본적으로 식재료의 상태가 요리에 영향을 미치기도 했지만, 같은 분야의 업무나 동일한 식재료도 용도에 따라 담당하는 부서가 다른 경우도 있었고, 다양한 사람들이 연관되어 있었기 때문이다. 더구나 궁궐 요리사들은 기존의 업무 외에도 새로운 일이 더해지거나 때로는 독자적으로 임무를 수행해야 하는 등 상황에 따라 적절하게 대응하는 일도 적지 않았기 때문에 관련 부서들에 대한 동정을 파악하고 있는 것이 유리했다. 참고로 다음의 표는 식재료와 관련한 업무를 담당한 관청들을 정리한 것이다.

내자시(內資寺)		쌀·밀가루와 국수·술·장·기름·꿀·채소·과실 담당	
사도시(司䆃寺)		왕실 창고의 양곡과 궁궐에 공급하는 장 담당	
사재감(司宰監)		생선·고기·소금·땔나무·횃불 담당	
내수사(內需司)		궁궐에서 사용되는 쌀, 포목, 잡물과 노비 담당	
사온서(司醞署)		궁궐에서 사용되는 술과 단술 공급 담당	
의영고(義盈庫))		기름·꿀·고기가 없는 음식·후추·황랍(불을 켜는 밀초) 담당	
사포서(司圃署)		후원에서 소채 재배와 채소 제공 담당	
전생서(典牲署)		종묘제례에 올리기 위한 양·소·돼지 사육 담당	
우유소(牛乳所)		왕실에 우유 공급 담당. 후에 타락색(駝酪色)으로 명칭 변경	
장원서(掌苑署)		왕실 제사와 진상에 필요한 과일 담당. 상림원(上林園)에서 명칭 변경	
풍저창(豊儲倉)		궁궐에서 쓰는 모든 쌀·콩·초둔·종이·돗자리를 관리	
빙고(氷庫)	얼음 저장 담당	동빙고	제사용 얼음 공급
		서빙고	궁궐의 주방과 관리들에게 배급
		내빙고	자문감(紫門監) 소속, 궁궐 안에 두고 왕에게 공급

위의 표와 같이 식재료에 따라 담당 업무가 대단히 상세하게 분류되

어 있고, 같은 식재료도 용도에 따라 담당하는 곳이 다른 것도 확인할 수 있다. 얼음을 다루는 빙고의 경우도 그 예로, 이러한 업무 분장은 조선시대에 임의로 결정된 것이 아니라 이전부터 축적된 경험도 많은 영향을 미쳤다. 예를 들면 얼음의 사용과 배급은 고려시대의 경험이 큰 영향을 미쳤다. 고려시대 왕가에서는 얼음을 저장해 두었다가 여름철에 신하들에게 정기적으로 배급했는데,《고려사》에는 "정종 2년(1036) 17명의 신하들에게 10일에 한 번씩 얼음을 나누어주었다"고 하며,《고려사 열전》에는 "최충헌(崔忠獻, 1149~1219)의 아들 최이(崔怡, ?~1249)가 강화도 태서산에 많은 사람들을 동원하여 얼음을 저장하니 백성들이 한없이 괴로워하였다"는 기록도 보인다. 그리고 충렬왕 23년(1297)에는 모든 사람에게 얼음 이용을 허가하는 등 고려에서는 일찍부터 얼음을 이용하여 음식을 상하지 않게 하는 냉장법과 요리를 즐겼고, 일반인들에게도 전파되어 조선시대까지 이어졌다.

🐟 사람을 부리려면 마땅히 먹여야 하지 않겠는가!

궁궐 요리사들의 업무량은 식수 인원과 대상도 직접적인 영향을 미쳤다. 물론 궁궐 요리사들이 식수 인원의 결정에 관여할 수는 없었지만, 식수 인원과 대상이 항상 고정적이지 않았기 때문이다. 특히 이 문제는 국정 운영과 재정 상태 등과도 직접적인 연관이 있었기 때문에 평상시에도 왕과 대신들이 주기적으로 관심을 기울였고, 상황에 따라 식수 인원과 대상의 변화가 클 수도 있었기 때문에 제때 상황은 물론 의전까지 감안해서 식사를 제공하려면 신경을 쓸 수밖에 없었다.

세조 14년(1468) 7월 15일 김질 등이 세조에게 "의금부 당상관이 하루를 지내며 숙직을 하고는 물러가 집에서 식사하기 때문에 일이 많이 지체되니, 청컨대 선반(宣飯)을 내려주게 하소서"라고 건의하자 세조는 "당상관의 숙직은 처음에 중한 죄를 지은 죄수를 처리하기 위해 특별히 설치했던 것인데, 지금에 이르기까지 파하지 아니하였으니, 이것은 승정원에서 아뢰지 아니한 허물이다"라며 당상관의 숙직을 중지시킨 일도 있었다.

그리고 식수 인원이 증가하여 식재료 확보와 요리를 지원하는 인원의 부족 등으로 부담이 가중되거나 자연재해로 흉년이 들어 상황이 더욱 악화되면 그 대상을 대폭 줄이기도 했다. 태종 16년(1406) 6월 1일 호조에서 "금년은 한기(旱氣)가 더욱 심하니, 용도를 절약하여서 흉년을 구제하는 데 대비함이 마땅합니다"라고 태종에게 보고하면서 숙직한 관원들이 돌아가면서 식사하도록 건의하여 허락받은 일도 있었다. 세종 3년(1421) 6월 25일 수재(水災)로 인하여 각 전(殿)의 차비와 관원에게 제공되는 식수 인원을 줄였고, 세종 9년(1427) 7월 13일에는 세종이 "금년의 가뭄은 지난해보다도 심하니, 대궐 안에 없어서는 안 될 소임을 맡은 사람 이외는 선반을 없애라"고 승정원에 명하여 궐내에서 식사 제공을 최소화했다.

심지어 성종 즉위년(1469) 11월 29일 사옹원에서 왕비의 식사를 전담하는 설리와 반감, 각 색장을 정식으로 채용하자고 건의했으나 성종은 "지금 경비가 셀 수 없이 많이 드니, 대전의 차비인(差備人)은 중궁의 일도 겸무해야 한다. 하물며 명나라 사신이 조만간에 올 것이니 일이 또한 많아졌다. 중궁의 차비인을 잠정적으로 따로 설치하지 않는 것이 어떻겠는가?"라며 경비 절감 차원에서 대전과 중궁전에 별도의 차비인을 두지 않고 겸하도록 명한 일도 있었다. 그리고 상황이 대단히 좋지 않을 때는 왕이 직접 나서서 반찬 수나 식사 횟수를 줄이는 등 경비 절감을 위한 특별한 조치를 단행했다. 이처럼 왕이 솔선수범하여 적극 나선 이유는 백성들에게 근검절약을 독려하는 의미가 있었고, 동시에 왕이 백성들과 고통을 함께 나누며 국가적 위기를 극복함으로써 왕의 존재를 재확인하는 상징적 의미도 있었다.

그러나 상황이 좋지 않다고 무조건 줄이는 것이 해결책은 아니었다. 특히 일을 하기 위해서는 기본적으로 먹는 문제를 해결해야 했고, 이는 국정 운영 능력과도 연관이 있었다. 세종 27년(1445) 3월 18일 도승지 이승손(李承孫, 1390~1463)이 심각한 흉년으로 비축한 식량이 현저하게 감소하여 비상시 백성들을 구휼하기 어려울 수 있으니 '대신들의 식사와 봉급을 줄이자'고 건의하자 세종은 "이는 곡식을 저축하는 말단(末端)의 일이고, 그 근본이 아니다. 비록 감한들 남는 것이 얼마나 되겠는가? 무릇 사람을 부리려면 마땅히 먹여야 하니 선반은 없앨 수 없는 것이고, 또 앞서 내시부의 봉급이 많던 것을 내가 그 반을 감하였는데, 어찌하여 옛날은 여유가 있었고 지금은 줄어졌는가? 그러한 까닭을 자세하게 생각해서 말하라"며 효과가 얼마나 있을지 장담할 수 없고, 근본적인 해결책이 될 수 없으니 더 꼼꼼하게 검토한 후 대책을 세우라고 명한 일도 있었다.

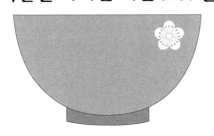

숙수들의
역할을 대체한 여관(女官)들

🐟 여관들이 수라간을 왕래하기는 했으나…

조선시대에는 궁궐에서 생활하며 다양한 임무를 수행하는 여인들이 있었다. 그러나 조선이 개국한 후로 일정 기간 동안 궁궐 안의 여인들에 대한 구체적인 제도가 마련되지 않아 체계적인 관리가 이루어지지 않았다. 이후 세종 때 왕의 후궁을 포함한 궁궐 안의 여인들은 모두 내명부(內命婦)에 소속되었고, 임무와 명칭 등도 정비되었다. 예를 들면 후궁은 정1품에서 정4품까지 오를 수 있는 빈(嬪)·귀인(貴人)·소의(昭儀)·숙의(淑儀)·소용(昭容)·숙용(淑容)·소원(昭媛)·숙원(淑媛) 등으로 정비되었고, 궁궐 안에서 일하는 여인들의 상층부에는 정5품까지 오를 수 있는 상궁(尙宮)에서부터 말단 궁녀(宮女)와 잡무를 담당하는 시녀(侍女) 등으로 정비되었다. 이들은 궁궐에서 각자에게 부여된 직무에 따라 공적인 일에서 개인의 시중을 드는 일까지 다양한 임무를 수행했다. 그러나 이들이 구체적으로 어떤 일을 했는지 모두 알 수는 없다. 특히 궁녀의 경우 궁궐 안에서 어떤 일을 하며 생활했는지 전하는 자료를 찾아보기 힘들고, 심지어 궁궐 안에 몇 명이 있었는지도 확실하지 않다. 다만 〈영조실록〉에 따르면 영조 13년(1737)에 600여 명의 궁녀가 있었던 것으로 추정되며, 이들 가운데 음식 장만과 관련된 일에 종사하는 궁녀가 상당수 있었을 것으로 보인다.

이들은 평상시 왕을 비롯해 왕실의 아침과 저녁 식사 준비를 지원하고 수발을 드는 임무도 수행했다. 그리고 잔치나 제사 등 각종 행사를 지원했고, 식사나 잔치가 끝나면 음식상의 뒤처리를 담당하는 인원도 있었다. 특히 왕과 왕실의 식사를 시중드는 관직명에는 상(尙)자가 붙었는데 여기에는 '왕의 물건을 주관한다'는 뜻이 담겨 있었다. 이들은 지위에 따라 각기 하는 일이 엄격하게 구별되었고, 상하 차이도 분명했다. 그리고 각 차비들과 함께 음식을 조리하는 과정에 참여하는 궁녀들도 있었다. 예를 들면 실제로 주방에서 조리와 관련한 일에 참여하는 경우 소주방(燒廚房) 나인(內人)이라고 했고, 대전·대비전·왕비전·세자전 등에 각각 정해진 인원이 배치되었다. 나인들은 기본적으로 수라간에서 대전 또는 침전으로 음식을 나르는 임무를 수행했으며, 식재료 운반이나 설거지 등도 담당했다. 상궁은 이런 나인들을 지휘·감독했고, 수라간 상궁의 경우 수라간 일을 주재했지만 직접 요리하지는 않았다. 즉 조선시대 궁궐의 수라간에는 여성이 있었으나 요리는 남성들의 몫이었다.

🐟 수라간 곳곳에 배치되다

궁궐에서 요리와 관련하여 궁녀가 하는 일은 음식 담당 차비의 업무와 겹치기도 한다. 하지만 시간이 흐르면서 각 차비들의 업무는 세분화된 전문 조리 영역으로 차별화되었다. 예를 들면 지밀의 예속 기관으로 소주방·생과방·퇴선간 등 다양한 조직이 대전을 비롯해 각 전이나 궁별로 운영되었다. 그리고 여기에는 적정 인원이 배치되었는데 다음은 궁궐에서 음식 관련 임무를 수행한 여관(女官)들을 정리한 표이다.

상식(尙食)	정5품	음식과 반찬을 종류대로 가지런히 준비하는 일을 담당
사빈(司賓)	정6품	빈객(賓客)·조현(朝見)·연회(宴會)·상사(賞賜)에 관한 일을 담당 후에 정7품 전빈(典賓)으로 개칭
사선(司膳)	정6품	제팽전화(制烹煎和), 즉 삶고 졸여 간을 맞추는 반찬 담당 후에 정7품 전선(典膳)으로 개칭
전선(典膳)	정7품	제팽전화(制烹煎和), 즉 요리에 관한 일 담당
전약(典藥)	정7품	처방에 의한 약을 달여 올리는 일 담당 후에 정8품으로 변경
전찬(典贊)	정7품	조회에 손님을 돕고 안내하며, 연회에 필요한 준비를 주관 후에 정8품으로 변경
장찬(掌饌)	종7품	식사를 올리며 먼저 맛 보는 일 담당, 장식(掌食)·장의(掌醫)를 총괄 세자궁에 소속
장식(掌食)	종9품	반찬·술·땔감과 숯·등불과 촛불·그릇 등을 담당 세자궁에 소속

또한 내명부는 궁궐에서 요리를 담당한 사옹원과 왕의 곁에서 수라를 올리고 시중드는 내시부와도 긴밀한 협조가 이루어졌다. 드라마에서 자주 등장하는 기미상궁(氣味尙宮)과 지밀상궁(至密尙宮)도 그 예였다. 이들은 내시부 최고 책임자인 상선(尙膳)과 수라상을 감독한 것으로 전한다. 특히 기미상궁은 왕이 수저를 들기 전에 수라를 먼저 맛보고 식사 시

중을 들었다. 그리고 지밀상궁에서 지밀은 '지극히 은밀하고 비밀스럽다'는 뜻으로, 왕 또는 왕비가 거처하던 대전(大殿)과 내전(內殿) 등을 의미한다. 따라서 지밀상궁은 왕 또는 대비와 왕비 등을 가장 가까이에서 모시는 상궁을 의미하며, 신변 보호·의식주 시중·내전의 물품관리·가례나 제례 등과 관련한 임무를 수행했다. 그리고 지밀은 퇴선간(退膳間)과도 연관이 있었다. 퇴선간은 식사가 끝나면 수라상을 받는 곳으로 지밀에 있는 약식 부엌이었다. 식사를 끝낸 수라상이 퇴선간으로 나오면 여기서 지밀 나인들이 상에 둘러앉아 식사를 했다. 퇴선간은 수라를 짓거나 안소주방에서 차려온 탕과 구이 등을 다시 데워서 수라상에 올리는 중간 부엌 역할도 했다. 지밀과 소주방이 떨어져 있어 음식을 가지고 오는 동안 식었기 때문이다. 따라서 퇴선간은 요리를 직접 하지는 않았지만, 수라상을 최종적으로 손을 보아 올리고, 식사가 끝난 상을 받는 곳이었다. 이외에도 요리와 관련해서 상궁이나 궁녀들을 지칭하는 다양한 용어가 전하기는 하지만, 정확한 역할은 확인할 수 없다.

숙수들의 역할을 대체하다

드라마 〈대장금〉에서 주인공 장금(長今)과 대장금(大長今)이라는 명칭이 궁궐 요리사와 연관이 있는 것으로 주목받기도 했다. 하지만 장금은 개인의 이름이고, 정사(正史)에서는 요리사와 관련한 내용은 확인할 수 없다. 심지어 장금은 출생 연도·성씨와 본관·출신 배경 등과 관련한 기본적인 자료도 전하지 않는다. 다만 의녀(醫女)였던 장금은 조선에서 유일한 어의녀(御醫女)로, 중종의 주치의로 활약한 것으로 전한다. 그런데 의녀는 천민 출신이었고, 더구나 엄격한 신분제 사회이면서 남성 중심의 관료주의 사회였던 조선시대에 수많은 남성 의관(醫官)을 제치고 왕의 주치의가 되는 것은 거의 불가능했다. 그럼에도 장금은 중종이 세상을 떠나는 마지막까지 곁을 지킬 정도로 왕과 주변의 신뢰를 받았고, 장금이라는 이름 앞에 대(大)가 붙어 '큰' 또는 '위대한'이라는 의미를 더해 대장금이라고 불릴 정도로 뛰어난 의술을 인정받았다는 점은 대단히 흥미롭다.

현대인들에게 잘 알려진 주방상궁(廚房尙宮) 역시 구체적인 역할은 전하지 않는다. 다만 주방상궁은 조선 중기 이후 요리를 담당했던 숙수들의 역할을 일정 부분 대체한 것으로 보인다. 특히 조선 후기로 가면서 궁궐에서 평상시 수라상에 올리는 음식을 조리하는 일은 주로 주방상궁들이 담당했고, 평상시 왕과 왕비의 아침과 저녁 식사 준비를 지원했던 주방의 나인들은 처소내인에 속했다. 그리고 나인이라 부르는 궁인직은 정5품 상궁(尙宮)까지만 오를 수 있었다.

이후 주방상궁은 궁궐에서 조리 경험이 20~30년 이상 되는 전문 조리사로 자리 잡았고, 궁 밖에서 13세 정도의 소녀를 데려다 제자로 삼아 15년에서 20여 년 동안 훈련시켜 요리를 전수한 것으로 전한다. 숙수들의 경우 궁궐 밖에서 살았고, 결혼하여 살림을 하면서 궁궐로 출퇴근했으며, 아들이 10여 세가 되면 조수로 데리고 다니며 가르쳐서 숙수의 자리를 물려주어 세습에 의해 대대로 기술을 전수한 것과는 대조적이었다.

궁궐에서 잔치를 준비할 때는 여전히 대령숙수인 남성 조리사들이 동원되었지만, 수라간에서 여성들이 요리에 직접 참여하게 된 이유는 궁궐 남성 요리사들의 감소와도 연관이 있었다. 광해군 2년(1610) 1월 3일

〈광해군일기〉에는 "난을 겪은 후로는 〔요리사의〕 대다수가 사망하였으며, 한때의 포상(褒賞)으로 인하여 면천·면역한 자도 30여 명에 이르니, 지금 부릴 수 있는 자는 단지 50여 명뿐입니다"라며 요리사들의 인원 충원이 힘들어 요리에 필요한 일손이 절대적으로 부족하다고 보고한 내용도 보인다.

이외에도 조선시대 왕실에서는 장을 따로 보관하는 장고(醬庫)를 두었고, '장고마마'라 불리는 상궁이 직접 장을 담그고 관리한 것으로 전한다. 조선시대 말기의 경우 창덕궁의 장독 50개에 간장이 항상 채워지도록 끊임없이 만들어 부었다고 하며, 요리에 사용하거나 햇빛으로 인해 줄어들면 담근 기간이 짧은 독에서 기간이 긴 독으로 옮겨서 가득 채웠고, 불로 달이지 않았다는 이야기도 전한다.